道德理想國的覆滅

Collapse Of Moral Utopia

朱學勤 著

[目錄]
Contents

第三章　道德理想國的發生邏輯：自由之沉沒／133

第四章　至善論的社會思想：民粹主義／181

[目錄]
Contents

台灣版 序一

當前民粹狂潮的歷史透視

朱學勤

本書論述「民粹主義」如何構建「道德理想國」，從「道德理想」又如何蛻變為「紅色恐怖」，二百年來席捲歐亞大陸。我為什麼寫這樣一本書？在出版之際，似應向台灣讀者交代幾句。

一九五二年我出生於上海，青少年時代接受的是紅色教育，其中最有迷幻性的成分即「民粹主義」。一九六六年「文化大革命」轟然而起，億萬青年誤認「民粹」為「民主」，群起響應。一九七〇年五月，我離家千里，赴中原豫東一個以窮困貧寒著稱的地方插隊落戶。當時年僅十七歲，之所以不顧父母反對，去那樣一個地方吃野菜啃窩窩頭，是因為有九個上海重點中學畢業的高中生，在那裡開闢了一種共有、共產的生活方式，邊勞動邊讀書。那個集體戶是一微縮版「道德理想國」，對我有磁石般吸引力：

我們每個人都以其自身的力量及其全部的力量置於公意的最高指導之下，並且我們在共同體中接納每一個成員作為全體不可分割的一部分。只是一瞬間，這一結合行為就產生了一個道德的共同體。

這是二百年前的一段名言，出自盧梭《社會契約論》。今天要尋找一段能準確描述我們當年精神追求的文字，也只能是這一論述。

我們這一代的慘痛經驗

那是「文革」中期，我們到農村模仿十九世紀俄國民粹黨人——「脫下學生裝，穿上粗布衣」，到田間地頭去接受「再教育」。同時也是第一次讀到馬迪厄《法國革命史》，朦朧意識到中國「文革」與法國大革命似有類同，由此播下我日後深入探究之萌動。

中共革命由俄羅斯舶來，俄國革命又來自更早時期對法國革命的模仿。在這一思想脈絡中，最有鼓動力的是盧梭「公意」說，總能打著「民意」之旗號，俘獲一代又一代的知識青年。毛澤東「五四」時期即為此類憤青，他所言「北方吹來十月的風」，「走俄國人的路，這就是結論」，也來自思想史這一脈絡。毛本人所受教育貧弱，沒有能力釐清這一思想史脈絡，但他此後擁有極權暴力，配以「公意最高指導」

的名義，將一千七百萬知青驅趕出城，去「接受貧下中農再教育」。如此的「反智主義」，在中國也有其傳承，從漢代五斗米教至太平天國，再至一九〇〇年義和團，曾多次掀起狂瀾，卻以「文革」爲甚，不過也只能以失敗告終。我們這個集體戶雖是自願組合，最終還是逐漸解體。農村三年，如果留有什麼「再教育」，恰好與之構成反諷：我們曾請老貧農「憶苦思甜」，本以爲當憶「舊社會」之苦，思「新社會」之甜，結果他們從回憶民國三十年河南災荒開始，隨即哭訴一九五九年至一九六一年的大饑荒，如何從「大躍進」走向「人相食」，「新社會」餓殍千里，遠遠超過「舊社會」。

這一幕有如當頭棒喝，將我們從早年所接受的紅色迷幻中驚醒。這是再好不過的「再教育」，我們從城裡接受的虛僞教育被農村真相打得粉碎，從此再也不信毛澤東民粹主義那套神話。大夢初醒之義憤，大概只有小說《牛虻》中亞瑟發現被教父欺騙方能比擬。

民粹利用「民意」，卻射殺民意

神話其實是鬼話。盧梭的「公意」說，列寧、史達林施行的「紅色恐怖」，以及毛澤東的「無產階級專政」，都是打著「民意」的幌子，受害者恰是底層民眾。此後返城，我曾將上述「再教育」帶來的反思凝結爲一句話：所謂「爲窮人的主義」對窮人造成的禍害，超過「窮人主義」本身。

文革結束後，大學重新開放，我跳過大學本科，以同等學力考入陝西師大歷史系攻讀碩士學位，主攻方向即法國大革命史。投入專業課程即發現，想清理的問題太大，先前積累的學力太弱，三年研究生時間，僅僅能讀完當時能找到的有關文獻資料。碩士論文只能做一個邊緣性的題目：《湯瑪斯．潘恩與法國大革命》，撬動一下大陸學界對盧梭思想以及法國大革命的過高評價。

一九八八年帶著這一問題再入學府，考進復旦大學攻讀博士，聚焦於盧梭與羅伯斯比爾的思想史聯繫。豈料入學一年，風雲突變，學潮從天安門起，席捲神州大陸。我未必同意青年學子的絕食行爲，更不能接受對他們的殘酷鎮壓。「天安門事件」對我內心的震驚，相當於第二次「再教育」，讓我看到以「民粹主義」起家的「公意」，初始利用「民意」，繼則射殺「民意」，即使結束文革進入改革開放，也是說翻臉即翻臉。這年秋天，我因抗議鎭壓而受整肅，一度被中斷復旦學業。

此後三年閉門寫作，頗有孤憤。一九九二年經導師奔走力爭，終於復學寫成論文。答辯時又遭橫逆，有學界權威審讀論文，全盤否定，稱我的觀點「違反四項基本原則」。此前爲政治原因中斷學業，被說成思想激進，有異端嫌疑；恢復學業後又因學術觀點不合主流，被說成「資產階級保守主義史學觀」，我憤而拒絕答辯。人若如魚，不是冷暖自知，而是兩面烤焦，幾近體無完膚。幸有導師鼎力相助，方通過答辯得以畢業。當時之鬱悶，很多年後重讀托克維爾方逐漸緩解。托氏寫作《舊制度與大革命》，即曾預見這本凝結其一生思考的著述，將遭受來自保皇黨與雅各賓餘黨的交叉射擊。我所經歷的這些，並不說明個人有何特殊，只能證明中國社會發展滯後，遲至二百年後，精神層面還停留在法國革命結束之後保皇黨與雅各賓黨的長期纏鬥。

當今民粹狂潮令人心悸

一九九四年在各方友人幫襯下，論文擴展成書出版，初版迅即告罄。此後形勢收緊，礙難再版。「風雲時代」陳曉林先生當時即有意出一台灣版，克盡磨難，今日終得如願。二十年來，海峽此岸尚未轉型，民粹主義逢新愚民政策撥弄，忽明忽暗，屢掀狂瀾；海峽彼岸雖完成轉型，步入民主憲政，亦遇民粹主義狂潮猝至之艱阻。擴而言之，當今世局猶如激湍洶湧，近年像北非的茉莉花革命、東歐的顏色革命、台灣的太陽花學運，乃至西歐的新納粹、此岸的新左派……溯其源頭，大抵皆來自法國大革命的引領，而法國大革命的核心，就是盧梭以民粹主義激情爲驅動力的「道德理想國」論述！我與曉林兄隔岸相通，心有戚戚焉，有希望，也有憂慮。此次幸蒙增訂出繁體字版，感謝「風雲時代」，亦寄望彼岸讀者，雖天風海雨，攔不斷兩岸攜手。讓我們相互扶持，共同走出民粹主義這一迷津。

二〇一八年一月十四日　滬上

台灣版 序二

豈有文章覺天下

朱學勤

一九九七年春，我應聯合報系文化基金會邀請，赴台灣學術界訪問。四月十一日晚，有中研院錢永祥諸君邀我去台大附近的紫藤盧茶敘。正逢紫藤盛開，暗香襲人，月光疏影，恰是一年中紫藤最好的時候。朋友告訴我，紫藤盧得名即緣此。原主周德偉，生前是台灣知識界耆老，年長於殷海光，卻十分支持年輕一輩的自由主義思想趨向。殷海光六十年代被台大解聘，曾在這裏發憤翻譯海耶克《到奴役之路》；邀我來此的那幾位朋友，十幾年前都是殷海光的學生，初始研讀海耶克，也是在這裏。當年白色恐怖，這所盛開紫藤的小院子幾乎成爲台北自由主義知識分子的聚散地。

周老先生去世，後人將此闢爲茶園，繼續吸引著那些喜愛烹茗清談的讀書人。台大羅斯福路附近，今日燈紅酒綠，已是一派商業氛圍，幸留紫藤盧一園清淨，遂成台大師生最愛流連的雅地。能在這樣的地方交流雙方共同關心的問題，以茶助興，言談投緣，當然是再好沒有。分手時，我想知道紫藤盧中是否還留有周先生遺蹟，朋友領我至茶園正廳，指示牆上掛有一幅周先生生前遺墨：

豈有文章覺天下
忍將功業誤蒼生

我像被甚麼東西驟然擊中，內心震動，一時無語。

幾個月後，我回到海峽此岸爲彼岸讀者書寫此篇序言，但是心裏明白，此時所言，幾乎都是在那天晚上一時無語之際就已經產生了。

思想狂潮二百年

二百年前法國啓蒙運動思想家如伏爾泰、如狄德羅，如果能看到那幅字，他們會怎麼想？至少，以善寫懺悔而聞名的盧梭一定會有不少感慨。他也許會後悔一七六二年《社會契約論》中的這樣一段名言：

如果我們撇開社會公約中一切非本質的東西，我們就會發現社會公約可以簡化為如下的詞句：我們每個人都以其自身的力量及其全部的力量置於公意的最高指導之下，並且我們在共同體中接納每一個成員作為全體不可分割的一部分。

只是一瞬間，這一結合行為就產生了一個道德的與集體的共同體，以代替每個訂約者的個人；組成共同體的成員數目就等於大會中所有票數，而共同體就以這同一個行為獲得了它的統一性、它的公共的大我、它的生命和它的意志。這一由全體個人的結合所形成的公共人格，以前稱為城邦，現在則稱為共和國或政治體，當它是被動時，它的成員就稱它為國家；當它主動時，就稱它為主權者；當它和它的同類相比較時，則稱它為政權。至於結合者，他們集體地稱為人民；個別地，作為主權權威的參與者，就叫做公民，作為國家法律的服從者，就叫做臣民。

此言三十年後，羅伯斯比爾執導的雅各賓專政進入法國大革命高潮。整個雅各賓專政的社會政治設計，從最善良角度講，就是將盧梭此段名言落到實處，將思想從紙面落爲實踐。故而我在本書中稱羅伯斯比爾爲地上行走的盧梭，而盧梭，則是預設在啓蒙運動裏一個紙面上的羅伯斯比爾。

法國大革命之後，這股左翼浪漫思潮繼續蔓延，從法蘭西到德意志，從俄羅斯到大清國，直至「江河橫溢，人或爲魚鱉」。歷史上沒有一個文人型思想家如盧梭能有如此悍力，一枝筆攪動歐洲與世界，直至一九八九年塵埃落定。

我們事後看法國大革命開始於一七八九，至東歐巨變一九八九，不多不少二百年，這二百年的左翼世界思潮，組成一個歷史單位，最有概括性的命名，大概只能稱之爲「盧梭思潮之二百年」？所謂「文章覺天下，功業誤蒼生」，盧梭與羅伯斯比爾兩人，真是走到了頭，也做到了頭。

一九〇三年，盧梭政治著作第一次被中國留日學生翻譯進中國。此後將近一百年，除了梁啓超、嚴復、張奚若等人個別地抵制過這一思潮，盧梭思想在中國政治學、歷史學領域裏始終被正面評價，並溢出學界，變形爲主流意識形態。

可以毫不誇張地說，這一百年所有的外來思想中，沒有一種思想如盧梭《社會契約論》中提出的「公意論」（general will）留下了那樣深遠的影響。以盧梭濫觴的法蘭西政治文化，已經融進了中華民族的政治血液、政治性格，百年不衰，代有其言。

綿延至上世紀最後二十年，當大陸新一代知識分子欲向「解放」的路上迅跑，首先拿起的「解放」利器，竟還是這一羈絆自己的思想繩索。

就我自己而言，如果說有什麼意識覺醒，似應回溯到文革時期。台灣的讀者這些年飽讀有關文革的資訊，已經形成關於文革的大致印象。不能說這些印象完全錯誤，似也應該提醒一句，這些年流傳海外控訴文革的書籍、回憶錄，材料或可信，但大多囿於一家、一己，甚或某一權力階層的上下反覆，缺乏歷史縱深和社會視野，時間上跨不過一九四九年以後的正統觀念，空間上跨不過所屬階層的內部恩怨。

換句話說，無論是過去的歌頌，還是今日的控訴，不少人僅在一個平面上推磨，基本上是從一個相反的極端跳過來，重演文革當局得勢時強迫人們接受的「就是好，就是好」那一著名歌曲，只是易之以「就是壞，就是壞」。那樣的思維方式，只說明這個民族儘管經歷有那樣一次空前劫難，其歷史意識卻沒有換來多少值得稱道的長進。

我讀那樣的回憶錄，似曾相識，有點像讀波旁復辟時期中產階級的回憶錄，卻很少有後一類作品常讓人眼睛一亮的時候：經大起大落的大徹大悟[1]。

我們的文革回憶錄，其中有正當控訴，理應同情；有真實史料，值得珍惜；但也不必諱言，其中瀰漫著許多真真假假的仿中產階級趣味，亦可一笑擲之[2]。

我想說的是，法國革命已經允許各種研究觀點並存，而在大陸，我們雖然擁有這樣一座歷史寶庫，足以滋養兩個年鑒史流派還不止，但由於眾所周知的原因，真正稱得上是客觀研究的文革史還沒有出現，更遑論不受意識形態影響的獨立觀點。這樣一座凝結著民族血淚的歷史寶庫，如同一堆歷史垃圾，只能在上面抹鼻涕，卻不能認真進入研究，實在是思想學術界一大憾事，足以讓外人恥笑。

我還想說的是，歷史上至少有兩個文革，現在被擠壓在一起，難以撕開。前一個文革，是人們目前正在控訴的文革，當然是黑暗加血腥，怎麼否定都不過分。但在這個文革的下面，還有另一個地下文革，曾在黑暗血腥之下遊竄思想的火星，類似魯迅所言「地火在奔突」，或可稱「反文革的文革」？認真一點的做法，似應在這同一條牛身上剝下兩張皮，將後一個文革與前一個文革小心區別，謹慎分析？

所謂第二個文革，或「反文革的文革」，那就是從當年大民主、大辯論、大字報這些畸形的政治環境中，催發出知識分子尤其是大、中學生的政治思考，儘管這些思考難以徹底掙脫當時的思想牢籠，卻有一種最爲難得的思想氣質在其中艱難生長，即懷疑精神。這種懷疑，一開始是指向本地政治權威，逐漸發展到懷疑中央文革，乃至最後猶猶豫豫，懷疑至最高當局。

懷疑精神起初是被文革當局喚醒，甚至一度爲其所利用，後來則越出其軌道，向著反文革方向發展，終於引起文革當局的驚呼：「懷疑一切」是「極左思潮」，需堅決打倒，徹底鎮壓！隨之而來的是殘酷批鬥與迫害，其嚴酷與持久程度，遠遠超過文革初期對所謂「走資派」、「反動學術權威」的衝擊，直至文革當局被推翻的一九七六年，上海還有人被押上刑場槍決。

整個文革過程，尤其是到了中後期，這樣兩種文革內容的衝突，或隱蔽或公開，綿延不絕。前一種官方文革盡可能撲滅後一種民間「反文革的文革」，後者則不絕如縷，屢撲屢起。

當年被扣上異端帽子者，多爲名不見經傳的小人物，其思想命運具有雙重悲劇性：官方文革猖獗時，他們是被鎮壓的異端，官方文革被推翻以後，思想史上的這一頁仍然被意識形態單一話語遮蔽。

這樣一部內部充滿對立緊張的文革史，是在今日能發表回憶錄者之狹隘視野外發生的，其思想內涵更非今日正統派史家所能想像[3]。

我在八十年代中期曾經提出，至今還是認爲，文革史是一部充滿悖論的歷史。就思想層面而言，官方文革原本充滿中世紀的反智氣味，誰也沒有料到，就在這樣反智主義的氛圍中，竟然激發起一種與之反對的啓蒙精神[4]。

如何撥開意識形態話語的不斷遮蔽，揭示這樣一種反智與啓蒙相反相成的歷史悖論，應該是治當代思想史者最有興味的課題。當然，誰也沒有理由忽視這一頁歷史的局限。當時走上後一條道路的人，在思想資源方面難以與英美思潮接觸，多囿於德、法、俄浪漫激進範圍，這就留下日後一段更爲艱難的思想路程等待他們長途跋涉。在保存精神銳氣的前提下，如何自我反思，自我突破？這一代人必須咬斷與其精神母體的臍帶，才能重新出發，此其一[5]。

其二，當時走上這條路者在人數上並不多，即使走上這條路也是行百里者半九十，能在反思後再走一程者，限於種種客觀條件，更是寥寥無幾。不過，以後八十年代的思想史證明，儘管只殘留下星星點點，卻正是最後剩下的這一些人，參與點起了新思想的薪火。

孤獨的精神追尋

我於一九七〇年離開上海，孤身一人，赴中原河南蘭考縣一個貧苦鄉村插隊落戶。當時僅初中畢業十七歲，之所以不顧父母反對，去那樣一個地方吃野菜啃窩窩頭，原因之一，是因爲那裏有一個集體戶吸引我，他們是由九個上海重點中學的高中生自願組成，在那裏開闢了一種邊勞動邊讀書的共產主義生活方式。故而我特別能體會上述盧梭所描繪的社會集合方式：「我們每個人都以其自身及其全部的力量置於公意的最高指導之下，並且我們在共同體中接納每一個成員作爲全體不可分割的一部分……，只是一瞬間，這一結合行爲就產生了一個道德的與集體的共同體」，這幾乎是二百年前就已經預設好的那個集體戶的生活方式，以及文革前成長的大陸整整一代人所追求的理想寫照。我就是在那個環境裏第一次讀到馬迪厄《法國革命史》的漢譯本，並產生對法國大革命史的濃烈興趣。

一九七一年林彪事件發生，徹底打破了我對文革當局的猶豫與幻想，集體戶的共產主義氣氛也隨之解體。此前已經發生的那種懷疑精神，與此時產生的對那個虛幻「公意」的切膚之痛，兩者交織在一起，心靈深受煎熬。

我當時的想法，真要有效思考，只讀毛澤東晚年那些號召青年人造反的思想、馬克思恩格斯選集、俄羅斯十九世紀車、別、杜那些人的文學型社會評論，已經遠遠不夠。必須從頭開始，去讀西方政治思想史的其他作者其他作品。

此後招工進工廠，我給自己制定了一個自學計畫，遠離當時對年輕人還有很大吸引力的文學，從歷史入手，先西方史，後中國史，然後是西方政治哲學，給自己打掃出一塊盡可能乾淨的思維出發場。當時，白天是繁重的體力勞動，一頓飯能吃八個饅頭，晚上則在一盞自製的台燈下貪婪地閱讀能夠找到的思想史書籍，又是另一種狼吞虎嚥。這樣的日子大概有五年，以後調進同一工廠的子弟中學當歷史教員，情況稍有改善。我第一遍讀完當時大陸能夠找到的所有盧梭著作漢譯本，就是在那一階段。

一九七七年大陸恢復高考，種種坎坷，使我錯過了大學門檻，於是只能發奮直接投考研究生。一九八二年，經四載磨難，終於考入設在古城西安的陝西師大歷史系研究生，攻讀西方近代政治思想史。很長時間以後，我才明白那一段自學經歷對我產生的致命影響。從這種經歷過來的人，即使有幸進入高校而且留在了高校忝爲人師，卻很難褪盡思想的自學性格，或可稱「民間氣息」。在另一篇文章裏，我曾將這一「民間氣息」稱爲難以被學院生活完全吸收的「剩餘意識」。當然，在此同時，他也就無可挽回地喪失了對那種單純學院派教授前途的嚮往。

不過在當時，剛一跨進大學校門，急於求索之心情也可想像。我那時急不可耐，一口咬住法國大革命，而且是要從批判入手。投入書海才發現，我想清理的問題太大，先前積累的學力太弱，三年研究生時間，要看完有關文獻資料都不夠，結果碩士論文只能做一個邊緣性的題目：《湯馬斯．潘恩與法國大革命》，稍稍撬動了一點大陸學界對法國大革命的過高評價而已。儘管這篇論文當時反映還不錯，但我內心不甘，還是蠢蠢欲動。

一九八九年秋，風捲殘雲，塵埃未定。我二進學府，投師復旦念博士，終於有機會正面接觸這一題目。

那一年新增的動力有兩層：從感性上說，因爲那一事件的影響，個人際遇蹇迫，只能上山讀書，有孤憤；從理性上說，我在當時對立著的兩邊看到了一些相通的東西：從法國革命發源，流經近代中國所形成的左傾政治文化，還在我們街頭的兩邊湧動。這個東西，也就是我開頭所說：『即使新一代知識分子欲向『解放』的路上迅跑，首先拿起的『解放』利器，竟還是這一已經羈絆自己的思想繩索」。我之所以稱它是一種「東西」，是因爲它從西方法國來，到了東方中國，「東西」貫通，驅之不去。

看到這樣一個橫貫東西的思潮還在八十年代的大陸思想界湧動，內心很難平靜。不僅僅是爲了我個人排遣孤憤，或是解決知性上的個人愛好，即爲我們這一代人的自我反思，咬斷臍帶再出發，我也應該把這個清理法國政治文化源頭的課題及早做完。

三年如魚飲水，冷暖自知。一九九〇年，所在單位爲強迫我接受所謂的審查決定，突然通知復旦，中斷我博士學籍。導師金重遠先生聞訊不服，在復旦園內爲我四處奔走，上下呼籲，終於使我一年以後得返校園，贏回了那張書桌。

一九九二年論文答辯時，又橫生波折，有學界前輩看完我的論文，拒絕答辯，理由是我的觀點屬於「資產階級右翼保守主義史學觀點」。前一年爲政治原因中斷學籍，被說成思想激進，有異端嫌疑；後一年被學界權威拒絕答辯，又被說成觀點保守。

人若如魚，遭逢這種尷尬，已不是冷暖問題，而是兩面都被烤焦，體無完膚了。不過事後想來也平靜，我也繼續保持對拒絕我答辯的學界前輩的應有尊敬，任何一種學術立場，只要出於真心信仰，總要比某些機會主義的「適時正確」更應該贏得人們的敬意。那種境況也不簡單地是一種個人遭際，更無私人恩怨可計較。意識形態與學術話語長期共存，互爲奧援，並不是多麼費解的秘密，一旦有第三者落進那樣的話語峽谷，兩面都是那同一個「東西」，等待他的命運自然是左右開火，交叉射擊。我既欲批判法國革命左翼傳統，遭遇一點兩面夾擊，本是題中應有之意。

感謝王元化先生在那個關鍵時刻，給予我關鍵性的支持。我這裏說的不僅僅是他在這危難時候，慨然出任答辯委員會主席，化解了一場有可能出現的學界風波。當時距一九八九不遠，這樣做當然需要付出相當的道德勇氣。然而他對我的支持並不是自此始。此前三年，即一九八九年下半年我行動尚受限制，我與他也無任何交往，他聽說我被整肅，兩次託人帶話，約我見面。那天夜晚，我悄悄潛行至上海西區，一進門，他見我的第一句話竟然是：「你不能停下手裏的那枝筆！你今天的遭遇，我們老一代都經歷過。」這就是我與他之間的第一次見面。此後我們也有分歧，有爭辯，但那次見面是在那樣一個特殊時期，實在難忘。

當時，他聽說我有志於清理盧梭思想與法國革命實踐，即將尚未出版的顧准遺稿給我，讓我從中吸取思想養料與精神勇氣。我邊讀顧准遺稿，邊撰寫博士論文，孤憤之情逐漸平息，代之而起的是另一種心境，我後來將這心境稱爲「平靜的壞心情」：「既然是悶在蓋子裏燒，那就應該冒藍火，不要冒虛火」。

自由主義的漫長之路

台灣的讀者可能還沒有多少人知道顧准。如果我將顧准及其遭遇轉換爲雷震的故事，或許有助於理解與接受。事實上，我此次從台灣回來，也確實想寫一篇對比顧准與雷震的論文，那是當代思想史上又一個饒有興味的題目。他們實在太相像，以致兩岸學界現在都哀悼「天奪良人」：一是經歷像，都是某一陣營的高官，仕途如錦，竟捨棄高官厚祿而不顧，冒死犯難，去探險社會政治體制轉型的前途，時間也差不多都在六十至七十年代；二是結局像，兩人因此走上不歸路，雷震陷獄十年，鬱鬱而終，顧准兩次打成右派，幾度出入隔離室與勞改農場，妻離子散，家破人亡，後半生沒有一天好日子；三是晚年摸索到的思想結論也像，兩人都摒棄法蘭西、俄羅斯式的「革命」空想，指出一條漸進、理性的轉型道路；四是人去之後學界追思也相像，雷案平反後，台灣學界每年都舉行紀念研討會，我此次到台北欲尋訪雷震遺蹟，有熱心朋友相助，尙能見到年逾九秩的雷震夫人宋英女士；顧准身後，一本《顧准文集》歷盡艱難，終得出版，幾乎是洛陽紙貴，最近又出版了一本《顧准日記》。

當代思想史怎麼會在同一歷史時期出現了兩個「娜拉」，兩個「娜拉」在海峽兩岸分別出走？[6]一個從右邊往當中走，一個從左邊往當中走，都被各自陣營開除黨籍，最後殊途同歸神交於一點，只是緣慳一面，差一步即能道相見恨晚。

思想史研究當然不作興講故事，但這裏確實出現了比文學家有意想像更富意蘊的真實故事，如此有情節的思想史，涕笑皆非，不知是民族之大幸，抑或大不幸？撥弄此類慘痛故事的，只能是我們這一老大民族的百年劫運[7]。

顧准的先見之明，我在本書大陸版序言中多有引用，此處不贅。當時感受到的衝擊，五年後的今天，記憶猶新。一方面是感到內心不再孤獨，前面似有螢火探路；另一方面則感到慚愧，後來我在序言中說：「儘管乍暖還寒，間有陰霾，但是整體環境已非顧准當年可比。在這種情勢下，如果我們還不能沿著前人點撥的言路向前多走一步，哪怕是一小步，那真是愧對先師，也愧對自己了。」

一九九二年，我就是在這樣的心境中初步寫成博士論文，修改後，一九九四年交由上海三聯書店出版，初版後增印過一次。此次由「風雲時代」出版社印製發行台灣版，首先應該感謝該社負責人陳曉林先生的美意。但距離此書初版，時間畢竟已過去許多年，需補充需加強的地方逐漸暴露。最爲要緊的是，我在這本書中以主要精力解析道德理想主義爲意識形態所用形成的種種惡果，而這數年中，外部形勢也發生巨大變化，道德理想主義的意識形態化毒素尚未有效清理，在精神生活的另一端，知識分子應該堅持的健康價値卻呈雪崩之勢。

鑒於此，元化先生曾建議我將此書台灣版改名，不要用《道德理想國的覆滅》，以免為玩世犬儒者所用。我思忖良久，為尊重讀者，還是保留此書原來出版的樣子為好。但是，元化先生的提醒確實引起我重視。儘管我在該書後論中曾估計到這一問題，並有較多篇幅討論兩種道德理想主義的界限，但是這幾年的現實變動證明，此處吃緊，還是有必要突出強調。

一九九七年十月，大陸《南方週末》讀書版記者採訪，借此機會，我與該報記者討論了這一問題：

記者：這是一部以法國大革命為歷史背景的思想史著作，您顯然是想做一種由遠及近、由歷史到現實的追溯與梳理，而您的這一努力最終還是為了解決現實問題？

朱：我想處理的問題大致是這樣：從鴉片戰爭以來的百年中國政治思想史，基本是接受外來思潮衝擊史，其中有兩條線：一是英美思潮，一是以法、俄為代表的歐陸思潮。它們在一百多年間互相糾纏，時分時合，直接影響了中國社會的歷史路向。我希望能夠梳理這兩股思潮的源頭，然後順流而下，看看它們在進入中國以後如何發展如何演變，這是一個很大的題目，我的工作才剛剛開始。

記者：讀這部專著，我覺得您從最初進入到最後出來似乎有一種變化？您進入時，對法國大革命持否定和批判態度，出來時你又強調它作為人類歷史的一種精神遺產還是有很多值得珍視、肯定的東西？

朱：這本書醞釀於八十年代，寫成於九十年代，外部形勢天翻地覆，正在發生知識分子從亢奮到虛脫的轉折。就歷史層面而言，我想把遲遲沒有開始的對法國革命的批判開一個頭，清算理想主義在其上游被組織進意識形態造成的惡果；而在現實層面中，意識形態已經發展到下游階段，開始其向著實用化、粗鄙化的蛻變，知識分子從高調理想到虛脫犬儒的消極轉化也恰在這一時候開始[8]，兩者合流，有意無意形成一種危險的精神合謀。

在這種情況下，我只能先選擇一種「橫著站」的寫作狀態：被意識形態毒化的道德理想主義必須批判，同時又警惕借批判理想主義之名行犬儒主義之實的頹廢思潮。

我以為，虛無主義的犬儒狀態不僅不能有效批判意識形態，相反，它是意識形態發展到下游的精神合作者，它們一起發動了一場世紀末的精神比矮運動，有效延長了意識形態殘存，敗壞著這個民族的精神空氣。

我只想做一件事，淘洗曾經被意識形態毒化的理想主義，給健康、合理的理想主義尋找到合法存在的邊際界線，以此有效抵抗意識形態。

我的一個朋友最近撰文提到這本書的後論，「作者的深意正是擔心，在摧毀盧梭的道德理想時粉碎了一切道德和理想，在挖法國革命老根時斷了一切革命和民主的命脈。」這是知我者言。

記者：「被毒化的理想主義」我們比較熟悉，在中國，它登峰造極的表現就是「文革」，那真是人類歷史上的一個巨大悲劇。那麼，你所說的健康、合理的理想主義是……

朱：從哲學上說，首先放棄柏拉圖式的先驗主義建構理性，代之以海耶克、波普所說的經驗主義演進理性；從社會政治層面上說，放棄對市民社會的強迫性集體改造，放棄道德化的人治體系、從政治操作層面撤出，在制度層面外安營紮寨，建立知識分子自己的批判立場——打個通俗的比方，最好是理想主義在野，現實主義在朝，而不是相反，像法國革命和文革時期那樣顛倒；就倫理層面而言，放棄集體性的整合要求，作為一種個人選擇個人生存方式而存在，不帶有集體性的道德強迫。

在上述三個層面理清關係之後，理想主義或許能從意識形態那張「皮」上剝離下來，反過來成為批判意識形態的有效資源？它可以理直氣壯地存在，隨時找到發言空間。[9]

應該承認，這樣「橫著站」，時有尷尬，既不好看也不好站。伯林所言消極自由的概念未必能照搬於今日之特殊境況，韋伯所言責任倫理與今日之境況也在內心交戰不已。既要警惕自己因入世情切而產生改造外界的衝動，又不能因此而喪失社會政治批判的銳氣，遁入隱世飄逸一路。更爲困難的是，所有學理上的分疏說得再好，畢竟屬靜態邏輯，一旦腳履實地，每一次遭遇，都有一個如何在兩難之間尋找動態平衡的問題。所謂動心忍性，這大概是在今日環境中，稍有自覺意識者常費思量、備感困難、卻也最需磨練的地方？凡有此類困難體驗，或許能理解我初次見到周德偉先生的那副遺墨，爲何一時失語，內心怦然所動。

「豈有文章覺天下，忍將功業誤蒼生」？自有啓蒙以來，多少哲人智士孜孜以求，追求的不就是這個「天下文章、蒼生功業」？不過，並沒有多少人能翻一個面來想，爲生活世界（life world）之平靜發展自主延續，既保持儒者淑世爲懷之古典追求，又存有一份現代人對「文章功業」的負面警惕。

遙想當年，周先生與殷氏眾弟子往還，書生意氣，揮斥方遒，登車攬轡有澄清天下之志；另一方面，卻又能時時跳出，保持一份現代知識分子面對生活常態，理應具有而實際上很少人具有的那樣一種不得不爲之、爲之又惴惴的戒慎心態，如此曲折轉進的豐富內心，如果換成文人騷客，費詞萬言，亦難說得清楚。

我在大陸知識界生活多年，無病呻吟的文人濫情觸目皆是，始終未能看到有如此清澈的洞見：中典與西學相通，常理和睿智並存，而且對仗工整，力透紙背，層層關節，豁然打通！

此前我似乎一直在等待什麼，內有悱悱，欲言無言。不料卻在海峽彼岸，被一位素昧平生的老人一語點破。它是從杜甫詩中脫化而來，但已不是文人圈內借吟對而自矜的浮泛空言，如此明心見道，需多少次起落煎熬，閱盡滄桑，方能最終悟得？思念及此，我衷心感謝我的彼岸朋友，感謝他們在那個紫藤盛開的夜晚，帶我到過那樣美好的地方。

一九九七年十一月二日　上海

註釋：

1 我們可與法國革命之後相比，無論是右派的夏多布里昂，還是左派的維克多・雨果，且不論社會政治傾向，其天風海雨的信息含量與文革後作品的小家子氣，不可同日而語。當然，我們也不能全部歸咎於文學家和其他知識分子，這種差別是與更為深遠的文化背景、社會結構，乃至語言禁忌聯繫在一起。

2 關於中產階級，此處似可多說幾句。

從已見的西方學理上說，中產階級作為民主社會的必須結構，理應護衛；但是這樣的學理邏輯並不是從今日大陸中產階級產生的特殊背景而出，此其一；其二，目前特殊背景下產生的中產階級，出現這樣一種品相：民主要中產階級，中產階級卻不要民主，似乎還未引起注意；其三，即使將來中產階級產生民主要求，其精神趣味卻還是不值得恭維。如何給中產階級屬性留下足夠的發展空間，與此同時，抵制其精神趣味席捲全社會，將是一個越來越重要的問題；其四，我這裏所說的中產階級趣味，還有一種特殊情況：有一部分是真實的，有一部分是後來仿製的——當時未必達到那種程度，只不過是部分作者透支後來出現的八十年代生活意識，倒貼回去，拔高而成，故稱「仿中產階級趣味」。

3 文革回憶錄中那部分仿中產階級趣味，已經向下滲透。今日有些新一代學者與作家，偶爾談及，說文革則藐之，頗有點仿中產階級口吻。這種輕薄口吻，吾期期以為不可。其原因，一大部分是因為意識形態話語遮蔽而難以瞭解晚近歷史的全貌，怪不得他們；還有一小部分，恐怕是來自急於與中產階級趣味接軌而形成的急切心態？這種心態，主流意識形態求之而不得，卻是思想界突破中產階級視野形成自主話語的一大障礙。

4 那種懷疑精神，當時被官方定性為「懷疑一切」，可謂歪打正著。只有命名為「懷疑一切」，才能揭示這一思維方式與康德以來的近代啟蒙精神曲折相通，這一點，連當時身在其中者也未必自覺。此外，如果考慮到中國近代啟蒙精神從五四開始，沒過多久，即在四十年代被清算，到一九五七年反右，有啟蒙精神的老一代人基本已難以發出聲音，作為一個社會階層已無法向下傳遞，後一代新人如欲再造，只能另外開始，那麼文革中這一懷疑精神在一種幾乎是種瓜得豆的悖論條件下，如何重新萌發扭曲生長，就更值得細說。

5 這也是我為何將其思維活動稱為「反文革的文革」的原因之一。他們的思想內容有反文革的取向，但其思維方式卻與對立面相互聯繫。囿於上述歷史斷層，經近代啟蒙洗禮的老一代已經消失或難以向下傳遞，新一代啟蒙精神只能從官方意識形態中裂變而出，這就造成他們與官方意識形態剪不斷，理還亂的臍帶聯繫。至八十年代，老一代如何重新發言，新一代如何與他們隔代相交，則是思想史後來展開的一頁。

6 事實上，顧准生前已自覺到這一點，他自己把當時探索的問題歸結為「娜拉出走後怎麼辦」。

7 治思想史者在介紹外來學理之餘，也可以注意一下本民族自己的思想史故事。如有慧眼，當以冷峻筆調把本民族如此寶貴的思想史遭遇開掘出來？最好趕在小說家言的前面。

8 順便說一句，大多數中國知識分子的精神狀態隨意識形態的一再轉變而轉變，縱然滿街皆云陳寅恪，真正「獨立之精神，自由之思想」的知識界並未出現。

9 見《南方周末》一九九七年十月三十一日讀書版。

引言 從神學政治論到政治神學論

◆烏托邦的消極意義和積極方面是同樣存在的。不要因為我把烏托邦的消極性放在積極性後面來討論，就以為我的最後結論就是認為烏托邦是消極的。1

——保羅．蒂里希

一五一七年，馬丁．路德發起宗教改革。這一事件標誌著歐洲人走上新的精神歷程：從千年神人對立轉向百年神人和解，近代社會開始了世俗化過程。

神人和解以上帝消隱、神性退逝爲背景。面對上帝遺留的形而上遺產——中世紀神正論救贖傳統，近代人文哲學起初猶豫，繼而拒絕。這一派人堅持人的主體孤立，堅信人的此岸世界無須神性牽引，只按照世俗理性來安排，當能安排得更爲合理。

另有一派人面對中世紀的救贖遺產，似呈不忍之情。他們試圖掰開教會的死手，啓動救贖傳統的道德激情。在一個上帝已經棄守的世界裏，他們試圖以人的神性來接管此岸秩序。他們不能等待或者不耐等待上帝再度出場，即開始了由人而神的「聖業」——把彼岸理想拉到此岸世界，把上帝之城與世俗之城的兩維對立壓縮爲一個平面維度，平面鋪展爲天國在人間的歷史實踐。

這兩派人的爭吵，從文藝復興延續到啓蒙時代，終於釀成法國啓蒙運動的公開分裂：前者以伏爾泰爲代表，後者以盧梭爲代表。

後者的事業是普羅米修士式的事業，是天國竊火的事業。竊火者爲盧梭，播火者爲羅伯斯比爾，縱火案則是一個偉業與暴行並舉的重大事件：一七八九至一七九四年法蘭西革命。這一事業的高峰體驗，當爲羅伯斯比爾於一七九四年牧月二十日登上最高主宰開教聖壇，親手點燃無神論模擬像時所產生的那一瞬間快感。

上帝遠遁，人升而神。在政治領域內，這一變化首先意味著中世紀的神學政治論轉化爲近代早期的一個過渡性形式：政治神學論。與此同時，則必須論證人能夠代神立言、替神行聖的正當資格：人的道德能力。這一過渡即由盧梭對神正論原罪說的重大改動而開始。

在傳統神正論裏，原罪載體是個人；原罪的此岸進程即爲此岸歷史的下行路線，腐敗墜落、不可救藥；因此人必須放棄此岸，以圖再生，返歸彼岸神性。在盧梭哲學裏，原罪仍然存在，腐敗更爲尖銳，歷史還在下行；然而，一個重大的變動是——原罪的載體已經從個人移向社會，腐敗墜落，不可救藥者不是人的內心本源，而是外在社會對人心本源的疏離。

因此，社會的已然狀態必須否定，歷史已然狀態的延續必須打斷，社會歷史必須向起點倒退，退夠退足，直至零度狀態。這一零度狀態不是考古學家的實證發現，而是哲學家邏輯意義上的價值重建。以此爲起點，重新出發追尋的就不是彼岸神性天國，而是此岸應然天國——道德的理想王國。

盧梭首先繼承了中世紀救贖傳統，並努力把這一傳統傳遞給近代社會。正是在這一點上，他與堅持世俗理性的啓蒙運動發生根本性的分歧。盧梭是一個顛覆性的二傳手，他傳出的是一個爆炸性的烈球。他的顛覆對象並不是彼岸天國，那一天國已隨上帝遠去。他要顛覆的對象，是此岸文明結構——從世俗生活一直到政治王國。他的理論包裝是歷史復古主義的悲觀色彩，其內裏的填料卻是一種可燃可爆的道德理想主義：重建道德共同體，重建世俗社會、政治結構、文明規範。在這個意義上說，盧梭理論是一種早產的解構主義，社會政治上的解構主義。

因此，它一旦落地引爆，就不僅僅是一場英美式的政治革命。它要把政治革命延伸爲社會革命，把社會革命延伸爲道德革命，把一次革命引伸爲不斷革命、繼續革命、再生性革命。用羅伯斯比爾的話來說，那一場革命不僅僅是一場國內戰爭，而是一場國際戰爭，更兼一場宗教戰爭。

這場複合型革命，有兩個邏輯支點：

1、個人的內心良知——道德（moralité），這一支點多由《愛彌兒》提供。

2、集體的聚合良知——公共意志（Volonté générale），這一支點多由《社會契約論》提供。

這兩個邏輯支點撐起一座橫渡世俗濁流的天橋。人們只有通過這一天橋，才能進入人間天國——超凡入聖的道德境界，沒有上帝卻有神性的道德共和國。

因此，它的最終指向是一場觀念戰爭。它不僅發生於人的內心深處——把所有的已然文明因素逐出內心世界，還要發生於社會之中，發生在道德選民與道德棄民之間：「光明」與「黑暗」爭戰，「正義」與「邪惡」爭戰，「美德」與「罪惡」爭戰。

於是，神人對立和解之後，出現的是人與人之間的對抗戰爭——神人之間的對抗轉移至人與人之間來進行，神性救贖話語持續延伸爲世俗的觀念話語（discourse of idea）。

耐人尋味的是，也就是在這一國度、這一時刻，一個法國人第一次啓用了「ideologie」這一法文單詞，以「觀念學」來取代正在解體的神學解釋符號。更有意味的是，特拉西首創這一說法[2]，是引進洛克經驗論體系，與盧梭創立的觀念話語只有對立關係，沒有支援意義；但是，最終形成 ideologie 對世俗社會的統治，並不是洛克——特拉西這一派人，而是他們的對立面——盧梭與羅伯斯比爾。

在此之後，方有另一個法國人拿破崙啓用了「ideologues」這一法文單詞，以埋怨盧梭的後裔——迷戀觀念形態的知識分子給他造成的無窮麻煩。ideologie 從此不脛而走，它起源於法蘭西，泛波於舊大陸，最終流被於大洋兩岸。它不僅塑造了法蘭西政治文化的內戰性格，也預示了在更爲廣闊的領域內，神人和解之後，人與人之間的政治神學將取代神與人之間的神學政治。這一取代將意味著馬丁·路德之後，一個後神學時代的來臨——ideologie、ideology，即「意識形態」時代的來臨……

註釋：

1保羅．蒂里希：《政治期望》，四川人民出版社一九八九年版，第二三二頁。

2特拉西（Destutt de Tracy一七五四—一八三六），著有《觀念原理錄》，特拉西創立「ideologie」這一符號的情況可參見雪麗．M．格魯奈：《經濟唯物論與社會倫理論——十八世紀末至十九世紀中法蘭西觀念史研究》，一九七三年荷蘭莫頓版，第六十二至六十五頁。

第一章 思想的入口：原罪與贖罪

> ◆形而上學的種種精妙都不能動搖我對靈魂不朽和天意公道的信仰，哪怕是一時一刻的動搖。我感覺到它，我需要它，我為它祈禱，我將為它護衛至我生命的最後一息。[1]
>
> ——讓・雅克・盧梭

題言出自盧梭一七五六年八月十八日致伏爾泰信，一封絕交信。盧梭本人已隱入巴黎郊外四公里處的森林隱廬。此時，城內正在上演狄德羅創作的獨幕喜劇：《孤獨者》。幕啓處，一個狀擬盧梭的滑稽小丑，跌滾出場。伏爾泰當即叫好：「盧梭嗎？只不過是個渾身膿瘡的鄉巴佬。」[2]盧梭爲此從森林深處發出他的抗議——一封絕交信。他以逼人的悲憤語調提醒他的同時代人，注意他與啓蒙運動決裂的信仰基礎，同時，也爲後代讀者指出他與啓蒙哲學家分別進入十八世紀巴黎思想的不同入口：「我嗎？先生，我是信神的！」[3]

一、日內瓦的道德王國

讓・雅克・盧梭，這個曾經征服巴黎的流浪者，確是「鄉巴佬」，而且是個「異邦鄉巴佬」。他十四歲以前的早年生涯是在一個與巴黎氛圍截然不同的「道德共和國」——加爾文教的日內瓦度過的。

十八世紀的日內瓦已湮沒於歷史。只有借助盧梭同時代人的歷史紀錄，我們才能重新進入少年盧梭的精神家園。下面是狄德羅主編《百科全書》中「日內瓦」這一條目的主要內容，作者為——達朗貝爾。他受伏爾泰囑託而撰寫這一條目，在條目後附加建議：日內瓦當局應開禁設立文明劇院。為此曾引來盧梭滔滔十萬言的長信反駁。但是，盧梭本人也承認，達朗貝爾對日內瓦政情民俗的描述是忠實的、可信的。因此，這一條目應該是現代人由此認識盧梭家園的一份較為可靠的歷史文獻：

日內瓦環山臨水。萊芒湖長七百四十浬，寬一百五十浬，湖邊散落著鄉間民居，映襯著阿爾卑斯山峰的銀色雪裝。湖光山色，風光秀麗。

一五三四年，加爾文在該城傳教成功，建立了一個廉潔教會、一所大學和一個研究院。一七四九年，日內瓦與法蘭西締約；一七五三年與撒丁那締約，從此確保了外部平安。

這樣一個城邦，人口不足二萬四千人，散居在三十個不到的村落，卻擁有自己的主權，成為歐洲最富庶的城邦。

雖然城邦富足，但是她的政府卻十分貧困，因為那裏的稅收極為低廉，每年歲入不足五十萬鎊。

日內瓦公民分為四個層次：公民——城邦居民的男性後裔，必須生於本邦，只有他們才能進入執政機構；市民——出生於外邦的本城公民或市民的男性後裔，或經執政機構批准授於市民權力的外國人，他們可以進入日內瓦小型議會，而且可以進入被稱為二百人院的大議會；外籍居民——經執政機構批准，允許居住於該城，但不擁有其他權利。最後是外籍居民在本地出生的後代，他們比父輩多享有一些特權，但不能進入政府機構。

共和國的首領是四個市政官，每人執政一年。四年後改選，不得連任。這四個市政官與一個二十名地方議員組成的小型議會相聯，配有一名司庫，兩名國務秘書，此外還有一個法院。這兩個機構處理世俗性常川事務。

大議會由二百五十名公民或市民組成。它裁決市民社會重大事務，頒佈大赦，發行貨幣，選舉小型議會，決定被認為應該提交它審議的議案。所有年滿二十五歲的公民都有選舉或被選舉為大議會成員的權利。但是破產者，或被認為有汙跡者除外。立法權歸大議會，並決定宣戰、媾和、結盟、徵稅和選舉市政首腦。雖然投票者只有一千五百人左右，但是每逢大議會開會，總在一個大教堂內舉行，而且莊嚴隆重。

日內瓦刑法十分苛嚴，比殭屍還要刻板。作為一種無益的殘忍，嚴刑拷問在許多國家早已廢止，而且也應該在所有地方都廢止，但在日內瓦卻合法存在。不過，它僅施予被判死罪的罪犯，如果說確有必要，也是為了發現罪犯同謀。辯護者可以要求明示罪犯所應負的責任，也可以得到他的親屬和律師在法庭上公開具文的支持。判決由市政官召集大會當眾宣讀。

日內瓦不承認世裔地位。首席市政官的後裔如無特殊業績，一如普通平民般地生活。選舉官員時一律平等，沒有貴族或財富的等級限制。結社組黨是絕對不允許的。官員無報酬，絕不可能指望以公職謀取財富。他們唯一的奢望是得到市長的嘉許，擁有一顆高貴的靈魂。

那裏很少法律機構。絕大多數人和睦相處，如一群共同的朋友。即使律師、法官，也是如此。禁奢法令嚴格禁止使用珠寶和黃金。他們限制奢靡的消費，並要求所有的公民在街上一律步行。有一些馬車，僅用於鄉間。這些法令在法蘭西人看來，是太苛刻、太野蠻，也太不人道了。

沒有一座城市像日內瓦那樣，擁有那麼多幸福的家庭。在這一點上，日內瓦的道德水準領先我們二百年。由於嚴禁奢靡，日內瓦人不害怕多生育子女。所以，奢靡不像在法國這樣，成為人口增長的最大障礙。

日內瓦禁止演劇。他們不是不同意設立劇院，而是據說害怕演藝圈內所講究的行頭、奢華與放蕩行為，在青年人中產生誘惑與混亂。那麼一點麻煩，難道我們不能以法律嚴密督導演員行為來加以矯正嗎？在這方面，日內瓦本來是可以將劇院與道德並存，同時享受這兩者好處的。劇場表演能夠提高公民的趣味，給予他們優雅的情趣，精妙的感覺。如果沒有劇場表演的幫助，這些就很難進步。沒有放蕩行為，藝術也能提高，而日內瓦是能夠把拉西的蒙人（註：Lacedaemon，斯巴達人）的莊重簡樸與雅典人的都市生活方式結成一體的。至於另外一些考慮，如共和政體的價值是如此珍重，同時也是如此開明，它也應該允許設立劇院。

為了支持藝術，必須放棄那種對演藝職業的愚昧偏見，以及貶黜他們身分的種種做法。這些偏見和做法是使他們感到羞辱的主要原因，應努力驅散。為了得到公眾承認，他們追求的不過是自我愉悅，而他們的社會地位卻不能保障這一點。在我們中間，一個有德行的演員毫無疑問應贏得尊重，但是我們卻不怎麼注意他。那些凌駕於公眾之上並以此寄生的包稅商，那些蠕蠕而行的諂媚廷臣，儘管毫無貢獻，我們卻給予最大的榮耀。

如果日內瓦開禁演劇，然後能以明智的規範約束演藝人，那麼，這些人是可以得到保護，甚至得到尊重的。最終的結果，他們會毫無疑問地得到與其他公民相平等的社會地位，而這座城市本身也會得益，從擁有那種據說是極為稀罕然而又只能伴隨我們弱點的東西中得益：那就是一個演藝劇團，一個值得尊重的劇團。讓我們預言，那將是全歐洲最好的劇團。

那些身懷絕技擅長演藝的人，因為害怕在我們國家中獻藝受辱，將會雲集日內瓦，登台獻藝。那種極為優美的技能不僅不會受到羞辱，反而會贏得敬重。這座城市，由於禁止演劇而被法國人認為陰暗沉悶，不久將會成為情趣高雅的樂土，一如它現在是哲學和自由的樂土。外國人將不再驚訝地發現：在這座城市裏，一個適宜的正當劇院在禁止之列，而那些與高雅趣味格格不入，一如與高尚道德格格不入的粗劣笑劇卻暢通無阻。

這當然還不是全部：日內瓦演員一點一滴的示範，他們行為的正當，以及由此而來他們所得到的敬重，將給其他民族的演員提供一個典範，並給那些至今還以苛刻態度對待演員的人提供一個教益。一方面，人們將不再視他們為依靠政府救助過活者；另一方面，他們歷來是革出教門的對象，教士們將從此失去將他人開除教籍的慣例，我們的中產階級也將隨之放棄對他們輕蔑的看法。一個小小共和國將以此贏得改革歐洲的光榮，而這一點或許要比預想中的重要得多。

日內瓦最發達的製造業是鐘錶工業。它擁有五千名匠人，也就是說，日內瓦五分之一的居民從事鐘錶製造。其他人從事農業。農民們的精耕細作彌補了土地的貧瘠。

日內瓦的宗教，可能是哲學家最感興趣的題目。

日內瓦的教會組織是純粹的長老制。沒有主教，甚至沒有幾個神父。行政官員兼任牧師，由國家而不是教會供養他們。這種行政官員必須年滿二十四歲，要經過一種非常嚴格的知識與品行的考核，方能擔任。

地獄問題，是我們信仰中的基本問題之一，但在日內瓦許多行政官員看來，今天已不是重大問題。按照他們的看法，人若構思上帝的存在模樣，是瀆神行為。充分的善意和誠篤，即能對付在我們這裏需要經歷永恆折磨的罪孽。他們解釋聖經中那些與他們觀念不符的章節段落時，十分圓通，認為對那些有礙人道和理性的字眼不必過於拘泥。因此，他們相信，即使在另一種生活中有懲罰，那也只是個時間問題（不是空間問題）。所謂贖罪之所——煉獄問題，曾引起清教與羅馬教廷決裂的重大原因之一，大多數日內瓦人認為只不過是個死後懲罰的問題。這是一個解決人類衝突史的全新視角。

概括起來說，許多日內瓦行政官員只不過是一個徹底的索齊尼教義信徒，拒絕所有被稱為聖跡的事物，並且認為一個真正的宗教的首要教義就是增進理性，除此之外，則無它義。

所以，當有人向他們宣傳贖罪的必要性時——這一信條對基督教來說是基本原則，大多數日內瓦人卻將這一「必要」換為「實效」——一個更柔和的字眼。在這方面，他們即使不是正統的天主教徒，至少也篤信他們自己的信條。

持這種信條的教士是應該被寬容的。但在日內瓦，教士們所有行為比能被寬容的程度還要好。他們嚴格限定他們的責任，首先是給公民樹立服從法律的榜樣。宗教法庭奠基於對公民的道德監督，僅限於精神性懲罰。在愚昧時代曾打落多少教皇之冠的教俗之爭——即使在啟蒙時代也引起過許多衝突，但在日內瓦確是聞所未聞。教士們只做一件事：擁護行政當局。

宗教儀式非常簡樸。教堂不設偶像，不設燭台，也不設其他禮拜用品。神事只有兩項：講道和唱歌。講道幾乎全限於道德範圍，而且只是為了推進道德。樂曲品味甚為粗陋，在法國人看來，恐怕是最糟糕的樂曲。不過，日內瓦只須變動兩件事：一是神壇上應有一架管風琴，二是換用優雅一些的語言和樂曲。除此之外，最高存在只存在於日內瓦的適意與平靜中，而不存在於我們那類教堂中。

我們在介紹那些聲名赫赫的君主大國的條目中，都不曾使用過如此之長的篇幅。然而在哲學家的眼光裏，這個蜜蜂般的共和國一點不亞於那些偉大帝國的歷史。它可能是這樣一個唯一小國：在那裏，人們能夠發現一個完善的政治管理的楷模。如果宗教不允許我們認為日內瓦人比世界其他地區更有效地促進了他們的幸福，那麼，理性卻使我們有義務堅信：他們是這個世界上能夠存在的最幸福也最可愛的人：

> 「呵，如果他們只知道自己的純樸，那就是幸運之後的又一個大幸」！[4]

讓我們總結一下這塊「幸運的樂土」。

這是一個袖珍型道德共和國，滲透了一種中世紀後期的道德關懷。歐洲歷史的神正論贖罪時代向世俗化的救世時代過渡，它的過渡性時間特徵必然伴隨有過渡性空間狀態。它最好的選擇就是這一類中世紀後期的透明小鎮：

1、政教合一的社會結構；
2、清教傾向的政治模式；
3、整齊劃一的道德風尚；
4、輿論一律的良心監察。

這就是讓．雅克．盧梭的精神家園。一七一二年六月二十八日，他出生在這裏。少年盧梭的精神源頭在這裏，老年盧梭道德理想主義的母本在這裏，日內瓦是他的臍帶，日內瓦的精神乳汁如母親血液般不可抗拒。他終生熱愛的唯一頭銜是

「日內瓦公民」，從第二篇政治哲學論文起，他即以此署名。他在外流浪三十年，儘管日內瓦那個小型議會後來將他拒之門外，他仍然思鄉情切。在這個老年遊子的筆下，仍舊能流淌出如此動人的回憶：

我至今還記得幼時曾被深深打動的一個場景，以後歷經多少年、多少事，磨滅不了。

聖薩瓦團隊舉行操演。按慣例，晚飯後他們中的絕大多數人都到聖薩瓦廣場上起舞，軍官和士兵圍著噴泉，鼓手們敲起水盆，吹笛手、火炬手全都出現。五、六百人手拉著手，整齊劃一，一圈又一圈地繞著噴泉起舞，鼓號齊鳴，火炬輝煌，軍樂禮儀之壯麗，旁觀者無不動容。

舞樂將盡，已經上床的婦女們再也按捺不住，紛紛起身。家家戶戶的窗台上擠滿了觀賞者的頭腦。這就又一次鼓舞了街頭的舞蹈者。人們不可能長久擠在窗台上，於是紛紛走下來。妻子和丈夫一起走出，僕人捧出美酒，甚至那些孩子們也被歡樂聲驚醒，衣衫不整地隨著父母們走出戶外。於是舞蹈暫停，出現了擁抱、歡笑、暢飲祝福和相互撫愛。

我的父親擁抱著我，渾身顫抖——這種顫抖我至今還是感同身受。「讓·雅克，」

他對我說，「愛你的祖國吧，你看清這些善良的日內瓦人了嗎？他們都是朋友，他們都是兄弟，他們歡樂，他們和諧。你是一個日內瓦人，有朝一日，你會遭遇其他人們。然而，即使你可能像你的父親那樣周遊萬里，你再也不會找到像他們那樣的人了。」

街上的人們試圖重新起舞，但是已經不可能了。他們不知道他們還能幹什麼。所有人的臉上都充滿了醉意，比美酒還要甜蜜。廣場上持續了長時間的歡聲笑語，人們不得不停息下來，攜家帶口返回住處。那是些多麼可愛多麼溫柔的婦人，她們扶著丈夫回家，不是打斷他們的歡樂，而是分享他們的歡樂。我的眼前出現了這幅圖畫，它如此令我感動，我已看不見其他事物了。天造地設，一個人的眼睛必然是為目睹這種場面而生，一個人的心臟必然是為感受這種場面而跳動。不！只有這樣純潔的歡樂才是公共的歡樂，只有自然的真情實感才能統領人們。呵，尊嚴——自尊之子和緘默之母，您可曾使您那些憂鬱的奴隸們在他們的生活中有過這樣類似的時刻？5

盧梭寫下這段文字時，已是五十九歲。人們可以想像，當「一個人的眼睛必然是爲目睹這種場面而生，一個人的心臟必然是爲感染這種場面而跳動」時，這塊樂土的精神產兒就只能有兩種命運：如果他終老家園，「只知道自己的純樸，那就是幸運之後的又一個大幸」；如果他遠走他鄉，那將是一個短暫幸運之後的大不幸者——，他再也不能適宜山外的世界。他將患上一系列心理適應障礙：都市不適症、社會不適症、文化不適症，乃致近代化不適症。他將頑強表現日內瓦的意志，日內瓦的話語，日內瓦的理想，直至日內瓦的所有局限。他的在外生涯將是他早期經歷的一個漫長反芻，成爲與所有朋友爭吵不已的斷交生涯。他的思想邏輯的推演過程，將成爲對山外世界的猛烈批判過程，同時，也是日內瓦道德共和國一個漫長註腳的展開過程。

二、一顆「教士」心

什麼樣的「教士」心？

有兩本《懺悔錄》，在歷史上都發生過劃時代影響。前一本作者是五世紀的奧古斯汀，後一本作者是十八世紀的盧梭。兩本都是自傳，內心咀嚼史，相距一千三百年，中間恰好嵌落一部基督教精神由盛傳衰的千年史。前一本是入口，由世俗轉宗教，作者的道德情懷融入神正論的無邊祈禱。後一本是出口，出宗教入世俗，拖拽著沉重的宗教情懷進入世俗的道德履踐。

盧梭的同時代人塔列朗（Tallyrand）總結盧梭《懺悔錄》讀者的普遍感受：「當人們閱讀盧梭的時候，都確信自己也沉入了懺悔狀態」。[6]把人們牽入一種準宗教化的現世贖罪的心理狀態，這恰恰是盧梭少年時候的夢想。盧梭回憶說：

大家商量著叫我做鐘錶匠、律師或牧師。我很喜歡做牧師，我覺得傳道說教很有意思。有一天我的舅父貝納爾召集家人朗讀他自己寫的一篇動人的講道稿。於是，我們丟了喜劇，也寫起講道稿來了。[7]

這時他十歲。[8]

十年後他寄居華倫夫人，並爲其管家時，盧梭自認是他一生中最爲幸福的時期，說他「這一輩子只是在那個幸福的年代最接近於明智」。[9]可是，即使在這一時期，他也飽受原罪、贖罪問題的糾纏：

我經常問自己：「我現在的情況怎麼樣呢？如果我死去的話，會不會被貶下地獄呢？」

為了擺脫這種煩惱，我竟採用了最可笑的方法。那就是用一顆石子投擊他對面的某一棵樹，如果擊中，說明他可以升天堂，如果擊不中，則要下地獄。結果投中。從此以後，我對自己靈魂能夠得救再也不懷疑了。[10]

這一時期，盧梭得華倫夫人資助，去義大利都靈公教要理受講所，改奉天主教。返回後，入一神學院學習一年，差一點成爲專職牧師。

二十年後，盧梭在巴黎苦鬥成名，帶著他的第二篇論著《論不平等的起源和基礎》重返日內瓦：

一到日內瓦……我決心公開地重奉我祖先的宗教。我和百科全書派人們的往來，還沒有動搖我的信仰，反而使我的信心由於我對論爭與派系的天然憎惡而更加堅定了。我對人與宇宙的研究，處處都給我指出那主宰著人與宇宙的終極原因與智慧。幾年以來，我致力於研讀《聖經》，特別是福音書，早就使我鄙視最不配瞭解耶穌基督的人們給予耶穌基督的那些卑劣而愚昧的解釋。[11]

又過了十年，盧梭已入老年。他總結與狄德羅等人的決裂，就在於他有宗教意識，而對方都是「一些居心險惡的無神論者」：

宗教的狂信儘管是容易導致血腥和殘酷的行為，但不失為一種強烈的熱情，它能鼓舞人心，使人把死亡不看在眼裏，賦予人以巨大的動力，只要好好地加以引導，就能產生種種崇高的德行。反之，不相信宗教，以及一般的好辯的哲學風氣，卻在斫喪人的生命，使人的心靈變得十分脆弱，把所有的熱情都傾注於低級的利益和卑賤的自身，一點一點地敗壞整個社會的真正基礎；因為個人利益一致的地方是這樣的稀少，所以不能同它們互相衝突的利益保持平衡。

無神論之所以不造成流血的行為，並不是由於愛好和平，而是由於對善漠不關心。……哲學家的漠不關心的態度，同專制制度統治下的國家的寧靜是相像的，那是死亡的寧靜，它甚至比戰爭的破壞性還大。

……

從理論上說，哲學給人類造成的好處，沒有一樣是宗教不能夠更好地造成的；反之，在宗教給人類造成的好處中，有許多好處卻是哲學所不能造成的。

……

基督教已經使各國政府沒有那麼好殺了。……這種改變，不是文化的結果，因為在文化燦爛的地方，人道並沒有受到更大的尊重，這一點，根據雅典人、埃及人、羅馬皇帝以及中國人的殘酷行為，就可以得到證明。

……

哲學家，你那些道德的法則的確是很漂亮的，不過，請你告訴我，它得到了誰的承認。你別那樣轉彎拐角地，請直截了當地告訴我，你用什麼東西代替報塞橋？[12]

縱貫盧梭一生，他從日內瓦帶出的那顆「教士心」伴隨他終身，至死未渝。儘管他改信過舊教，又皈依新教，但他的宗教意識始終沒有磨滅。美國學者甘迺迪．羅舍在盧梭思想核心觀點與《聖經．使徒書》之間尋找出淵源關係，曾列有下表：[13]

聖經	盧梭
1、《使徒書》第八十八	1、文明引起道德敗落[14]
2、《使徒書》第三十九、四十一、四十二、四十三、九十	2、人類遠古曾有黃金時代
3、《使徒書》第八十九、九十	3、財產權問題
4、《使徒書》第七、八、十四、四十一	4、市民世俗社會及其影響
5、《使徒書》第九十四	5、人的天性善良
6、《使徒書》第八十八	6、理性不可靠，唯感性、信念可靠

這樣一顆浸透宗教意識的心靈，與其說是哲士，不如說是教士。啟蒙時代是理性取代宗教的時代，啟蒙運動是哲士取代教士的運動，盧梭見逐於啟蒙陣營，「教

士」難爲「哲士」所容，是理所當然，題中應有之義。奇怪的是，這顆「教士心」在宗教界也得不到承認。

一七六二年六月，巴黎大主教博蒙干涉《愛彌兒》一書的發行。同年九月，巴黎高等法院隨之發出逮捕作者令。盧梭倉皇出逃，欲入日內瓦，日內瓦境內新教徒也點起了焚燒《愛彌兒》的聖火。於是盧梭再逃，一逃伯爾尼，二逃納沙泰爾，在普、法、瑞三國之間如喪家之犬，不斷流亡。

儘管他在這個時候還是不忘攜帶《聖經》，每晚在燭光下讀完一段使徒書以平息胸中洶湧悲情，但是無濟於事，他被哲學家陣營排斥又被教會當局驅逐的雙重流亡命運，再也不能扭轉了。

這是一顆什麼樣的「教士心」，反不被教會所容？

盧梭的同時代人指出，這顆「教士心」別有一種來源。

一七六六年，當時一個著名的教士杜姆．卡約出版《日內瓦的讓．雅克．盧梭有關教育學的剽竊行爲》，宣稱盧梭「是一個不知廉恥而又不老練的塞涅卡和其他古代作家的剽竊者」。[15]

狄德羅作爲對盧梭相知甚深的朋友，也指出了這一相同點：「讓．雅克使我們成百次地想起塞涅卡，卻不能有哪怕那麼一行文字歸屬於西塞羅」。[16]

二十世紀的讀者也會發現，在盧梭的成名作《論科學與藝術》中曾頻頻出現塞涅卡式的道德箴言，有一處甚至是直接引用塞涅卡《道德書信集》第二十五節：「……自從學者在我們中間開始出現以後，好人就不見了。從前，羅馬人要安心實踐德行的，但當他們開始研究德行之後，一切就都完了。」[17]

日內瓦盧梭學會年鑒一九五三至一九五五年卷載文證實：盧梭讀過的塞涅卡主要著作有：

1、《論神意》
2、《論人生短暫》
3、《論幸福的生活》
4、《道德論文集》
5、《道德書信集》

該文作者M．喬治檢索盧梭首篇論文基本觀點與塞涅卡的聯繫，認爲盧梭將塞涅卡的方法推行於社會實踐要求，這一點是毫無疑問的。[18]

與塞涅卡有關的第二個古代作者是普魯塔克。後者在《懺悔錄》中出現的頻率，一如塞涅卡在《論科學與藝術》中出現的頻率。塞涅卡是斯多噶學派的晚期代表，而斯多噶學派的思想是由於普魯塔克的大量引述方得以傳世。在十八世紀，普魯塔克是讀者得以進入古代斯多噶學派的入口，有人稱普魯塔克是一個修正的斯多噶，或乾脆稱爲普魯塔克斯多噶主義—Ploutarchian stoicism。

盧梭返回自然的主張又使人認爲他可能有第三個來源：十五世紀的法國蒙田哲學。但是蒙田的思想還是可以追溯於斯多噶學派。只不過盧梭捨棄了蒙田哲學的消極無爲色彩，注入了一種只屬於他本人的激進成分，以致法蓋稱盧梭是一個「失去平衡的蒙田」。[19]

盧梭著作中頻繁出現的第四個名字是柏拉圖。而柏拉圖作爲早期希臘先驗理念論一派代表，與晚期希臘思想的斯多噶學派更是一脈相傳。斯多噶教義可以說是柏拉圖哲學的普及版、粗俗版。柏拉圖的思想正是通過斯多噶學派的稀釋，方進入基督教早期教義。

卡爾．波普注意到盧梭與柏拉圖的類似，才把這兩個人並列爲「浪漫主義集體道德的理想主義者」，[20]而盧梭與柏拉圖之間的思想史橋樑，還是斯多噶。讀塞涅卡，通向斯多噶；讀普魯塔克，通向斯多噶；讀柏拉圖，還是通向斯多噶。斯多噶對基督教究竟意味著什麼？這裏潛伏著盧梭哲學對宗教工程的一次大規模改建，也潛伏著十八世紀教會勢力之所以不能寬容盧梭的根本原因。

從柏拉圖到斯多噶的古代希臘思想路線，是一條向著基督教方向滑行的下行線，是世俗面目的先驗論唯靈論哲學經受宗教面貌改造的下行線。在這條下行線上發生的觀念變化可以簡化爲下列表式：

柏拉圖—斯多噶世俗哲學	↓基督教神正論教義
1、觀念與表象的對立	1、靈與肉的對立
2、黃金時代與人類歷史的墮落	2、原罪起源，逐出伊甸園
3、自然法高於人為法	3、神權高於世俗法權
4、善與惡的兩極對立	4、上帝之城與世俗之城的對立

對於基督教世界的教徒來說，這條下行線的方向只能順延，不可逆取，只能順向發展，不可反向溯源。如若逆反，勢必意味著神正論教父哲學的世俗還原，意味著全部基督教精神軸心的反向運轉。而盧梭，這顆十歲發萌，二十歲進入神學院的「教士心」，恰恰走的是一條上行線、逆取線、溯源線。

在盧梭的著作中，人們確實讀得到神，讀得到罪與罰，讀得到說教與懺悔，但是讀不到神與人的對立，讀不到此岸世界的永久沉淪，讀不到彼岸世界的永久隔絕。他的精神指向直逼教父哲學的禁區：把上帝之城與世俗之城的空間對立轉化爲人間道德沉淪向著道德拯救的時間發展。[21]盧梭救世心切。他只想做一個「犯規」動作：把彼岸拉到此岸，把天國拉到人間。

然而，也僅僅是這一個動作，他就整個顛倒了基督教對兩岸秩序的解釋圖式，把基督教對柏拉圖——斯多噶一線的神秘改造徹底還原，還原爲世俗哲學的救世面貌了：

基督教神正論教義	↓盧梭哲學還原
1、靈與肉的對立	1、美德與邪惡的對立
2、原罪起源，起源於個人受惑	2、原罪起源，起源於社會狀態開始
3、逐出伊甸園	3、自然狀態結束，社會歷史發軔，人類異化開始
4、神權高於世俗法權	4、道德律令高於政治法規
5、上帝之城與世俗之城的對立	5、道德共和國與社會腐敗狀態的對立
6、天國	6、此岸歷史的零度狀態——自然狀態
7、地獄	7、此岸歷史的線性發展
8、復活	8、道德再生
9、佈道	9、觀念先行，觀念形態的重建先於物質形態的重建
10、選民	10、道德高尚者
11、棄民	11、道德墮落者
12、救贖	12、道德返歸

這是一顆教士心，他有濃烈的救贖論傾向，故而為啓蒙哲士所排斥；這又不是一顆教士心，他有世俗的斯多噶學派色彩，故而又為教會教士所不容。這樣被兩個對立陣營同時開除的處境，在十八世紀的思想生活中恐怕僅此一例。這種雙向開除的處境是他在兩個方向上同時離經叛道造成的。

盧梭自己完全明白這一點，他追求的就是這一點。在他的《信仰自白》中，他曾坦陳這一追求：「最重要的是要跟別人的看法不同，在信仰宗教的人當中，他是無神論者，而在無神論者中，他又是信仰宗教的人」。[22]教士們說他是古代作家的剽竊者，無意中點破了這顆教士心中潛藏的「思凡」之心，「還俗」之心。

他何止「剽竊」？他是在兩個方面同時「竄改」：他把個人本位的斯多噶改造為社會化的整體本位，又把彼岸本位的宗教改造為世俗化的此岸本位。一個社會化的斯多噶，再加一個世俗化的耶穌，才等於這顆教士心的全部力量。

這個整體本位的社會化斯多噶將如何出現，以及這一事件對於啓蒙運動和法國革命實踐的後果，本書後面將有更多篇幅討論。這裏，我們先體味一個世俗化的耶穌之出現，對於基督教神正論教父哲學的意義——

斯多噶學派在歷史上是神正論教父哲學的世俗前身。然而，當這兩種思想同時出現於盧梭青年時代，而且前者為裏，後者為表時，實際上意味著基督教發生形態的一次歷史還原。因此，盧梭以此爲起點的理論活動，不啻是一次宗教遺產的世俗化改造工程；

神正論救贖遺產還原爲它的世俗前身後，它的精神資源沒有流失，而是變形爲世俗的理想資源。由於盧梭強烈的政治關懷，這一理想資源很快進入政治領域，將千年一脈的神學政治論變爲政治神學論，並在此岸世界繼續發展；

政治神學論將彼岸理想資源引渡到此岸，綿延千年鬱積沉厚的救贖熱情，在盧梭這裏第一次掙破了宗教的緊身衣，得到了世俗形式的大宣泄、大釋放。他從彼岸竊得的聖火，將點燃此岸人的建設人間天國的理想火焰……

三、笛卡兒之路——「另外一個導師」

從彼岸竊得的火種，首先點燃此岸已然狀態的老根：歷史。縱火犯最樂於看到的情景，便是大火從老房子的根基燒起。

一七五五年，盧梭發表《論不平等的起源和基礎》。在導言結束處，他以逼人的悲憤語調喊道：

> 神曾命令你作什麼樣的人？

你現在在人類中占著什麼樣的位置？

對此你應當有所領悟。

啊！人啊，不論你是什麼地方人，不論你的意見如何，請聽吧！這是你的歷史，我自信曾經讀過它；但不是在你的那些撒謊的同類所寫的書籍裏讀的，而是在永不撒謊的大自然裏讀的。……我所要讀的時代已經很遙遠了，你已經改變了原來的狀態，而且改變得多麼大呀！我所要給你描述的，可以說是你這一物種的生活。這種描寫是根據你所稟賦的性質，而這種性質可能已為你所受的教育和所沾染的習慣所敗壞，不過尚未完全毀掉而已。我覺得有這樣一個時代，個人會願意停留在那裏；你將會追尋你願意整個人類在那裏停留的那個時代。你不滿意你的現狀……，所以你或許願意能夠倒退。這種感情無異於對你的始祖的頌揚；對你的同時代人的批評；而且也會使不幸生在你以後的人感到震驚。23

首先感到震驚的是伏爾泰。盧梭之語態，恰如西奈山上先知俯瞰人世螻蟻之語態。這種由人代神立言的口吻使伏爾泰強烈不安。對人類已然狀態的否定，從前只有教會敢爲。伏爾泰的「進步」史觀即是針對教會復古史觀而言。如今復古史觀卻由一個日內瓦浪人以世俗的西奈語重述，居高臨下之中又旁敲側擊伏爾泰「進步」史觀，這當然要引起伏爾泰等人的強烈不滿。

「所以你或許願意倒退？」伏爾泰從這一點開始反駁。一七五五年八月三十日，伏爾泰讀完盧梭寄給他的贈書，致信盧梭說：

先生，我收到了你反對人類的新著，我感謝你。沒有人會動用如此心力來教唆人類返回動物狀態。讀尊著，使人渴慕四腳爬行。謝天謝地，我遺忘這種習慣已經六十多年了。[24]

整個啓蒙陣營都被盧梭「教唆人類倒退」所激怒。本章第一節開頭所述在巴黎上演的那幕醜劇，就是狄德羅刻意安排，讓那個模擬盧梭的丑角用四腳爬行，倒退著出場。啓蒙運動的分裂，即此肇始。

伏爾泰、狄德羅大錯特錯。盧梭之「倒退」，並不是社會學意義上的倒退。盧梭之目的，是以邏輯方法嘗試著把人類已然狀態抽象淨盡，打掃出一塊空白的起點，以此建立批判的基地，審視人類已經走過的道路是否都屬必然、應然，嘗試更爲理性更爲理想的重建道路。

這種認識路線，笛卡兒早就說過，一個人在他一生的某個時期必須把他所接受的所有教育——全部偏見，像嘔吐宿食一樣嘔吐乾淨。因此，盧梭之所為，只不過是把笛卡兒式的「宿食嘔吐」從個體擴大到類體，從哲學擴展到歷史。這一點，盧梭說得很明白：

> 人類從自然狀態走向文明狀態的那些道路已經被人遺忘和迷失了。[25]
>
> 要認清楚現在已不復存在、過去也許從來沒有存在過、將來也許不會存在的一種狀態，這並不是一項輕而易舉的工作。[26]
>
> 為了達到認識自然人的目的，必須作什麼樣的實驗呢？而在社會中，要用什麼樣的方法做這些實驗呢？即使是最偉大的哲學家，也不見得會指導這樣的實驗；即使是最有力的執政者也不能進行實驗。[27]

在這裏，盧梭既提出「倒退」之必要，同時又指出「倒退的道路已經迷失」，「實驗無法進行」，盧梭是以退為進，把人們逼向這樣一個問題處境，承認在這一處境中不得不發出的下列問題為合法：

沒有經驗的證據，能否有先驗的推測？

沒有歷史的重塑，能否有邏輯的重建？

這樣，盧梭就有足夠理由提出他自己的獨特進路，提出他的方法論轉換——改從哲學推理而不是歷史實證進入：

要麼就徹底探討，否則就不去管它們，讓它們自行得出一個結果。[28]

從一開始寫這篇論文的時候起，我就懷著信心，以哲學家們所推崇的權威學說之一為依據，因為這些學說是出自只有哲學家們才能夠發現和感覺到的堅實和崇高的理性。

我們過度地致力於增加我們感覺的功用和擴大我們存在的外部範圍，卻很少運用內部感覺。但是只有這種感覺才能使我們返回到我們自己的真正尺度，使我們和身外的一切事物分開。如果我們願意認識自己，正應該運用這種內部感覺，這是我們能夠用來判斷自己的唯一感覺。[29]

這就是盧梭的進路。且不論伏爾泰多麼誤解盧梭的這一進路，也不論盧梭順此進路，以後又看見些什麼，在這裏我們必須先打斷盧梭一步，提出一個至關重要的問題。這一問題不作出恰當說明，我們後面的討論將無法進行。

這一問題是：

盧梭是以當時「哲學家們所推崇的」哪一種「權威學說」爲依據?是哪一種「堅實和崇高的理性」?是洛克,還是笛卡兒?這是在解決他與中世紀神正論救贖觀念的關係之後,矗立在盧梭思想入口處的又一個重大問題。

十八世紀是理性時代。但是深入推敲不久,就會發現當時有兩種理性的聲音在時分時合,暗中爭鬥。

一是從帕斯卡到笛卡兒的法國本土先驗理性,一是從培根到洛克英國經驗理性。前者的口號是「我思故我在」、「懷疑一切」,是一種內視、演繹、否定性理性;後者的口號是「知識就是力量」,是一種外視、歸納、肯定性理性。前者距宗教近,離世俗遠,反映出未經宗教改革洗禮的國家之知識分子的精神特點;後者距宗教遠,離世俗近,反映出經歷清教革命後國家的知識分子之精神特點。

兩種理性之並存,恰如古希臘理性時代柏拉圖之先驗理性與亞里斯多德的經驗理性之分野。

盧梭置身於這兩種理性並立的時代,他以哪一種理性作爲他入世以後理論活動的方法論基礎?

在當時,盧梭顯然有他自己的判斷。他意識到笛卡兒和洛克之間有根本分歧,並在這二者之間作出了明確的褒貶選擇。

盧梭在一七五五年的這篇論文結尾處有十九項附註，其中第十二、十三兩項專爲批駁洛克《政府論》而作，長達五頁。盧梭對洛克經驗理性的方法論及其歷史哲學後果作出的結論是：

他們所考慮的卻沒有超出社會的時代，也就是說他們沒有追溯到尚未建立社會以前的情況。[30]

研究過社會基礎的哲學家們，都認為有追溯到自然狀態的必要，但是沒有一個人曾經追溯到這種狀態。[31]

洛克經驗理性追溯不到「尚未建立社會以前的情況」，這在考察政治社會時會引起什麼後果？盧梭說：

哲學和經驗的缺乏，使人只能覺察到目前的不便，至於其他的不便，人們只在它出現的時候，才會想到加以糾正。儘管有最賢明的立法者盡了一切努力，政治狀態總是不完善的，因為它幾乎是一種偶然的產物。而且因為它開始就不健全，時間雖能使人發現它的缺乏而提出一些挽救方法，但卻永遠不能補救組織本身的缺陷。人們只是繼續不斷地加以改善，其實他們應當像來喀古士在斯巴達所作的那樣，首先掃清地面並拋棄一切陳舊的材料，以便重新建造一座美好的大廈。[32]

文中的著重號是我加的。它集中表達了對英國經驗理性及其政治學說的不滿，表達了盧梭對另一種能夠「重新建造美好大廈」的方法論的渴望。能夠滿足這種渴望的，只能是笛卡兒式的先驗理性。盧梭對笛卡兒情有獨鍾，曾多次述及，最集中的表達是一七六二年寫作《愛彌兒》時的「信仰獨白」：

我心懷不定，抱著笛卡兒認為為了追求真理所必須抱有的那種懷疑。要怎樣才能成為一個既要固執一說、又要誠實的懷疑論者呢？要麼就徹底探討，否則就不去管它們，讓它們自行得出一個結果。我只好去找另外一個導師，我對自己說：「請教內心的光明，它使我所走的歧路不至於像哲學家使我走的歧路多……」於是，我捫心自問地把我出生以來一個接一個地影響過我的種種看法回想了一下……[33]

很顯然，盧梭在這裏告訴人們的是：這「另外一個導師」是笛卡兒，盧梭尋找到的新方法論的底線就劃在笛卡兒而不是洛克這一邊。正是笛卡兒教會他如何追溯「尚未建立社會以前的情況」，那就是：返觀內心，當下呈現，呈現出那些「先於理性而存在的原理」，「自然法的一切規則正是從這類原理（無須再加上人的社會性那一原理的協調和配合）中產生出來的」。34

這兩項先驗原理的具體內容，以及分析盧梭據此所發生的對整個人類歷史已然狀態的挑戰，將留待後文敘述。在這裏，我們先把盧梭思想的入口總結兩點如下：

1、在盧梭思想入口處，中世紀神正論救贖傳統提供了問題對象，近代法國帕斯卡——笛卡兒哲學傳統提供了解決這一問題的方法論。這是盧梭進入理論活動時的底線，他的精神資源。兩種資源儘管分屬宗教與哲學，但是在先驗性而不是經驗性這一關節點上，卻是相通相連的，都帶有中世紀晚期與近代早期思想方式的過渡性連接特徵。盧梭以此作爲他理論活動的支援意識，這就使他後來的理論姿態出現一種十分奇特的前傾與滯後的複合姿勢：他的頭顱伸進了近代社會，他的雙腳還站立在中世紀晚期的思想土壤上。

2、盧梭在英國經驗理性和法國先驗理性之間作出了自覺選擇。這一選擇具有嚴重意義。在此之前，孟德斯鳩、伏爾泰援引英國經驗哲學進法國，已爲法國上流知識分子所接受。盧梭之出現，逆轉了這一局面。由於盧梭理論後來被廣泛接受，盧梭的選擇成爲法國知識分子的主流選擇，大大強化了法國知識分子本來已在弱化的先驗理念傾向。它預示著法國公眾在盧梭和伏爾泰之間將會發生一次再選擇，而且預示著法國政治文化在定型爲盧梭風格之後，還會出現一次對英國政治文化的社會性排斥。由此，甚至還預示著以法國爲源頭的歐陸政治思潮與以英國爲源頭的英美政治思潮在思想史上的長期分裂。

無論是中世紀的救贖傳統，還是帕斯卡—笛卡兒的方法論支援，這兩者原來都是彼岸資源，對此岸現實不發生直接衝突。中世紀教父從未設想他們的千年福音能在當下現實實現，帕斯卡如伏爾泰所言是個「高貴的厭世者」，笛卡兒更不能設想他的「宿食嘔吐法」能從哲學觀點援引爲一種政治哲學的歷史觀基礎，並由此產生一種全盤否定此岸秩序的激進結論。在這方面，盧梭確有繼承，但更有發展，而且是創造性的發展。盧梭出現以後，一切都發生了變化。那個晚年只能縮進壁爐小心思考的哲學家笛卡兒，本身就成爲壁爐，成爲可燃性思想燃料了。

老房子著火，就是從這裏開始的。

四、伏爾泰——被攻擊的「進步」史觀

近代政治思潮的分野，首先是兩種歷史觀的分野。[35]對既往歷史的態度，決定了

人們對現存秩序的判斷。

伏爾泰向著歷史數軸的正極方向發展。與這一取向相連的是亞里斯多德的古典經驗論、希臘晚期伊壁鳩魯的順應論、中世紀經院哲學的唯名論和英國培根、洛克的近代經驗論。這條線上的人們幾乎都是以常識討論代替形而上終極信念的追問。

順此常識方向，伏爾泰的歷史進步圖式是人類社會的不歸之路——拒絕回頭，拒絕討論歷史的起源問題。伏爾泰明確斷言：「只要我們考察一個最根本的原理，就必須求助於神」。[36]他們害怕起源問題是一個被教會說了千百年的問題，很可能是一個宗教陷阱。

達朗貝爾在《哲學的原義》（一七六三年）中說：「哲學家滿足於揭示人在社會中的位置，引導人們到達這一位置。留給傳教士的，則是把人再次拖到祭壇的腳下」。[37]伏爾泰等人把神從歷史中趕了出來，代之於理性的進步，由此得到了普希金的讚譽：「他把哲學的明燈放進了黑暗的歷史檔案庫。」[38]這盞哲學明燈實質上是一盞常識明燈、經驗明燈，它只能也只願照亮歷史堆積物的每一面表層，無法穿透也拒絕穿透歷史堆積的終極深度。

這種有邊際界限的常識性歷史討論，當然能避免盧梭哲學後來進入政治實踐引起的災難性後果——把人再次拖到祭壇的腳下。然而也正因爲如此，它沒有深度，沒有穿透力，只能「拯救現象」，停留在歷史的表層之上。

盧梭相反，他是另一傳統的產兒。與那一傳統相連的是柏拉圖的古典先驗論、古希臘晚期的斯多噶自由契約論、中世紀經院哲學的唯實論和法國帕斯卡、笛卡兒的近代先驗論。這一線上的人們對歷史已然多取懷疑主義的價值追問，他們的歷史運算法則是減法，不是加法，是以負數抵消正數。

從這一線走來的盧梭，對教會中人，他像哲士，思凡心重；對哲學中人，他又像教士，救贖心切。他有討論起源問題的頑病，更有把人再次拖到祭壇腳下的危險癖好。他不耐伏爾泰那盞明燈的淺薄光線，寧肯吹滅這盞明燈，在黑暗中摸索神意，摸索起源，摸索歷史是否有終極深度。他所有的精神活動都指向伏爾泰歷史數軸的相反一極：負極。

當代解構主義者米勒比喻他們的文本解構理論，像一個拆卸父親手錶的壞孩子。其實盧梭更像這個壞孩子。他拆卸、破壞的是伏爾泰的「進步」史觀計時器。早在二百年前，他就在歷史領域裏開始了壞孩子的解構動作。盧梭傾全力所爲，頂住伏爾泰進步羅盤上順時針方向運動的歷史指標，將其撥向相反一極，撥向歷史的零度狀態。他把「進步」稱作「最大的不幸」、「不斷地使人類和它的原始狀態背道而馳」，他把「文明社會的發展史」稱作「人類的疾病史」。[39]他在歷史中所做的動作完全類似當代解構主義在哲學中的動作：去蔽、拆除。時間序列中堆積起來的東西，伏爾泰稱作「進步」，他稱作「遮蔽」，當成根基可疑的某種建築物節節升高的僞飾，要一層一層地拆除，「只有去掉這種建築物周圍的灰塵和砂礫，才能見到這一建築底層不可動搖的根基，才能學會尊重這一建築物的基礎」[40]。他的減法是這樣徹底，不減至歷史的零度狀態，不肯止步。這個「壞孩子」豈止是在拆卸伏爾泰個人的「手錶」？他拆卸的是整個啓蒙運動的屋基——歷史老屋的根基，並點火從這裏燒起。

歷史的零度狀態在哪裏？盧梭已說過：十八世紀的人們「沒有一個曾經追溯到這種狀態」。伏爾泰等人曾一度迷戀旅行家對蠻荒部落的遊記、考古學家的考古紀錄，狄德羅甚至寫過一本《布爾甘維爾遊記》。盧梭掉頭離開了這一方向。二千年前的斯多噶學派已提示：人內心的理智和正義能揭示自然。距盧梭不遠的笛卡兒也提示他返觀內心，當下呈現。盧梭撥開歷史的乾枝枯葉，通過邏輯還原，直指人類內心的自然狀態：天賦良知。盧梭說：人心中的自然狀態，就是歷史的零度狀態；人心中的良知，就是天國的火種。它被文明壓抑，懨懨待熄。

這樣，盧梭雖然走上了一條先驗理性的認識路線，這一路線離中世紀神正論之近，幾近吻合，但是他獲得的視野卻比伏爾泰式的經驗理性視野更爲廣闊。在那片新視野裏，歷史將節節吐還人類層層累積的已然狀態，歷史吐得越多，邏輯重建的應然天地就越為廣闊……

也正是在這片視野裏，異化理論第一次被發現，第一次被闡述。

五、歷史負數下的異化

卡西勒曾宣稱，整個十八世紀盧梭只有一個讀者，唯康德一人讀懂了盧梭。盧梭對康德的影響可以從後者一七六五年哲學論文的篇名中得到啓示：《把負數概念引入哲學》。反過來套用康德的語式，我們似乎有理由將盧梭稱為：把負數概念引入歷史的第一人。

一七四九年，盧梭為構思他的首篇論文，第一次進入森林。他尋找到的第一行負數是：「我們的風尚裏有一種邪惡而虛僞的共同性，每個人的精神彷彿是一個模子裏鑄出來的。我們不斷地遵循著這些習俗，而永遠不能遵循自己的天性。我們不敢再表現真正的自己；而且在這種永恆的束縛之下，人類便組成了我們稱為社會的那種群體。因此，我們永遠也不知道，我們是在和什麼人打交道」。[41]

一七五四年，盧梭為構思他的第二篇論文又一次進入森林。他進一步發現：「隨著人類日益文明化，每個人都開始注意別人，也願意別人注意自己。於是公眾的重視具有了一種價值。這就是走向不平等的第一步；同時也是指向邪惡的第一步」。[42]「自己實際上是一種樣子，但爲了本身的利益，不得不顯出另一種樣子。於是，『實際是』（to be）和『看來是』（seem be）變成迥然不同的兩回事」。[43]「野蠻人和社會人所以有這一切差別，其真正的原因就是：野蠻人過著他自己的生活（live within himself），而社會人則終日惶惶，只知道生活在他人意見之中（outside of himself）。」[44]

一七五八年，盧梭又一次在森林隱廬中發出吶喊：to be or seem be?——在，還是似在？to live within himself or outside of himself?——生存於己身，還是生存於別處？這兩聲吶喊如敲響市場上空的警鐘，把十八世紀理性昌盛、文化繁榮的整個時代都圈進了一個巨大的問號。在反駁達朗貝爾建議日內瓦開禁設立劇院的這段時期裏，盧梭對整個歐洲文明生活發起了排山倒海般的攻擊：

在文化生活中，他揭示了劇院裏的一個巨大負數：舞台。舞台是觀眾與演員之間的「間隔」（distance），是插在觀賞者與被觀賞者之間的「他者」（otherness）。由於「他者」的「間隔」，雙方向對立面轉化：觀賞者讓渡自己的履踐權利，等待對方實現自己，被觀賞者也讓渡自己的生活世界，拚命取悅觀賞者，生活在觀賞者希望看到的另一個世界——角色世界裏，雙方遺忘自己的程度越高，劇院裏的成功氣氛就越熱烈；

在政治生活中，也存在著同樣的讓渡。議院如劇院，代議制是政治領域的劇場化。政治生活中的他者，即議院中的講台。圍繞著這個講台，代表與被代表者也在與自己疏離、間隔。被代表者讓渡出自己的主權履踐，轉由代表者去表演；代表者遺忘自己，以取悅被代表者爲能事。雙方遺忘自己的程度越高，代議制的虛假繁榮就越熱烈；

在倫理生活中，也是如此。大部分人在他們的生活過程中往往與他們自己不甚相似，彷彿完全變成了不同的人；[45]

甚至在語言生活中，他也發現了語言造成的間隔與轉化：命名者向被命名者轉化，主語向賓語轉化，自我與語言之間並不透明（transparency），存在著危險的阻隔、曖昧（obstruction）；[46]

到了一七七五年，盧梭垂垂老矣。他在《懺悔錄》中設定讀者爲審判者，把自己的一生交給他人評判，結果發現，法國的讀者是一群被伏爾泰教唆的攻擊者，只會在馬路上向他扔石塊。盧梭在絕望之餘，再寫自傳，這一次定名爲《讓．雅克審判盧梭》。他克服了「它者」、「疏離」、「間隔」、「讓渡」，把自己交給自己審判。這是一場更爲酷烈的內心交戰。交戰結果，盧梭還是堅持他二十年前的發現：

「如果不是從他內心深處發掘，人類自然的描繪者和辯護者什麼時候才能取得他的模特兒？他所描述的自然恰恰正如他在他內心處所感到的自然狀態……「然而，這樣的人，一個活得像個人樣的自然人在哪裏？在我們中間，這樣的人已不可能找到了。人們並不是爲了生活而活著，而是爲了使別人相信他們活著而活著！」47

還是 to be or seem be，還是 to lives within himself or outside of himself，還是那個典型盧梭風格的問題——toujours hors de lui「生活在別處」？

這是一個具有極強繁殖力的語式。在此之下，盧梭哲學中出現較多的法語單詞是：distance（間隔）、froid（疏離）、oppositionnel（異己）、objectivation（對象化），所有這些頻率最高的單詞最後逼向一個中心單詞：aliéner。五十年代蘇聯學者和六十年代中國的譯者囿於當時的局限，都把這一中心單詞 aliéner 翻譯成「疏離」。但是，這並不妨礙九十年代的中國讀者在這一並不「透明」的翻譯中逐漸讀出盧梭的「透明靈魂」——「異化」——aliéner，抗議人類自脫離自然狀態以來的全部「異化」。

異化概念的出現，是盧梭「誤入」森林以後，融化神正論遺產和笛卡兒哲學方法，對近現代哲學史的發展作出的最大一項貢獻。儘管盧梭後來確實誤入歧途，把異化概念引伸爲一種危險的政治哲學，但僅此貢獻本身而言，盧梭已經高出同時代人一頭，使後代所有正直的哲學家、思想家感佩不已。經驗理性產生不了異化論，因為它把人性看成「白板」，是外在經驗的消極承受物，無「人性分裂」之根據；歷史進步說也產生不了異化論，因為它把人的歷史看成線性發展，只進不退，無對立的內容。讀一讀伏爾泰、狄德羅等人當時的見解，後人確實有理由對這一派人這一方面的淺薄感到震驚：

狄德羅說：「盧梭先生，我認為穿著絲綢衣服的雅致的惡德，比穿著獸皮的遲鈍和殘酷更好。我認為在鑲金宮殿裏的軟枕上的淫欲，比蒼白污垢的和令人生厭的赤貧的人們更好——他們挺臥在損害健康的濕地上，恐懼地躲在荒野的山洞之深處」。[48]

難怪狄德羅在寫作《百科全書》自然史的第一條目「人」時，會針對盧梭如此說：「自然界竭力給他最完美形式的自然人，絲毫不比社會人優越！」[49]

還有另一些人不這樣看。歌德獨具慧眼，如此評判兩派人的分裂：「伏爾泰結束了一個舊時代，而盧梭則開闢了一個新時代」。[50] 赫爾岑則說得更為坦率：「當伏爾泰還為了文明跟愚昧無知戰鬥時，盧梭卻已經痛斥這種人為的文明了」。[51]

後來的哲學家們越來越重視盧梭的這筆遺產。十九世紀的費爾巴哈、黑格爾曾反覆討論盧梭開啓的異化問題。青年馬克思一八四四年巴黎手稿中，人們可以讀到更多與盧梭風格極為類似的論述。到了二十世紀，薩特、馬爾庫塞、海德格爾等人繼續開拓這一層面。經過幾代人的努力（儘管他們中有一部分人只願追溯到尼采，卻不願承認其靈感來自更早的盧梭），toujours hors de lui——「生活在別處」，這一當年森林荒原中孤獨漫步者的曠野呼喊，才逐漸彙聚成二十世紀後現代主義文化抗議的最強音。

然而，我們還是應該看到，異化理論的早期形式，是與盧梭準宗教化的救贖情懷聯繫在一起的。因此它更多地呈現出道德面目，而不是哲學面目。在盧梭的語式中，反異化要求有一種頑強的道德傾向：對「間隔」的敏感、對「它者」的恐懼、對「對象」的拒絕、對「同一」的渴求、對「透明」的熱愛，等等。總之，是一種容不得「異己」的反異化道德理想。

精煉這批思想原礦，可以有兩個方向。一是哲學批判、文化批判和社會批判的方向，那就是費爾巴哈、黑格爾、青年馬克思、海德格爾、法蘭克福學派所做的工作。二十世紀後現代主義對資本社會意識形態的批判，很大程度得益於盧梭為他們準備的第一批思想礦石。盧梭理論的這一方向，從此釀成一種健康的批判運動。二是社會重建、政治實踐的方向，這就是後來羅伯斯比爾、聖鞠斯特所做的工作。法國革命的實踐證明：盧梭理論一旦成為政治藍圖，進入操作層面，將成為一種危險的政治烏托邦；道德理想一旦與行政權力結合，將出現對市民社會的大規模入侵，出現美德與恐怖相結合的道德專政。

後一種方向是危險的方向，災難的方向。

六、異化的外在層面——文化之異化

前文已述，盧梭對中世紀神正論救贖遺產不是簡單拒絕，而是進行世俗還原的改造。盧梭的宗教改造工程中，最大的一個改造動作，是接過原罪、贖罪概念，改換承罪載體。他創造了一個新的「承罪者」——社會，而不是個人。他抓住了社會，釋放了個人。[52]

在這裏，盧梭把他的原罪替代，處理為異化的兩個層面。人與外界自然的背離，即外在層面的異化；人與內在本性的疏離，即內在層面的異化。這兩層異化，都是社會發展造成的疏離。因此，盧梭反異化的理論也必然分佈在這兩個層面上。

所謂外在層面的異化，指人類社會活動在地球表面自然堆積層之上又堆積起來的文化沉積層。有史以來，人們控訴不平等、不正義，一般總是與文化層中的某一側面相連，例如財產制、分配制、文化資源的不公正配置等。無論是批判的武器、武器的批判，從來沒有觸動過這一文化層的根本合法性。只有盧梭邁出了這一步。盧梭不是把不平等與財產制、分配制相連，而是把不平等與產生財產制、分配制的文化堆積層之「地基」——即伏爾泰所言人類理性的進步、培根和洛克所言人類知識的增長一相連，發動一場釜底抽薪的批判：

——一七四九年，盧梭成名作《論科學與藝術》第二部分劈頭就說：「有一個古老的傳說從埃及流傳到希臘，說是科學的創造神是一個與人類安寧爲敵的神。天文學誕生於迷信；辯論術誕生於野心、仇恨、諂媚和謊言；幾何學誕生於貪婪；物理學誕生於虛榮的好奇心；因此科學與藝術的誕生乃是出於我們的罪惡……」[53]

——一七五五年，盧梭繼續探索這個「罪惡」的發展：「我到森林中去探索，把『人所形成的人』和自然人加以比較，從所謂『人的完善化』中，指出人類苦難的真正根源……」[54]

——一七五七年，盧梭撰寫《愛彌兒》，開篇即曰：「出自造物主之手的東西，都是好的，而一到了人們手裏，就全變壞了……」[55]

——一七五九年，盧梭撰寫《社會契約論》，也是在卷首處發出驚人之語：「人人生而自由，卻無往不在枷鎖之中。自以爲是其他一切的主人的人，反而比其他一切更是奴隸……」[56]

在十八世紀中葉的巴黎，議論社會不平等並不新鮮。法蘭西科學院一七五四年能夠以此命題，懸賞徵文，可見當時的精神氛圍。但是誰都沒有想到，一個日內瓦的流浪哲人可以利用這一精神氛圍回頭攻擊這一精神氛圍得以產生的前提——文明的進步。狄德羅憤怒地說:「他在歐洲三個主要首都一天中犯下和可能犯下的罪惡，比他在地球上一切野蠻部落裏一個世紀中所犯罪惡還多，難道，原始狀態要比文明狀態更可取嗎?我否認這一點。」[57]

狄德羅否定的不僅僅是這一點。他和他的同人否定的是盧梭所指示的整個精神方向:歷史數軸的指針在盧梭理論的刺激下，急劇地向著另一端擺動，向著負值體驗擺動。他們能夠攻擊社會的不平等，甚至攻擊不平等起源於私有制，但是不能容忍盧梭跨出的這一步，將不平等與文化的「進步」相連，把文化「進步」作為異化現象來控訴。「進步」是啓蒙的旗幟，是啓蒙的禁臠。

盧梭跨出這一步，不僅意味著與啓蒙運動的公開分裂，而且意味著他與數千年文明積累的決裂。他成了文明社會的自我放逐者，他即此奠定了一生顛沛流離不得其所的悲慘命運。

然而，盧梭不跨出這一步，就不成其為盧梭。盧梭之所以成為盧梭，並不在他的政治思想。在那個領域裏，十八世紀有洛克、有孟德斯鳩，儘管盧梭的影響不亞於他們，但他絕不是這個領域的第一提琴手。如果說他在那一領域裏的影響大於那些第一流的思想家，那麼也是因為他的文明批判思想的實踐後果，從文化領域回撲到政治領域，激發起政治理論的結構性震盪。

盧梭的靈魂在哪裏？是什麼使得他在「歐洲三個主要首都」中尋覓不到一塊容身之地？又是什麼使得他身後那些不分國籍、不分性別、不同膚色、不分年齡的廣泛讀者，在讀到他那些滾燙的詞句時會同時產生莫名的騷動，激蕩不已？那就是他對人類文化的控訴，對文化戕害的控訴。是盧梭打響了文化批判的第一槍，在此之後，人們才讀到尼采，讀到薩特，讀到佛洛伊德，讀到法蘭克福學派……

盧梭之手，捏著文明生命的痛處。他不僅否定了倫理、政治、宗教、哲學、文學一切文化積澱得以鑄成的模式，而且如卡西勒所見，甘冒天下之大不韙，讓世界重新沉淪至它文明前的原始狀態，沉回它的「渾沌」，沉回它的「自然」，經過道德理想的洗禮後，再冒出水面，露出新的輪廓。

對於這樣的理論，僅有一場政治革命，顯然是不解渴的。政治革命只是它的掃路機，只能掃清一些障礙。用這一理論的實踐者羅伯斯比爾的話來說：「世界上的革命已經搞了一半，另一半也應該完成。」[58]這另一半革命則來自人最預料不到的角落——文明規範、文明程序、文明社會的解構與重建。

七、異化的內在層面——感性之遮蔽

如果說，盧梭批判前一層面的異化，反對的是啓蒙運動的旗幟——「進步」，那麼在這一層面，盧梭指控的則是啓蒙運動的基石——「理性」。

盧梭著作中反理性、重感性的憤激之辭，俯拾皆是。去除那些偏頗的感情成份，我們大致可過濾出三個核心觀點：

1、自然狀態中或離自然狀態不遠的感性衝動，本來是深厚的價值資源，這一資源被近代社會理性化形成的工具理性所閹割。這一觀點在前述第四節的大段引文中，足可體悟。本章第一節所引盧梭對日內瓦生活詩情畫意的眷念，以及《懺悔錄》中他哀歎進入巴黎再也見不到一個有真情實感的人，都說明了這一點。盧梭的這一價值立場，後來匯入歐洲浪漫主義思潮，擁有持久影響。

2、自然狀態中或離自然狀態不遠的感性衝動，也是道德生命的資源，這一資源正被理性化所造成的功利主義冰水所淹沒。盧梭一再強調，「人之所以不傷害同類，並不是因爲他是一個有理性的生物，而是因爲他是一個有感覺的生物」。[59]「當街頭發生爭吵時，賤民們蜂擁而至，謹慎的人則匆匆走避；把撕打著的人勸開，阻止上流人互相傷害的正是群氓，正是市井婦女」[60]。由此，盧梭否定了啓蒙哲學的功利性道德立論，試圖把新道德基礎建立於民粹主義（民粹主義定義後文專敘）。

3、自然狀態的天賦差別本來不具有社會性後果，然而理性化的教育趨勢卻擴大了而不是縮小了這種差別，使之產生一種惡性的社會不平等。針對啓蒙理性強調教育、強調知識的特性，盧梭指出：「教育不僅能在受過教育的人和沒有受過教育的人之間造成差別，而且還隨著所受教育程度的不同而增大存在於前者之間的差別。因爲一個巨人和一個矮子在同一條道路上行走，二人每走一步，彼此之間的距離卻更爲增長。」[61]他的這一教育觀點，後來被擴展爲一種有意抑低強者以補償弱者的反向歧視原則（reverse discrimination），並被泛化爲一種社會性主張，形成大陸政治思潮要求平等優先而不是自由優先的性格品位，與英美政治思潮堅持自由優先而不是平等優先的性格品位，雙峰並峙，二水長流。

無庸贅言，上述盧梭觀點的某些因素進入政治實踐之後將會出現嚴重的消極後果。揭示這類消極後果，討論盧梭觀點的邊際界限，將是後文更多篇幅所承擔的任務。但在進入政治實踐以前，我們還是應該公正肯定盧梭上述觀點，在思想史上具有不可忽視的積極意義，尤其在與啓蒙理性的偏頗之處作對比時，則更是如此。

啓蒙時代是與感性決裂的時代，是理性高揚的時代，也是理性片面發展的時代。代表這一片面趨向的一個典型事件，就是伏爾泰營壘中人拉美特里所推出的《人是機器》一書。當著理性剛剛抬頭時，它確實給人提供了一個解放的新起點。但是，當著理性走向工具理性的片面發展，理性的工具屬性轉成終極目的時，人又面臨著一個被物化、或被處理爲物化的危險。

法國啓蒙運動唯物主義粗鄙化的弊端，後來受到有力批判。問題在於，盧梭出現以前，能夠與這種片面理性相對抗的思想體系只能來自宗教生活中的價值理性因素，來自宗教思維的感性主義特徵，而這一感性主義又與蒙昧主義緊緊地糾纏在一起。因此，在盧梭出現以前，價值理性對工具理性的對抗，始終處於尷尬地位、軟弱地位。工具理性面對來自宗教的詰難，可以高視闊步，片面發展。

盧梭的出現，結束了價值理性的尷尬和軟弱。盧梭理論在維護價值追求的功能上，與中世紀神正論血脈相通。但在理論面貌上，盧梭完全是以世俗形式出現的。盧梭的挑戰，是一次全新的挑戰。當著理性只能在與宗教對抗中展現自己時，它張開美麗的彩屏，永遠有理由拒絕回答來自感性世界的詰難，永遠不會暴露彩屏後面醜陋的一面。當理性遭遇盧梭挑戰時，它就得低下高仰的頭顱，正視對面的敵手了。它沒有理由拒絕由盧梭帶來的——來自理性數軸另一端的負值體驗。在這種時候，盧梭理論的世俗性完全抵消了工具理性的世俗性優越感。

它必須低頭打量它面前的對手，這一對手與它擁有同樣世俗的合法性；它必須低頭打量它本身發展的悖論：理性從解放人開始，卻通過對感性的遮蔽，給人性重新戴上了枷鎖，它自己也隨之走向了理性的非理性存在。

盧梭掰開的是一隻死手，他救活的是中世紀積蓄千年的價值理想，人文資源。面對這份遺產，啓蒙學者只是簡單地拒絕。盧梭卻有複雜的不忍之情。他接受這一資源，並把它小心翼翼地引渡到此岸，把兩岸之間的對抗，化爲此岸之間世俗性的對抗。他結束了感性體驗爲宗教生活所壟斷的歷史，結束了感性與理性的對抗只能在宗教與理性之間、蒙昧與科學之間、迷信與進步之間對抗的歷史。在這個意義上說，盧梭的出現是對價值資源、人文理想的一次拯救。他撥轉了感性世界的發展方向，開始了屬人的理性價值與同樣屬人的感性價值的兩元發展史。而這一兩元對抗，如果歸結到政治學領域，則又可視爲英美派政治思潮與大陸派政治思潮的對抗。

盧梭提出的問題，是十八世紀思想生活的中心問題，也是十九世紀哲學探索由此出發的理論前提。十九世紀誕生的兩個馬克思——卡爾．馬克思和馬克思．韋伯——都在這裏找到了他們的理論前項。後一個馬克思說：「理性化的非理性存在，是文明社會的癥結所在」；前一個馬克思說：「一切屬人的感性世界的徹底解放，是社會解放的真正起點」。

八、復古與顛覆的背反

以上各節，我們追溯了盧梭的思想資源、方法論來源，並且敘述了盧梭對人類已然狀態的層層詰難。從表面看，對已然狀態的否定，往往意味著否定者具有濃厚的復古傾向。這一復古傾向與啓蒙時代的歷史進步觀構成了鮮明的反差，西方有學者列表如下：

當今時代	古典時代
雅典	斯巴達
帝國羅馬	共和羅馬
都市社會	初民社會
刺激消費	禁奢法令
安逸	健康
奢侈	簡樸
女人氣、文弱	陽剛氣、尚武
私人利益	愛國貢獻
科學與藝術	道德古風[62]

下面是盧梭，上面是伏爾泰。當伏爾泰看到下面這幅圖景，無異於看到一條蛇爬進了他的啓蒙伊甸園。這條蛇教唆的是理性世界的陰極——負極人，偷吃那被封

存的又一禁果——感性世界的禁果。達朗貝爾坐立不安，稱盧梭是「一個入侵者」，伏爾泰大呼小叫，稱盧梭是一個「教唆人倒著走路的復古派」。

然而，有兩種復古主義者。

第一種復古主義者批判了此岸，也就放棄了此岸。他們對此岸現實的批判，導致對此岸現實的絕望和拒絕，不構成對此岸現實的顛覆，如釋迦，如耶穌，如穆罕穆德；

第二種復古主義者以前者的終點爲起點，變消極拒絕爲積極改造。他們只向前多走了一小步，這一步卻引起了石破天驚的後果。他們對此岸已然的批判，是對此岸應然重建的開始。他們之復古，意在托古改制，意在確立一個邏輯起點，這一邏輯起點有時稱作「自然狀態」，有時稱作「第一原理」，總之，是以先驗應然之邏輯將此岸經驗之已然抽象淨盡，以便在一張空白的圖紙上彩繪一幅新的圖畫。他們的所有復古命題都應該顛倒過來，才能破譯其真正含義——

歷史學上的悲觀立場，顛倒過來就是人類學上的樂觀立場；

文化學上的保守取向，顛倒過來就是政治學上的進取傾向；

倫理學上的戀古情結，顛倒過來就是社會學上的大膽顛覆。

對於這樣的復古倒退者，馬克思描繪一八四八年法國革命事件的一段文字最爲適用：

它們在自己無限宏偉的目標面前，再三往後退卻，一直退到形成無路可退的情況時為止，那時生活本身就會大聲喊道：

這裏就是羅陀斯，就在這裏跳躍吧！

這裏有玫瑰花，就在這裏跳舞吧！[63]

讓．雅克．盧梭的復古主義，顯然屬於後者，不屬於前者。如前所述，他是以一種前傾兼後顧的復古姿態在他的羅陀斯島上起舞。這樣的復古主義，是柏拉圖的彼岸理念、斯多噶的道德優先、基督使徒的救贖熱情、帕斯卡的道德焦慮，最後，再加上一點笛卡兒的宿食嘔吐劑，才形成的合成烈酒。只是盧梭點化了它，他只做了一個動作——把原罪載體從個人移向社會，把彼岸道德天國拉向此岸政治重建，這杯古典雞尾酒就潑向歷史老屋的根基，突然燃燒了起來。

《懺悔錄》中，有一段人們引用過多，以致熟視無睹的言論，恰恰就是盧梭的歷史復古傾向轉爲政治顛覆傾向的樞紐：

> 通過對倫理學歷史的研究，我發現，一切從根本上與政治相聯繫；不管你怎樣做，任何一國的人民都只能是他們政府的性質將他們造成的那樣；因此，什麼是可能的最好的政府這個問題，在我看來，只是這樣一個問題：「什麼樣的政府性質能造成最有道德、最開明、最聰慧，總之是最好的人民？」[64]

這就是盧梭的「倒退姿態」抽空歷史已然狀態之後，豁然顯現的空白起點。這是他的羅陀斯，他的玫瑰花。

馬克思稱讚這一發現。他說：「盧梭等人已經用人的眼光來觀察國家了……」，[65]很顯然，盧梭在這裏意味著一個劃時代的轉折：用世俗人的眼光來看待宗教的道德理想，以此岸的政治重建來實現彼岸的道德天國。這樣的復古主義怎麼可能在批判了此岸現實之後，就如前一類復古主義者那樣來一個大撒開、大拒絕？不，羅陀斯剛剛顯現，玫瑰花剛剛開放，他必得在此起舞！

這樣的復古主義者，與其說復古，又何如說是顛覆？他們是比布朗基更爲顛狂的革命者，是現實秩序最危險的顛覆者。他們和現實秩序的所有關係，只抽剩下兩個最後的單詞：要麼「全部」，要麼「全不」。

註釋：

1、19轉引自卡西勒：《盧梭的問題》第七〇頁。

2轉引自布羅姆：《盧梭和道德共和國》康奈爾大學出版社一九八六年版，第七十八頁。

3羅素：《西方哲學史》商務一九七六年版下卷，第二三三頁。

4、22狄德羅：《法國百科全書》第七卷第五七八頁以下。本節根據英譯本轉譯。英譯原文見：A．布羅姆編《政治和藝術：盧梭致達朗貝爾論戲劇》書後附錄，第一三九至一四八頁，格林考爾出版社一九六〇年版。

5A．布羅姆編：《政治和藝術：盧梭致達朗貝爾論戲劇》，格林考爾出版社一九六〇年版，第一三五至一三六頁。

6H．布魯姆編：《讓．雅克．盧梭現代評論集》，耶魯大學出版社一九八八年版，第一七六頁。

7盧梭：《懺悔錄》，人民文學出版社一九八〇年版，第二十六至二十七頁。

8這種願望一直保持終生。一七五七年盧梭四十五歲寫作《愛彌兒．信仰自白》時他還說：「我很久以來就抱有掌管一個教區的志願，而現在我還是抱有這種意願，不過我沒有得到這種職位的希望罷了。我的朋友，我再也尋不到比做教區牧師更美的事情了」。《愛彌兒》下卷，第四十五頁。

9同7第三〇三頁。

10同7第三〇二頁。

11同7第四八四至四八六頁。

12盧梭：《愛彌兒》，商務印書館一九八三年版，下卷第四五五至四五六頁。報塞橋：相當於基督教的末日審判，伊斯蘭教認為，全人類都要通過一座踏越永恆火焰的「報塞橋」，在這座橋上，善人與惡人才能分開。

13 羅舍：《盧梭：斯多噶與浪漫主義》，倫敦一九七四年版導言，第十頁。

14 一七四九年第戎科學院的徵文題目《論科學和藝術的復興是否有助於敦風化俗》，其邏輯前提就出自《使徒書》。

15 同13第一頁。

16 同13第十九頁。

17 盧梭：《論科學與藝術》，何兆武譯，商務印書館一九五九年版。

18 M．喬治：「盧梭教育理論中的塞涅卡影響」，見《日內瓦盧梭學會年鑒》日內瓦出版，一九五三至一九五五年卷，第五十九至六十三頁。

19 埃米爾．法蓋：《思想家盧梭》，巴黎一九〇〇年版，第三八一頁。

20 卡爾．波普爾：《開放的社會及其敵人》，倫敦一九四五年版，第二卷第五〇頁。

21 請回憶達朗貝爾在《百科全書．日內瓦》條目中論日內瓦人宗教觀念的這些說法：「他們相信，即使在另一種生活中有懲罰，那也只是時間問題（不是空間問題）」；「這是一個解決人類衝突史的全新視角」等等。

22 同12第三八一頁。

23 盧梭：《論不平等的起源和基礎》，商務印書館一九八二年版，第七十二至七十三頁。

24 《伏爾泰全集》，巴黎一八七七至一八八五年版，第一三七九至一三八一頁，轉引自莫瑞斯．克蘭斯頓：《哲學家與鼓動家——啟蒙時代的政治觀念》，一九八六年牛津版，第八〇頁。

25 同23第一四六頁。

26 同23第六十四頁。

27 同25第六十四頁。

28 同12第三八一頁。

29 同23第一五〇至一五一頁。

30 同23第一八二頁。

31 同23第七十一頁。

32 同23第一三一頁。

33 同12第三八一至三八三頁。

34 同23第六十七頁。

35 羅素很早就注意到西方近代思想史上的這種分野，在哲學上從笛卡兒、洛克開始，在政治實踐上從法國、英國開始。如他在《西方哲學史》下卷中的這些論述：

「歐洲大陸的唯心論和英國的經驗論雙方都存在這兩種傾向，前者以此自鳴得意，後者為此感到遺憾。最近幾年來，稱作工具主義的那派哲學，一直打算擺脫這種主觀主義」。第八十七頁。

「洛克可以看作是經驗主義的始祖。因此，《人類理智論》第一卷就是要反柏拉圖、笛卡兒及經院哲學家，論述沒有天生的觀念或天賦的原則」。第一四〇頁。

「初期的自由主義是英國和荷蘭的產物……。有一個新的運動逐漸發展成了自由主義的對立面，它由盧梭開端，又從浪漫主義運動和國家主義獲得力量」。第一二四至一三〇頁。

「在先進的國家（按，指英國），實踐啟發理論；在落後的國家（按，指法國），理論鼓起實踐」。第一二九至一三〇頁。

羅素提出了這一問題，只是尚未從政治思想史、大革命史的專門角度集中梳理並回答這一問題。

36 轉引自張廣智「略論伏爾泰的歷史地位」，見《歷史研究》一九八二年五月號。

37 轉引自卡西勒《讓・雅克・盧梭的問題》，第一一四頁。

38 同36。

39 同23第六十三頁，第七十九頁。

40 同23第六十八頁。

41 、17第五至六頁。

42 同23第一一八頁。

43 同23第一二四至一二五頁。

44 同23第一四八頁。此句中文版譯文尚未譯足原意，可商榷。法文原文是：toujours hors de lui轉譯為英文outside of himself，轉譯為中文，似應為「生存於別處」，這是一個極重要的提法，原意似應充分譯足，方豁然顯現盧梭之焦慮。

45 同5第五十六頁以下。

46 維克多・戈瑞弗切：《盧梭：第一、二篇論文與回應及其語言理論的形成》，紐約一九八六年版，第二三九頁以下。

47 轉引自卡西勒：《讓・雅克・盧梭的問題》，第五十一頁。

48 轉引自勃・姆・別爾納狄涅爾：《盧梭的社會政治哲學》，中國社會科學出版社一九八六年版第十八頁。

49 轉引自阿基莫娃：《狄德羅傳》，三聯書店一九八四年版第一七七頁。

50 《西方著名哲學家評傳》，山東人民出版社，一九八四年版，第五卷，第六十八頁。

51 阿爾泰莫諾夫：《十八世紀外國文學史》上卷，上海文藝出版社一九五八年版第三六〇頁。

52盧梭釋放的個人，後來在浪漫主義文學思潮中獲得輝煌前景。但在政治哲學中，又被釋放者本人所扼殺。盧梭對個人主義的兩重態度，引起盧梭研究者很多困惑。限於題材範圍，本書僅能在第二章第五、六節討論他政治哲學時，有所涉及，但不能涉及他浪漫主義文學觀。兩者之間的矛盾只能留待以後討論。

53同17第十六頁。

54盧梭：《論人類不平等的起源和基礎》，商務印書館一九八二年版，第二十九頁。

55同12，上卷第五頁。

56同54第八頁。

57亨利．勒費弗爾：《狄德羅思想和他的著作》，商務印書館一九八五年版，第四〇頁。

58王養沖、陳崇武選編：《羅伯斯比爾選集》，華東師大出版社，一九八九年版，第二四九頁。

59同23第六十八頁。

60同23第一〇二頁。

61同23第一〇七頁。

62見布魯姆編：《讓．雅克．盧梭當代評論集》，耶魯大學出版社一九八八年版，第一七五至一七六頁。

63《馬恩選集》，人民出版社一九六六年版，第二卷第十頁。

64盧梭：《懺悔錄》，人民文學出版社一九八〇年版，第五〇〇頁。

65《馬恩全集》，第一卷，第一二八頁。

第二章 至善論的政治哲學：自由之浮現

◆那些想把政治與道德分開論述的人，於兩者中的任何一種都將一無所獲[1]

——盧梭

當馬克思說：「盧梭等人已經用人的眼光來觀察國家了……」，馬克思確實言猶未盡。盧梭的眼光，是含有道德救贖的眼光；盧梭的國家，是具有至善目標的道德共同體；盧梭的人，一半是人，一半是神。

在這一章裏，我們將不斷回憶起盧梭的前述論點，逐漸釋讀出其中蘊含的政治學含義。當盧梭用此岸政治手段追求彼岸道德理想——「什麼樣的政府性質能造成最有道德、最開明、最聰慧、總之是最好的人民」，他就跨過了宗教與政治的界限，從宗教救贖論中牽引出一個政治至善論（Political perfectibilism），開啓了一個歷史性的轉折：

把屬神的問題引入屬人的領域，把宗教的功能變換爲政治的功能，把神學的職能變換爲政治學的職能，把宗教生活中個人贖罪變換爲社會整體的道德重建；

經此轉折——

神性賦予了人性，神學賦予了政治學，神的天國賦予了人的世俗王國，兩岸外部張力轉化爲此岸內部張力，神人之間的對抗，轉移爲人與人之間的對抗，彼岸神性救贖話語轉移爲此岸意識形態話語，所有被阻隔在彼岸的神性激情，從此破堤而出，洶湧灌入此岸屬人的世俗世界。

千年傳統的神學政治論，轉變爲近代百年紛爭的政治神學論，就是從這裏邁出了冒險的第一步。

一、至善論——柏拉圖的方向

讓我們從盧梭政治哲學的基石——政治權力的合法性理論，進入這一問題。當代西方合法性理論研究專家Ｊ．梅基奧認爲：韋伯思想對二十世紀政治學的最大貢獻，是提供了一個研討權力合法性（legitimacy of right）的理論框架；但是，這一問題的最早發軔，尚不是十九世紀末的韋伯，而是十八世紀中葉的盧梭：

盧梭思想的真正悖論是：他在深入觀察社會歷史之後，本來可以成為一個向後看的無政府主義者，然而，同樣一個盧梭，他又發現了民主主義，也就是合法性的現代原則。[2]

梅基奧認爲：「合法性問題是盧梭時代思想生活中的最高問題，而當時的合法性來源幾乎都是出自然狀態」。至於盧梭合法性理論的個性特點，梅基奧歸納有五條：心理學上的洞見（insight）、政治學上的獨特（excellence）、社會學上的敏銳（acumon）、歷史學上的確實（validity）、以及認識上的穩妥（soundness）。

應該承認，梅基奧判斷盧梭早於韋伯觸及政治權力的合法性問題，這一點是準確的。除此之外，他的觀點都有商榷餘地，如盧梭是否發現了民主主義。至於說盧梭合法性理論具有歷史學上的確實，則完全說顛倒了。

盧梭的合法性理論，是從道德拯救進入，是對權力來源的道德追問。這種穿透經驗事實的追問，本身就與權力的歷史形成背道而馳，是一種邏輯先驗的理論，怎麼會具有「歷史學上的確實」？事實上，只有盧梭的對立面——啓蒙學派論證權力來源時，才講究「歷史學上的確實」。而盧梭的合法性理論，恰恰是在批判這種具有「歷史學上的確實」的理論中發展起來的。

在《社會契約論》的第一至第五章，盧梭逐一檢點了他的前代人、同時代人對政治權力的各種論點，結果發現：從格老修斯到孟德斯鳩，所有的理論只能分爲兩大類：要麼直接承認權力的天然合法性——不容追問；要麼以歷史形成的經驗事實來間接承認權力的合法性——逆來順受。而對盧梭來說，如此論證權力的合法性，本身就屬非法，是一種沒有合法性的合法性理論，因為它剝奪了人的道德追問，取消了人的自由選擇。因此盧梭說：

> 人們只是繼續不斷地加以改善（統治權力），其實他們應當像來喀古士在斯巴達所作的那樣，首先掃清地面並拋棄一切陳舊的材料，以便重新建造一座美好的大廈。[3]

盧梭那句聲震歐洲的名言：「人類生來自由，卻無往不在枷鎖之中」，在這裏換算為政治邏輯，那就是：把權力的歷史進程、經驗事實統統括進邏輯抽象的括弧，懸置它的各種時態、變格、人稱，露出下面一個大寫的「Being」；只有暫時喝退歷史長河、經驗事實，政治權力的發源地才能重新顯現，以此為自由零度狀態，向前推衍政治哲學公理——不證自明、無證自明（evident-self）的先驗原理，然後推導出第一原理、第二原理——只有這樣，人類政治史的長河才能導入另一條河床，才能掙脫由歷史過程與經驗事實所凝結而成的種種「枷鎖」，才能「重新建造一座美好的大廈」。

那個大寫的「Being」是什麼？《社會契約論》第一卷第八章有一段描述：

由自然狀態進入社會狀態，人類便產生了一場最堪注目的變化；在他們的行為中正義就代替了本能，而他們的行動也就被賦予了前此未有的道德性。唯有當義務的呼聲代替了生理的衝動，權力代替了嗜欲的時候，此前只知道關懷一己的人類才發現自己不得不按照另外的原則行事，並且在聽從自己的慾望之前，先要請教自己的理性……

人類由於社會契約而喪失的，乃是他的天然的自由以及對於他所企圖的和所能得到的一切東西的那種無限權力；而他所獲得的，乃是社會的自由以及對於他所享有的一切東西的所有權……

除上述以外，我們還應該在社會狀態的收益欄內再加上道德的自由，唯有道德的自由才使人類真正成為自己的主人……[4]

在這裏，盧梭也提到了「理性」。但是，他的「理性」是與「道德」焊接在一起的；也談到了「自由」，但是，他的「自由」也是與「道德」焊接在一起的。盧梭的「理性」和「自由」，通向「道德」，而不是通向「利益」，這是盧梭和他的同時代人在同樣談論「理性」、「自由」這些字眼時，一個根本的區別。只有充分注意這一區別，才能理解盧梭理論的邏輯關聯：「道德」是拉緊「理性」與「自由」的關鍵一環，失落這一環，「理性」將誤入歧途，「自由」也將迷失方向。「理性」、「道德」與「自由」，這三者的關係，用盧梭自己的話來說那就是：

上帝使人自由，以便使人通過選擇而為善棄惡[5]；那些想把政治與道德分開論述的人，於兩者中的任何一種都將一無所獲。

如果說，在如此前提下論述的「理性」也是「理性」，那只能稱之爲「道德理性」，而不是「歷史理性」。它與那種以經驗歷史論證權力合法性的「歷史理性」處於尖銳對立之中。

道德理性與歷史理性的對立，具有深遠的西方傳統背景。在這一傳統中歷來有兩大部分，始終對立。前者以柏拉圖《理想國》爲源，後者以亞里斯多德《雅典政制》爲源。亞里斯多德背師旁出，拒絕談論政治體經驗事實之上的先驗模式，只以搜集、整理、論述經驗事實爲職責，由此擴展形成經驗主義的歷史理性。這種歷史理性，雖經中世紀千年神學之壓抑，終經文藝復興後期的亞里斯多德復興，重獲恢復發展。

英國經驗哲學及法國啓蒙學派在政治思維上的歷史理性，可以看作是早期希臘亞里斯多德精神在近代社會中的復原與擴展。與此鮮明對應的是柏拉圖的傳統。儘管柏拉圖《理想國》有世俗成份，在他的權力圖式表的最上一層，置放的是一個此岸性的智者賢人——哲學王；但是柏拉圖更多的是彼岸先驗追求，他不能滿足於此岸政治體的平面羅列，他的政治思維是力圖穿透這一經驗層，探求經驗事實後面的先驗起源。

他把追求知識的目的定義爲追求至善，追求與彼岸理念（ideal）的融合，故而柏拉圖哲學王的實質是權力與理念（right and ideal）的結合，是一個至善王、道德王、一個等待權杖的教士、一個尚未穿上袈裟的上帝。

柏拉圖的這一先驗至善論後來演變爲希臘晚期斯多噶學派的至善論，匯入從歐洲邊緣流逼過來的希伯萊—猶太超驗精神，終於形成基督教大潮，吞沒亞里斯多德達千年之久。

柏拉圖→斯多噶→希伯萊→猶太→一神教的道路是神學政治論的道路。它從天啓良知進入，開掘先驗層面的道德戒律如摩西十戒等，限定世俗權力的合法範圍。基督教形成後，出現上帝之城與世俗之城的兩元模式，上帝之城即至善之城，至善之城高於世俗之城，既是對世俗王權的合法認可，又時時保留著對世俗王權的合法性追問。

所謂凱撒的事歸凱撒，耶穌的事歸耶穌，畢竟耶穌高於凱撒，每一頂凱撒王冠加冕，必先經耶穌聖膏塗抹，方認合法。神學政治論的理路壓抑了世俗王權，既是它消極意義所在，也是它積極意義所在。在每一頂王冠的上面，它都放上了一隻上帝之手，加以彈壓鎮懾。這一上帝之手，是中世紀蠻荒年代唯一找得出來的一隻手，是以神性形式體現人類道德律令對世俗政權的追問和監守。

但在馬基雅弗里和馬丁．路德之後，神性大潮逐漸衰退，上帝之手逐漸疲軟，世俗王權「彈冠相慶」，紛紛尋找世俗政權以世俗方式論證的合法理論。亞里斯多德復活，霍布斯、洛克、孟德斯鳩應運而生，從經驗事實層面紛紛建立新的合法性理論。這一世俗潮流既是解放，也是釋放，將世俗王權從中世紀的道德監守中釋放出來。因而，它與它的對立面一樣，既有積極意義，也有令同時代另一派人值得憂慮的消極層面。

盧梭說：「我把我自己看成是柏拉圖共和國的一份子」。[6]他在這種時候以這種姿態出場，上述兩大傳統的背景全部轉化爲他所面臨的問題處境。這一問題處境是：向後看，存亡續絕，必須接引中世紀神學政治論的道德遺產，即至善論遺產；向前看，除舊佈新，必須重新安排世俗政治的終極目的——至善天國，安排世俗政治權力的合法追問與道德監察，在「彈冠相慶」的大、小凱撒的王冕之上，重新放上那隻上帝之手。這兩個方面的綜合，從邏輯結構上說，恰是柏拉圖先他一千年即已探索過的綜合，權力與理念的綜合；從時代環境中說，則意味著神學政治論向著政治神學論的過渡。

此時之盧梭，已失去上帝之城之依託。他失去神性資源，又要承當神性任務，出路只可能是：以世俗形式的道德觀念（ideal）來安排對世俗權力（right）的道德監守，甚至更進一步，以世俗形式的道德觀念來重建世俗權力，在近代條件下完成柏拉圖→斯多噶→希伯萊→猶太→一神教的千年遺願：ideal與right的結合，化合爲權力理念：ideology。

至善天國在人間的近代實踐，神性救贖話語延伸爲意識形態話語，就是在這種特定的問題處境中產生的。盧梭之所以念茲在茲，要以至善論的道德理性而不是經驗論的歷史理性，作爲政治合法性理論的基礎，其秘密也在這裏。

二、至善論與法國啟蒙學派

當盧梭從至善論進入政治哲學時，至善論及其先驗論的哲學支撐，在法國正遭受啓蒙學派的無情嘲弄。前文已述，盧梭在哲學認識論上的立場是帕斯卡—笛卡兒主義。這種先驗論立場與他政治哲學上的柏拉圖至善論，具有相互支撐的邏輯支援關係。但是，從孟德斯鳩開始，啓蒙運動的主流卻是向著與盧梭相反的方向流動——向著英國經驗哲學逐漸靠攏。他們把「道德和政治體系建立在物質世界那些嚴格的已知條件的基礎上，不聲不響地偏離笛卡兒主義。」7

啓蒙運動的領袖伏爾泰曾如此挖苦至善論：

至善！這是什麼字眼！簡直等於問什麼是至藍，或至味、至行、至讀等等。柏拉圖臆想了一種範型世界——即本原世界，臆想了一些關於美、善、秩序、正義等等的觀念，一若世間真有一些世人名之為秩序、善、秩序、正義的永恆不變的東西，而我們在塵世所面臨的正義、美、善都是根據這些觀念而來的不完善的摹本。

這種空想式的推論傷害著哲學已年深日久了。

至善與至惡都是一些空想。8

伏爾泰到英國後，接觸到洛克的經驗哲學與牛頓的自然哲學，開始理直氣壯地公開拋棄帕斯卡與笛卡兒。對英國哲學的稱頌，對本國哲學的奚落，構成他《哲學通信》的兩大主題。《哲學通信》第十四封信對比笛卡兒和牛頓，稱前者的哲學「只不過是一部巧妙的小說，頂多對於無知的人才像煞有其事」「在倫敦很少有人讀笛卡兒的著作，他的作品實際上已成爲無用之物了」。第二十五封信攻擊帕斯卡，數落帕斯卡《沉思條》有五十七項錯謬。針對帕斯卡人如蘆葦的著名觀點，伏爾泰挖苦說：「這乃是想環植蘆葦來扶持橡樹；我們盡可斬除這些無用的蘆葦而不必怕有損於橡樹」。在該書通行本中，他又針對帕斯卡式的追問，增補以下一段：

> 我們絲毫不懂得我們的起源，這已經是很夠的了，不必用一件人們所不懂的事去解釋這個起源。……倘使我用一種晦澀的學說來解釋這些晦澀的問題的話，我會不會受人歡迎呢？倘使說：「我毫不明白」，豈非更好一些？[9]

由此可見，啓蒙學派的主流方向是拒斥至善論及先驗論，與盧梭的方向是截然對立，涇渭分明。對啓蒙學派而言，他們只有一點不爭，可取樂觀估計：知識的絕對積累，理性的普遍增長。除此之外，社會、政治、國家領域的改造，他們都取一種審慎的、等待的、甚至是保守的立場。因爲那是歷史理性、工具理性增長的副產品，是歷史理性、工具理性滲透的結果，只能瓜熟蒂落，不能強行扭取。

對盧梭而言，這幅圖畫恰恰顛倒了過來。他攻擊的正是啓蒙學派政治社會學說的前提：知識的積累和歷史理性、工具理性的增長。啓蒙學派不爭之處，是盧梭大爭之處；啓蒙學派對未來寄予希望足可等待的地方，正是盧梭充滿憂患亟須顛覆重建的地方。因此，啓蒙學派在政治思想領域的表現是小心謹慎，接近英國風格，而盧梭則窮追猛打，分外亢奮。下面分兩個爭論焦點評述：

1、先驗論，還是經驗論？

盧梭對啓蒙學派政治思維的最大不滿，在於它的經驗論根基。

盧梭認爲，政治研究「應有兩門學問」，或者說把「這兩門學問結合起來」。前一門學問是「判斷它們現在是什麼樣子」，後一門學問是「知道它們應當是什麼樣子」；「在進行研究以前，我們必須先定出一些研究的規則，我們需要一個標準來衡量我們所研究的東西。政治學的原理就是我們的標準」。而啓蒙政治學的最大成就只不過是建立了「前一門學問」，拒絕思考「後一門學問」。然而，沒有後者的支撐，前者只不過是一些瑣碎的政治學材料。因此盧梭說：

政治學也許永遠不會發展起來了。在這方面居於一切學者之首的格老修斯，只不過是個心眼很壞的孩子。……在近代人當中，只有一個人說得上是有能力創立這樣一門既龐雜而又沒有用處的學問的，此人就是著名的孟德斯鳩。他避而不談政治學的原理，而只滿足於論述各國政府的成文法；在這個世界上，再也沒有什麼東西比這兩門學問的內容更為不同的了。[10]

在這裏盧梭似乎已意識到政治思維中政治學與政治哲學的區別。這是一個相當重要的意識。這一意識的重要後果，在論述完畢盧梭與法國啓蒙學派的分裂、盧梭對英國政治學的排斥之後，我們將在本章第四節中討論。

對於盧梭上述窮根究柢追尋第一原理，然後從頭設計理想藍圖的哲學傾向，伏爾泰早年可能有同感。但在一七五五年里斯本大地震後，他聲稱已看透這些妄想：

> 人們設計一切，到頭來總是大錯一場，
> 這幾乎是個規律，屢試不爽。
> 每當我們構思一個偉大的設想，
> 那就整天忙碌，像傻瓜一樣。[11]

霍爾巴赫則看出從先驗原理出發的政治哲學在社會實踐上的後果，必定是一場不亞於自然界大地震的人文結構大震盪。他說：「不，並不是通過危險的騷動，並不是通過鬥爭，通過弑君，通過無益的犯罪……這些猛烈的手段總是要比它們試圖醫治的罪惡更要殘忍。……理性的聲音既不是煽動性的，也不是嗜血性的。它所主張的改革是緩慢的。然而唯其緩慢，方能把一切安排得更好。」[12]

2、道德論，還是功利論？

盧梭在道德問題上的焦慮，已如前述。這一焦慮瀰散於啓蒙運動前後，已先期表現爲帕斯卡的《思想錄》。伏爾泰生活於那一時代氛圍，也爲此折磨有半個世紀。他不敢忘懷帕斯卡的終極深度，以致戰戰兢兢地說出：「沒有上帝，也要創造出一個上帝。」然而，他總是小心翼翼地繞著帕斯卡的終極深度，不敢向井底張望一眼。到英國後則轉向徹底的功利立場：

什麼是美德，我的朋友？就是做好事。讓我去做好事，這就夠了。我們是不能進入你的動機的。[13]

達朗貝爾對這一終極問題也不願深究：

社會是從純粹人類需要中生長出來的，也是建立在人類各種活動之上的。而宗教則並未參與社會的起源。哲學家滿足於揭示人在社會中的位置，引導人到達這一位置，留給傳教士的則是把人再次拖到祭壇的腳下。[14]

狄德羅青年時代與盧梭一度有過共識：道德基於先驗良知。但到後來狄德羅認爲這一點有礙經驗理性的徹底性，遂放棄了這一觀點，轉而提出道德基礎不在內在良知，而在外在行爲：

並不是各種思想，而是各種行為把善人與惡人區別開來，有關各種靈魂的秘密就在這裏。[15]

啓蒙學派的功利立場，在很大程度上來源於他們對牛頓自然哲學的引用。伏爾泰從英國發回的哲學通信中，曾把牛頓對物理世界的發現列爲那個時代最偉大的發現，急切地向法國人文世界引薦。牛頓對他們而言，是對帕斯卡的抵消，一如洛克對他們而言，是對笛卡兒的抵消。他們以牛頓的物理規則論證人文世界的行爲規則，取消而不是塡補神性消逝所遺留的道德真空。無論他們是否有過流亡英國的經歷，在思想上他們確實都加入了英國輝格黨[16]。

如果沒有盧梭出現，十八世紀法國社會政治思潮將會徹底滙入英國經驗哲學，共同開闢十九世紀英國功利主義和二十世紀美國行爲主義之先河。事實上，英國功利學派奠基人邊沁，就是從愛爾維修的唯物倫理觀中汲取靈感，反過來在英國建立了功利主義理論體系。當代英美政治學的支柱——行爲主義非價值立場，與上述傾向也有著遙遠的親緣聯繫。

盧梭之出現，是十八世紀法國思想生活中的逆反事件。盧梭繼續沿著帕斯卡—笛卡兒的方向向前滑行，並把這一方向導入帕斯卡—笛卡兒未曾探究的政治哲學領域。當著啓蒙學派廣征博引牛頓學說的時候，在盧梭的著作裏幾乎找不到一處牛頓的名字。他捍衛的是另一個世界——人類內心世界，不容牛頓的物理規則侵入。牛頓不能代上帝立言，牛頓的蘋果也不能取代先驗良知。牛頓的世界是一個無道德、非道德、道德命題無從提出的世界。啓蒙學派向著這一方向邁出的每一步以及由此產生的非道德化後果，他都不能接受。

上帝縱不能返回，但是上帝留下的道德真空必須填補。替補者只能是世俗形式的道德至善論，而不能是外在的物理世界的經驗法則。盧梭所堅持的方向，是把道德問題從經驗理性的方向，重新撥回先驗理性的方向，從功利論的方向，重新撥向至善論的方向。

無庸置疑，在這一方向下，他不可避免地出現某種回歸神正論救贖傳統的守舊色彩。但是另一方面，他又是第一次探索人類生活於一個神性缺乏的世界如何重建道德理想，尤其是如何重建政治程序中的道德理想，這又是一個探險的方向，嶄新的方向。儘管他後來得出的政治哲學結論有誤，但是他開闢這一方向的悲願動機，則應該肯定，應該保留。十八世紀的同時代人幾乎都在這一點上誤解了盧梭。卡西勒斷言，盧梭在那個世紀只有一個讀者，唯康德一人讀懂了盧梭。康德後來說：「位我上者燦爛星空，道德律令在我心中」，前一句回應的是牛頓發現的外在世界，後一句回應的就是盧梭發現並捍衛的內心世界。

康德既如此說，顯然是認爲這兩個世界不能通約，更不能取代。兩個世界孰高孰低？康德把道德理性置於三大理性之上，顯然認爲「道德律令」高於「燦爛星空」，內心世界比外在世界更令他敬畏。如果說，啓蒙學派的邏輯方向暗含著後來英美政治學的行爲主義方向，那麼盧梭所開闢的另一方向，恰恰預示著歐陸政治哲學至善論的立場——把近代世俗化歷史過程中的行爲問題，與中世紀的至善論再一次焊接起來。

在這個意義上說，英美政治學意味著與人類千年有神傳統的決裂，在當時的保守主義經驗姿態中蘊含著最激烈的無神論後果，而大陸政治哲學則在激進主義的面目下幡然呈現出「保守」傾向——保守中世紀有神傳統的救贖遺產。[17]盧梭的信徒成爲「上帝之城」留在這個世界上的遺民，成爲上帝遺忘在這個世界上的最後一批教士：上帝不在，道德在；神性缺席，至善論出席；宗教法庭瓦解，道德法庭取而代之；——這就是盧梭的教綱，盧梭的方向。

三、至善論與英國政治學說

如果說，盧梭至善論與法國同時代人的分裂，具有較多政治哲學的思辨內容，那麼盧梭和英國政治學說的分手，則更多地具有政治學本身的具體內容。前者正好爲後者提供哲學說明，後者則爲前者展示其邏輯結果。

讓我們從契約論進入這一層面的討論。

十八世紀權力合法理論的討論，引出另一個激動人心的話題，那就是契約論問題。圍繞這一問題，幾乎形成一場跨國界的世紀大辯論。歐洲各國思想家都傾心於從希臘晚期斯多噶學派中引發出的這一觀念，並力圖注入近代血液，使之成爲資產階級新型權力的合法論證。

近代契約論的最早闡述者是德國思想家普芬道夫。他的契約論是兩維契約，同時並立。一維指向社會起源：人們以契約形式聯合成群體社會，以保證他們的安全和生存，協調人際間平面橫向關係，這就是社會契約。另一維指向國家起源：人們組成社會後，又同意把權力讓渡過專職統治者，協議安排社會形成後出現的權力分配。這是垂直方向的契約，以吸納平面契約上凸現出來的權力關係。這就是國家契約或稱統治契約。普芬道夫的兩維契約論，反映著他所處時代呈新舊交替疊合的過渡性特點：既反映著中世紀封建領主臣封制的後遺影響，又反映著近代社會商業契約的平等因素。這一過渡時代的兩元性，恰恰給後代思想家留下了向不同方向闡述的發展餘地。

一個方向是洛克和孟德斯鳩的方向，由此開闢的格局後來成爲英美政治學處理政治國家與市民社會的模式。他們堅持近代早期契約論的兩元性質：契約中讓渡的權力是部分權力，不是全部權力；交出去的權力組成國家機器，留下來的權力組成社會自治；交出去的小，留下來的大，交出去的是爲保護留下來的；因此在功能限定上，國家取最小值，社會取最大值，以形成小政府、大社會的模式。

他們以爲，國家起源於一種「必要的禍害」（permanent necessary evil），不能賦予國家道德化要求，更不能奢望國家能領導社會實現道德化；只能以「惡」制「惡」，以權力牽制權力。這種權力牽制既需社會對國家的外部限定，又需有國家內部的分權平衡；國家與社會各有運行規則，不能竄擾——前者規則是民主，多數決定；後者規則是自由，個人具有永恆價值，任何人不能強制任何人，不管是獨夫暴政，還是多數暴虐。這樣的契約理論解決的是政府組成問題，在西方政治思想史上，稱爲「政府契約論」，亦稱「小契約論」。

第二個方向先是由霍布斯開出，再由盧梭集大成。由此開闢的格局，後來成爲大陸政治哲學處理政治國家與市民社會關係的普遍淵源，稱爲「社會契約論」，亦稱「大契約」。

霍布斯對普芬道夫的改造，是把那個兩維契約壓縮成一維契約——統治契約，平面維消失，收攝於那個垂直維的巨無霸（利維坦）。他的邏輯根據是人性觀的性惡論——「人對人像狼對狼一樣」，不信任人們留下一部分權力，能夠形成自治的市民社會。因此，人們在契約中交出的是全部權力，接受權力者也只能是一個具有絕對權威的主權者——專制君主。

到了盧梭這裏，邏輯根據發生變化，「社會契約論」或稱「大契約論」的理論方向卻繼續向前延伸。邏輯根據的變化是：霍布斯的「性惡論」是個人「性惡論」，盧梭卻把「性惡論」的重心從個人移向社會，是「社會性惡」，不是「個人性惡」，他信任的是個人本性，憎惡的是社會發展。他在個人觀上是「性善論」，在社會觀上是「性惡論」。如此組合的「人性論」，是盧梭思想一大特色，也是理解他社會、政治思想的關鍵。

正因為他對社會發展持有強烈不信任心理，故而才有動用政治國家打斷社會自發傾向、重建社會道德秩序的理論設計。理論方向的繼續延伸是：「大契約論」不僅解決政府組成，還應擴及社會組成，政府組成是社會組成的反映；社會成員讓渡的權力是全部權力，不是有限權力；契約後果是至善論的全盤貫注，因而不可能也不應該被反對或被限制，只可能無條件接受。這樣，霍布斯的巨無霸（利維坦），被盧梭配置於道德基礎，全部接收，而且大大向前推進了一步。

但是，盧梭畢竟是讓．雅克．盧梭，不是霍布斯．盧梭。即使盧梭達到了與霍布斯類似的結論，他也是通過了他自己的邏輯言路（logic discourse）。盧梭獨特的邏輯言路就在於他的道德救贖、反異化理論。他到達了霍布斯的終點，卻掘動了霍布斯的寢床——權力的強制性、非道德性和物化性：

第一，服從對象從個人君主轉移為社會公意。社會公意是每個社會成員全部交出權力的結果，服從這一公意，無異於服從交出去又轉回來的自己。服從者就是被服從者，二者之間並無疏離、異化。在這個過程中，形成的不是某種權力的集合，而是社會聯合體。這是盧梭人民主權論的邏輯來源，也是他堅持把這樣的契約稱作「社會契約」（「大契約」），而不是稱作「政府契約」（「小契約」）的原因所在。

第二，服從重心從外在的行爲服從轉移至內在的道德服從。外在行爲服從，是服從世俗的功利調配；內在的道德服從，是服從先驗的個人良知。因此，這樣的服從是服從道德—良知聯合體；這樣的契約不如說是至善論的道德契約。

盧梭的這兩步獨創，是他道德救世理想在政治領域裏的推進，是他在人間此岸重建政治結構，重建「上帝之城」的邏輯根據。正是在這一地方，他最終與洛克、霍布斯分手，與英國政治學說分手，進入他自己的道德理想國的構築。

四、至善論與分權說和代議制

每一個熟悉盧梭政治著作的讀者都會發現。盧梭一旦進入他自己的理論構築，就處處以英國分權說、代議制的對立面出現。且看他最尖刻的一段：

我們的政論家們既不能從原則上區分主權，於是便從對象上區分主權：他們把主權分為強力與意志，分為立法權與行政權力，分為稅收權、司法權與戰爭權，分為內政權與外交權。他們時而把這些部分混為一談，時而又把它們拆開。他們把主權者弄成是一個支離破碎拼湊起來的怪物；……據說日本的幻術家能當眾把一個孩子肢解，把他的肢體一一拋上天空去，然後就能再掉下一個完整無缺的活生生的孩子來。這有點像我們政論家所玩的把戲了，他們用的不愧是一種江湖幻術，把社會共同體加以肢解，隨後不知怎麼回事又居然把各個片段重新湊合在一起。18

類似的抨擊還可以舉出很多。我們姑且把這些抨擊稱作盧梭的「抗英情結」。這一情結與整個啓蒙運動的「戀英」情結形成強烈衝突。這種衝突是盧梭把至善論邏輯貫徹到底的必然結果。發現盧梭的「抗英情結」並不難，難的是如何解釋這一「抗英」情結？

讓我們聯繫上一章中盧梭對異化的敏感、盧梭的道德救贖理想，以及本章前述盧梭至善論一以貫之的政治哲學立場，盧梭「抗英情結」的獨特言路，也許能解釋一二。

1、對時代態度而言，盧梭是背時代而立。十八世紀是資產階級近代社會世俗化、分殊化的時代。時代要求政治與道德分離、政治與教化分離、政治與社會分離，經此三大分離，政治從價值形態中突圍而出，逐漸發育出近代政治工具理性和功能理性，馬克思·韋伯稱之爲形式合理性。英國分權說和代議制從時代屬性而言，就是上述三大分離在制度層面上的技術性安排。盧梭站在傳統救贖立場上，自始至終即與世俗化的時代潮流格格不入。他的一元貫注之道德至善論，要求的是權力與理念的結合，是道德王的統治，當然不能接受上述三大分離。他既認定「一切根本上與政治相聯繫，任何一國的人民都只能是他們政府的性質將他們造成的那樣」，政治在他眼中就是塑造社會群體性格的模具，道德救贖成於斯，毀於斯，怎麼能放手讓政治與道德、教化、社會分離？怎麼能出現非道德的功能化、工具化狀態？不能設想，在魔鬼的模具中能夠翻鑄出一個天使。要貫注道德至善論於社會救贖，首先就要求政治領域道德化。在盧梭眼裏，英國政治制度的技術性安排，是一種瀆神論行爲，無道德擔當的行爲。

2、從哲學認識論路線看，英國分權制代議制是經驗理性產物，是通過數代人的慣例養成，自發形成的積累型而不是重建型結果；爲其合法性辯護的英國政治學說也是一種自覺的經驗主義理論。在盧梭哲學的先驗論視野中，這種積累型制度並未受過第一原理的檢討批評，其根基所在的合法性並未肯定，怎麼可以從頂部橫截，引薦給法國人貿然接受？

3、從制度安排的形式合理性而言，盧梭顯然有一種馬克思・韋伯後來所稱的那種批判意識：形式合理性下掩蓋著實質非理性。盧梭《致達朗貝爾論觀賞》信中曾揭示人類生活中有一個觸目驚心的「劇院異化症」：演員與觀眾相互異化。演員在角色中使勁遺忘自己，生活於別人的狀態，代言別人的語言，以取悅台下；台下觀眾在觀賞中亦遺忘自己，把生活中的實踐責任讓渡給台上的演員，異化爲台上的他人表演，異化爲台下的有距離觀賞。以此觀照英國代議制度，議院即劇院，同樣存在一個「議院異化症」：議員掩蓋自己的政治意願，把政治活動角色化、表演化，以取悅選民爲能事；被代表者把主權履踐讓渡給代表，把政治參與異化爲他人在政治劇院——議院裏的表演，異化爲政治舞台下的旁觀與觀賞。這樣的代議制即使具有形式合理性，也是人類歷史由來已久的異化頑症在政治生活中的醜惡表現。

4、從至善論的道德邏輯而言，至善論是個體「性善論」與類體「性惡論」之綜合。它否認人的不完善性，它信任人類個體的「性善」能夠貫注並克服類體的「性懲」，以善揚善，以善制權，這兩者之間的間隔完全可以從善端這一頭節節打通。整個至善論的政治設計就建立於這種對人性的天真信任。而對英國政治學說而言，它的基礎是「性惡論」，始終承認並警惕人的不完善性，它的邏輯是「權力總是造成腐蝕，絕對的權力造成絕對的腐蝕」，它不信任人的道德天性能普遍抗拒權力的腐蝕，故而它要求從外部約束而不是從內部涵化權力，即以惡制惡，以權制權，由此產生分權立憲制的要求。至善論的人性論與性惡論的人性論，產生截然不同的政治設計，這兩者的相互排斥不可避免。

如果上述四點解釋無大錯，那麼很顯然，盧梭的「抗英情結」是糟粕與精華同在，落伍與超前並存，錯綜糾葛，難以遽斷。在作出最終結論以前，我們先就可以描述的範圍，從盧梭與英國政治學說的衝突中分離出一項內容，以提起注意：即政治學與政治哲學的上、下配置。事實上，盧梭本人已意識到政治學與政治哲學的區別了。

政治學是政治哲學的形而下層面，它處理的是政治操作行爲，描述的是政治規則的技術性、功能性安排。政治哲學是政治學的形而上層面。它處理的是政治行爲的終極理想，討論的是政治規範的價値內容。從邏輯上說，這兩個層面是同一領域中的主、從屬合，唇亡齒寒，缺一不可。

但是，邏輯的歷史與歷史的邏輯並不統一，邏輯一旦在歷史中展開，卻出現了反邏輯的過程內容：兩個層面分裂爲兩派學說，英國學派多政治學，少政治哲學，長於政治學自下而上的鋪墊，短於政治哲學自上而下的貫注，出現政治領域裏的道德冷感——即「神性缺乏症」；盧梭一派多政治哲學，少政治學，長於政治哲學自上而下的要求，短於政治學自下而上的落實，出現政治領域裏的道德亢奮——即「神性高懸症」。雙方各執大道於一端，水火不容，互相撞擊。[19]這種碰撞，就邏輯意義而言，應然爲相互補充，相互解讀，相互解毒；就歷史過程而言，卻已然表現爲論敵抗爭，分道揚鑣，造成了英、法兩國政治實踐、政治文化，乃致政治性格的判然兩別，也造成了盧梭身後英美型（美國政治文化基本移植英國而成，當然也有法國的後來的影響）政治思潮與歐陸（法、德、俄等歐陸國家）政治思潮的雙水並流，二分天下。

追述英美政治文化、政治思潮將超出本書論述範圍；追述盧梭本人如何跨越這兩個層面，則是本書後文所敘述的內容。但從這裏分離出政治學與政治哲學兩個層面來討論，對於我們論述盧梭政治思想的基本走向、內在結構，評述羅伯斯比爾對這一政治思想的實踐，至關重要。我們將藉此建立起一個富於同情的批判態度，盡可能把握住一個分寸合適的批判尺度。

五、至善論與自由

如果上述政治哲學與政治學的分層討論能夠成立，那麼我們不妨承認，在政治哲學這一層面，盧梭至善論比他的對立面確實有助於自由意志的浮現。

經驗理性對人性的懷疑，發展到極致，很難避免決定論與宿命論的消極傾向。這種消極傾向，既可以決定論的自信，表現爲對理性增長自會理順一切的樂觀等待；亦可以宿命論的歎息，表現爲對理性能動受客體限制的悲觀承認。與此相反，先驗論者則以精神冒險有可能付出的巨大代價，換來對決定論宿命傾向的終生免疫。盧梭的個人命運充滿冒險者的悲劇內容，但是盧梭的理論性格卻充滿自由意志的亢進色彩，正說明了這一點。

對於伏爾泰上述詠里斯本地震詩中的宿命論傾向，盧梭十分反感，他致信伏爾泰說：

> 當一個人教導人們的東西既不確定，又無益處的時候，以這樣的東西騷擾那些平靜的心靈，**使得人們無目標而煩惱痛苦**，是很不人道的。[20]（著重號為本書作者所加）

對此，狄德羅顯然站在伏爾泰這一邊。狄德羅闡述他們這一派人之所以編撰《百科全書》，其宗旨就在於：「指出狂熱的極限，證明神學觀念在科學自然觀面前站不住腳，證明形而上學對抗力大無窮的新生兒——經驗是徒勞無益的」。[21]

狄德羅所指稱的「科學的自然觀」，來自牛頓所發現的物理世界。狄德羅所批評的「神學觀念」、「形而上學」、「狂熱」也確實能打中盧梭的要害。但是，盧梭在這裏表現出的「形而上學」的「狂熱」，卻有極可同情的內心悲願：當物理世界和歷史理性鐵的法則從兩頭逼近時，如何拯救人之所以爲人的自由意志？如何挽救人被客觀法則（**既來自物理世界也來自歷史決定**）物化的沉淪命運？在這種時候，他在形而上層面的自由論正是邏輯地呼應形而下層面的道德論，兩者打通，形成自由德性，既讓人在自由的屬人的世界裏馳騁，也要人承擔棄惡從善的道德責任。

在神性消逝的時代，他要保留人的自由人性，只能被迫向上尋求「神性」的援助：使人形同「上帝」，把上帝的自由——創世風格的自由賦予人，以此提拎人的道德責任，使後者上升，一起進入形而上的「神格」，或者「半神格」——上帝遠循，由人而神。

當盧梭把政治史經驗事實統統括進邏輯抽象的括弧，懸置它所經歷的各種時態、各種變格，露出下面一個大寫的「Being」，他塡寫在這一零度狀態上的人爲符號，將再也不是各種係動詞，用以回答「政治是什麼」這一問題；相反，他塡上的是各類能願動詞：will，shall，或者是will be，shall be，他提出的問題是：「政治應該是什麼，能夠是什麼，將來可以是什麼？」應該說，這是一種最爲「狂熱」的政治思維，它欲以「will」的世界顚覆「be」的世界，欲以價值世界顚覆事實世界。

正是在這種顚覆動向中，植下盧梭後來越界築路，以政治哲學取代政治學的禍根。然而，同樣也應該說，這是一種自由意志最爲強烈的政治思維，它第一次掙脫經驗歷史消極受動的困境，將人的自覺意識賦予了經驗歷史，使人看見經驗歷史的後方，還有一個邏輯重建的廣闊天地。

在這個意義上說，盧梭的至善論、先驗論，是能動政治思維，其自由德性人，是神人之間的人，半神半人；伏爾泰、狄德羅的功利論、經驗論，是受動政治思維，其功利行爲人，是人獸之間的人，是半獸半人。盧梭從人的自由德性這一高調進入政治思維，伏爾泰、狄德羅則從人的功利行爲這一低調進入政治思維，形成強烈反照。

這一反照，前瞻地看，反映出盧梭與伏爾泰、狄德羅對中世紀救贖遺產的不同距離，盧梭親近中世紀的神性，伏爾泰、狄德羅則親近於近代世俗社會的人性；後顧地看，這一反照又恰好預兆了後來歐陸政治哲學與英美政治學不同的進入角色；前者從高調進入，至善論終極理想貫注政治行爲；後者從低調進入，政治操作行爲從道德氛圍的價值之幕（Curtain of value）中突圍而出……

但是，對自由的認識是一回事，對自由的實踐又是另一回事。盧梭既說「上帝使人自由，以便使人棄善就惡」，又說「那些想把政治與道德分開論述的人，於兩者中的任何一種都將一無所獲」，他就一定會以道德拉緊政治，以道德實現自由。這種以道德立論的自由，可稱爲高調自由，與另一種以功利立論的低調自由，相對而立。或如以賽亞・柏林所言，前者是一種積極自由（freedom to something），後者是一種消極自由（freedom from something）。落實到政治生活的具體狀態，究竟是哪一種自由觀更有助於自由的實現呢？

在這裏，歷史將會兜著圈子說話，再一次出現它的悖論。

註釋：

1盧梭：《社會契約論》，第七頁。

2J．G．梅基奧：《盧梭和韋伯：合法性理論的兩種研究》，一九八〇年倫敦版，第八十六、第三十二、第六十八頁。

3盧梭：《論人類不平等的起源和基礎》，第一三一頁。

4同1第二十九至三〇頁。

5盧梭：《愛彌兒》下卷，第四〇一頁。

6盧梭：《懺悔錄》，第四四一頁。

7見羅伯特．夏克爾頓：《孟德斯鳩評傳》，中國社會科學出版社一九九一年版，第三三二頁。

8伏爾泰：《哲學辭典》，商務印書館一九九一年版，第二二八、第二二五頁。

9伏爾泰：《哲學通信》，上海人民出版社一九八六年版，第六〇至六十一、第一一七、第二六五頁。

10同5，第七〇三至七〇四頁。

11轉引自卡西勒：《讓．雅克．盧梭的問題》，第六十七頁。

12同上，第六十九頁。

13轉引自C．布羅姆：《盧梭和道德共和國》，康奈爾大學出版社一九八六年版，第五十八頁。

14同11，第一一四頁。

15《狄德羅通信集》，巴黎一九五五至一九七〇年版第十一卷，第一四九頁。

16同7，第三五九頁。

17在復古與顛覆的悖論之後，又出現保守與激進的悖論。可見這一時期的思潮流動往復，複雜多變，難以用一種機械簡單的分析模式解釋周全。如果套用目前學術界流行的那種「激進」與「保守」截然對立的兩分模式，難免捉襟見肘，或削足適履。這也是我在本書寫作過程中，最終放棄這種模式的原因之一。

18同1，第三十七頁。

19盧梭的同時代人對這一現象已有感覺。如阿克頓勳爵曾不無深意地說：盧梭的失誤，是從契約中引出社會；柏克的錯誤則在於否定國家來自契約（出處見2，第六十六頁）。盧梭的後代人對此也有識見，如前文所示羅素之論述。

20「盧梭致伏爾泰信」，見《盧梭全集》第四卷，巴黎一九六九年版，第一〇七五頁。

21阿基莫娃：《狄德羅傳》，三聯書店一九八四年版，第一七七頁。

第三章　道德理想國的發生邏輯：自由之沉沒

> ◆我們每個人都以其自身及其全部的力量置於公意的最高指導之下，並且我們在共同體中接納每一個成員作為全體不可分割的一部分。[1]
>
> ——盧梭

法國大革命開始之後的第一個月，一個法國人已經敏感到法國式自由理想的悖論：「我們已經迅速地從奴役走向自由，我們正在更迅速地從自由走向奴役！」[2]事實上，這一悖論早在法國大革命的實踐歷程之前，已經在盧梭的政治設計中開始了。

一、「公共意志」——道德理想國的入口

我們從「公共意志」這一概念，進入盧梭失足的層面。

「公共意志」，就其語義發生形態而言，初次使用者並不是盧梭，而是狄德羅。狄德羅第一次從孟德斯鳩著作中提煉出這一概念：Volonté générale。狄德羅初

次使用這一概念時，有兩層含義：

1、各民族不約而同出現的慣例公理，甚至動物界也存在的自然法則；

2、社會契約締結時的理性因素，狄德羅原話爲：「激情沉默後的理性」[3]

這一概念到了盧梭這裏，前一層含義脫落，後一層含義強化，形成一個純粹的道德概念。在此之後，盧梭將此概念的地位越提越高，視之爲整體思想框架中的「靈魂」和「尖端」：「正像在人的構成方面，靈魂對於身體的作用乃是哲學的尖端，同樣在國家的構成方面，公意對於公共力量的作用問題則是政治學的尖端」。[4]因此，可以毫無誇張地說，如果不理解「公意」這一概念在盧梭思想中提綱挈領的功用，似難以進入盧梭道德理想國的發生邏輯。

熟讀《論人類不平等的起源和基礎》的讀者都會發現，盧梭在承認人類已遺忘返回森林自然狀態的退路時，心態並不悲觀。這是因爲他自信能夠找到一條進入道德狀態的進路，用以代替自然狀態。《論人類不平等的起源和基礎》中強烈的否定性風格，預示著另一本著作將以同樣強烈的肯定性風格問世。只有這樣，破壞性一面得到積極性一面的補足，盧梭政治哲學的整體性才能完整。一七六二年，盧梭《社會契約論》發表，他醞釀七年之久的人類進入至善王國的進路終於得到全面闡述。

這一進路的大致面貌見之於下列兩段論述：

敢於為一國人民進行創制的人，——可以這樣說——必須自己覺得有把握能夠改變人性，能夠把每個自身都是一個完整而孤立的個人轉化為一個更大的整體的一部分，個人從一定的方式從整體裏獲得自己的生命與存在，以作為全體一部分的有道德的生命來代替我們得之於自然界的生理上的獨立的生命。總之，必須抽掉人類本身固有的力量，才能賦予他們以本身之外的，而且非靠別人幫助便無法運用的力量。這些天然的力量消滅得越多，則所獲得的力量也就越大、越持久。5

從上一段論述中可以抽出三個問題，引起討論。

1、「敢於爲一國人民進行創制的人」？

創制者爲一個人，不是社會契約參加者的普遍同意？這一個人是神，還是人，抑或半神半人？這一問題我們將留諸本章第七節討論。

2、「改變人性，抽掉人類本身固有的力量」？

這一問題曾引起西方學者普遍關注，並據此得出盧梭整體理論在此脫裂的普遍看法（卡西勒除外）：盧梭的前期哲學思想是反異化、反文明、反社會，盧梭的後期政治思想卻是反自然、反個人、反人性。6

3、「有道德的整體生命，如何代替孤立的自然生命」？

對於這一問題，正好引出盧梭的後一段論述：

> 如果我們撇開社會公約中一切非本質的東西，我們就會發現社會公約可以簡化為如下的詞句：我們每個人都以其自身及其全部的力量置於公意的最高指導之下，並且我們在共同體中接納每一個成員作為全體不可分割的一部分。
>
> 只是一瞬間，這一結合行為就產生了一個道德的與集體的共同體，以代替每個訂約者的個人；組成共同體的成員數目就等於大會中所有票數，而共同體就以這同一個行為獲得了它的統一性、它的公共的大我、它的生命和它的意志。這一由全體個人的結合所形成的公共人格，[7]以前稱為城邦，現在則稱為共和國或政治體，當它是被動時，它的成員就稱它為國家；當它主動時，就稱它為主權者；當它和它的同類相比較時，則稱它為政權。至於結合者，他們集體地稱為人民；個別地，作為主權權威的參與者，就叫做公民，作為國家法律的服從者，就叫做臣民。[8]

兩段論述，一段比一段重要。尤其是後一段話，應該鐫刻在盧梭政治哲學大廈的拱門上，作爲引言，供人們駐足凝視。這一整體建築之所以不能稱爲別的什麼，只能稱為「盧梭道德理想國」，讓·雅克在這裏幾乎和盤托出，給出了所有說明。從這一問題能抽出更多問題，成為本節或以後諸節逐一討論的對象：

1、「一瞬間」問題。

此處必須追問：什麼樣的「一瞬間」？哪些人參加了這「一瞬間」？是雙方「約定」，還是三方「約定」？「一瞬間」遺漏了什麼？「一瞬間」暴露了什麼？盧梭實在是舉重若輕，跳躍得太輕鬆了。法國結構主義大師、新馬克思主義者路易·阿爾圖塞，後來把這「一瞬間」拉長為充滿疑點的「一長段」，定格慢放，一下子捉住了盧梭在這「一瞬間」暴露的四隻馬腳。阿爾圖塞對盧梭社會契約思想的結構主義分析，我們將留待本章第六節去慢慢咀嚼。

2、語言轉換問題。

我們在這裏看到一個語言轉換的標本，密度之高，令人吃驚：幾乎所有政治學的基本概念——共和國、共同體、政治體、主權者、國家、人民、公民、臣民、都被「公意」這一道德網路一網打盡，統統轉換為道德符號來討論；而且轉換者極其自覺，盧梭在這些概念下都加上了著重號。盧梭道德理想國之所以發生，很大程度上是這場語言大轉換的結果。語言轉換在理論上帶來的後果，我們將在本章以後各節中逐漸涉及，並在最後一節作總結性評述。至於實踐中出現的後果，或是直接由盧梭而來，或是從當時的具體環境中自發產生，然後再與盧梭影響合流，我們在本書第二部分論述羅伯斯比爾等人政治活動時，亦將逐漸論及。

3、「公意如何產生」？

這是剩下的最後一個問題。讓我們在這裏定格：正是這一問題中的最後問題，成爲進入道德理想國發生機制的入口樞紐。

二、「公意」克服「眾意」——自由的失落

盧梭的「公意」，是作爲「眾意」的相對概念出現的。盧梭「公意」的產生過程，就是「眾意」的克服過程。盧梭說：「眾意與公意之間經常總有很大的差別；[9]公意只著眼於公共的利益，而眾意則著眼於私人利益，眾意只是個別意志的總和。但是，除掉這些個別意志間正相抵消的部分[10]之外，則剩下的總和仍然是公意。」[11]

在同一本書另外一個地方，盧梭提到社會的產生類似於化合過程，也許有助於人們深入理解公意的產生就是克服「眾意」的結果：

假如普遍社會存在於什麼地方，而不是存在於哲學家的體系裏；那麼，正如我所說過的，它就會是一個有道德的生命，有著它自身固有的品質而與構成它的那些個體生命

的品質截然不同，有點像是化合物所具有的特性並非得自構成化合物的任何一種混合物那樣。[12]

很顯然，盧梭推演「公意」的產生過程有兩步：從私意到眾意，是「一度聚合」，爲物理變化；從眾意到公意，是「二度抽象」，爲化學變化，從中化合產出一種新的物質——「公共人格」，或稱「道德共同體」。

眾意從私意中聚合產生，洛克、伏爾泰都不會反對。這正是他們爲之論證的資產階級近代自由社會與近代政黨的產生過程，也是政治國家與市民社會共處於一個平面利益板塊，雙方不能凌駕對方的存在模式。洛克、伏爾泰之平庸，亦在於此。他們永遠只滿足於作一個世俗社會的物理學家，不敢奢望作一個世俗社會向道德社會化合飛躍的化學家。盧梭凌空蹈虛，向前再跨出一步——從眾意中化合產生公意，進行「二度抽象」，設計一種社會化學工程，這一化合新物就是洛克、伏爾泰所不敢想像的「道德理想國」了。

正是這個「二度抽象」，向前再跨進的一步，把近代社會自由與政黨政治的兩個根基抽象淨盡。

首先是個人存在空間。

眾意社會是允許私意多元並存的聚合社會，公意社會卻只有一個「透明」的「道德同一」。盧梭並不是遺忘個體利益，而是處處感覺到個體利益存在的隱患，故而處處呈現出排斥個體利益的高度自覺。盧梭聲稱他已發現：「社會的進步會喚醒個人的利益而窒息內心裏的人道」，[13]反過來則是：「只有私人意願與公共意志完全一致，每一個人才是道德的」。[14]

盧梭也曾考慮過對公意的限制，留出一些私人空間。那段話是這樣說的：「除了公共人格而外，我們還得考慮構成公共人格的那些私人。他們的生命和自由是天然地獨立於公共人格之外的。因此，問題就在於很好地區別與公民相應的權利和與主權者相應的權利，並區別前者以臣民的資格所應盡的義務和他們以人的資格所應享的自然權利」。[15]西方一些新左派學者抓住這一限制，曾爲盧梭作出大量辯解。但是，這樣的限制從兩方面看，最終是無力的、虛幻的。

首先，誰能判斷這一「區別」？盧梭明言：「唯有主權者才是這種重要性的裁判人」。[16]這是對限制的反限制。如果我們聯繫本節前引盧梭的第一段論述——「創制者必須抽去人類本身固有的力量。這些天然力量消滅得越多，則所獲得的力量也就越大，越持久」，我們就會看到彼一時的限制，完全被此一時的反限制取消了。

然後，縱觀盧梭一生的理論脈絡，這樣的限制究竟是他始終堅持的觀點，還是偶然出現、空洞無物的「但辭」？一七四七年盧梭創作首篇論文時，即奠定了他一生追求道德救贖的基調。他以先知法布利希烏斯的口吻宣喻世人：羅馬最光輝的業績是征服並「創造了一個道德王國」。[17]

如果說，他這時尚未意識到私人空間與道德王國的衝突，以致到一七五九年創作《社會契約論》時，突然意識到似乎要留出一些私人空間，方出現上述「但辭」，那麼到一七七一年他應波蘭威爾豪斯伯爵之請，寫作《對波蘭政府其及一七七二年四月改革計畫的考察》時，他就以更為明確的口氣把他一生的邏輯聯貫表述了出來。那段話是這樣講的：「你希望公共意志得到實現嗎？那就使所有的個人意願與之同化。既然道德不是別的，就是個人意志與公共意志的一致，那麼同樣的事情可以換句話說，那就是創造了一個道德王國」。[18]

這樣的「道德王國」對個人存在空間意味著什麼？盧梭在《社會契約論》「論主權者」一節中說得更為明顯：

為了使社會公約不至於成為一紙空文，它就默契地包含著這樣一種規定，——唯有這一規定才能使其他規定具有力量，——即任何人拒不服從公意的，全體就要迫使他服從公意。這恰好就是說，人們要迫使他自由。[19]

三、「公意」克服「眾意」——政黨政治的撲滅

公意抽空私意——個人自由空間之後，邏輯推演的第二步，就是抽空近代政黨政治的根基——眾意的聚合空間；民間社團黨派。

盧梭說：「如果當人民能夠充分瞭解情況並進行討論時，公民彼此之間沒有任何勾結[20]，那麼從大量的小分歧中總可以產生公意，而且討論的結果總是好的。但是當形成了派別的時候，形成了以犧牲大集體爲代價的小集團的時候，每一個這種集團的意志對它的成員來說就成爲公意，而對國家來說則成爲個別意志；這時候我們可以說，投票者的數目已經不再與人數相等，而只與集團的數目相等了。分歧在數量上是減少了，而所得的結果卻更缺乏公意。最後，當這些集團中有一個是如此之大，以至於超過了其他一切集團的時候，那麼結果你就不再有許多小的分歧總和，而只有一個唯一的分歧；這時，就不再有公意，而佔優勢的意見便只不過是一個個別的意見。

因此，爲了很好地表達公意，最重要的是國家之內不能有派系存在，並且每個公民只能是表示自己的意見」。[21]

對於盧梭的這一觀點，可以從兩個角度加以考察。

第一個角度是前一節內容的順延。他在社會層面斷然否定個人自由，又在政治層面要求直接民主制，強調只有個人才能直接表達政治意見，這兩者是否矛盾呢？

在形式的矛盾之下，貫穿著邏輯的內洽：盧梭是在近代條件下設計一種古代狀態下的自由。這種古代自由的特徵，及其與近代自由的差別，十九世紀的康斯坦特批評盧梭思想對法國革命的影響時，曾作出清楚區分：

古代自由的內容不外乎：集體地，但是直接地行使主權的眾多特權，諸如商議公共福利、戰爭與和平問題，對立法進行表決，參與審判、核查帳目等；不過儘管古代人把這些視作是自由，可是他們卻認為，所有這些與個人隸屬於共同體的權威是同出一轍的……在古代人中間，個人在公共事務上是一個主權者，但在所有私人關係中卻是一個奴隸。在近代人中間則正好相反，個人在其私人生活中是最獨立不倚的。然而即使是在最自由的國度，個人也只是表面上的主權者。他的主治權是受限制的，乃至總是被中止，縱或他偶爾使用它，也不過是為了放棄它。[22]

康斯坦特的觀點，至今仍有說服力。法國革命的結局說明，在近代條件下，不開拓社會層面上的自由，只動員政治層面的直接民主制，只是通過一段短暫的混亂無序，給獨裁強人上台執政鋪平道路。強人一旦出現，既可利用政治無序爲藉口，又可藉口民眾長期被奴役不適宜民主制度，通過整肅直接民主制，最終結束民主制。獨裁強人真正不可逾越的障礙，只能是社會層面的自由與政治層面的間接民主制（即代議制），這兩者之間形成牢不可破的結合。只有在不健康的情況下，才會出現這樣一種不健康的結合：社會層面的奴役與政治層面的直接民主制相結合。這種畸形的結合，用托克維爾反省法國革命教訓的話來說，「僅僅限於將自由的頭顱安放在一個受奴役的軀體上」。[23]這種結合如果出現，或許已經掩蓋著現實存在的獨裁，或許已經距離獨裁來臨相去不遠，在這個「受奴役的軀體上」，長出一個「專制的頭顱」，只是時間早晚問題。

盧梭的上述論述，還可以從第二個角度——政治參與制度化的角度加以考察。康斯坦特爲什麼說「即使在最自由的國度，個人也只是表面上的主權者，他的主治權是受限制的」？

二十世紀政治發展理論（theory of Political development）的研究成果告訴我們：傳統社會向近代社會轉型期間，是民眾政治參與從壓抑走向擴大的歷史階段。這一階段中，參與擴大化如果不同時伴之於參與組合化，那麼參與擴大化極易走向參與爆炸，走向政治秩序的無序化。參與組合化的一個重要方面，即參與者以個人爲單位逐漸組合爲以社團黨派爲單位，走向集團參與。這一參與組合的過程，也是個人參與不斷被整合的過程，這就必然出現社會層面上的自由與政治層面上的間接民主相結合的情況，即康斯坦特所言「即使在最自由的國度，個人也只是表面上的主權者，他的主治權是受限制的。」

然而，也只有經過政治參與的「二次組合」，從個人參與發展爲黨派參與，近代民主政治的規範、制度才能發育成熟，近代社會轉型期才能保持穩定，近代個人在社會層面上的自由才能最終得到保障。英國政黨制度在英國革命後期逐漸形成，對保持革命後期的社會穩定、個人自由所起的作用，證明了這一點。美國兩黨制在美國革命後期的類似作用，也證明了這一點。與此相對，法國革命長期震盪，難以穩定的根本原因之一，即在於雅各賓黨人接受盧梭上述反黨派政治的理論，明令禁止民間結社組黨。與此同時，雅各賓派本身亦作繭自縛，自限於政治參與組合化的低級階段——流動性的俱樂部階段，拒絕向政黨階段發展。

盧梭上述論述，如果僅從客觀描述角度看，似也接觸到政治參與從個人向社團黨派發展的歷史輪廓。如人民之間出現派別、派別形成集團、小分歧組合爲大分歧、投票者的數目不與人數相等而與集團相等——一條政黨政治的發育漸進線，已經呼之欲出。然而，盧梭之本意，描述這一發展，是爲了否定這一發展，是以立體向上的公意「二度抽象」，取代平面聚合的眾意「二次組合」。這條政黨政治的發育漸進線儘管呼之欲出，還是被他的公意概念所擋，當頭喝退。結果，在客觀描述中已經出現的發展輪廓，又被他本人扼殺於道德判斷。道德理想國的邏輯發生機制，激發盧梭理論預見能力，其撥現也，於此；其遮蔽也，亦一致如此！

總而言之，從私意到眾意，再從眾意到公意，其間是一次飛躍，一次致命的「二度抽象」。經此「抽象」，剩下道德理想國的政治骨架，將是個什麼模式呢？

用盧梭的正面語言描述，那就是：「在一個完美的立法之下，個別的或個人的意志應該是毫無地位的，政府本身的團體意志應該是極其次要的，從而公意或者主權的意志永遠應該是主導的，並且是其他一切意志的唯一規範」。[24]而這樣的公意模式，配以在實踐中必不可少的人格代表，就很難避免馬克思所抨擊的那種波拿巴政體：

小農人數眾多，他們的條件相同，但是彼此間並沒有發生多種多樣的關係。他們的生產方式不是使他們互相交往，而是使他們互相隔離。……這樣，法國國民的廣大群眾，便是由一些同名數相加形成的，好像一袋馬鈴薯是由袋中的一個個馬鈴薯所集成的那樣。……由於各個小農彼此間只存有地域的聯繫，不使他們形成全國性的聯繫，形成任何一種政治組織，所以他們就沒有形成一個階級。因此，他們不能代表自己，一定要別人來代表他們。他們的代表一定要同時是他們的主宰，是高高站在上面的權威，……並從上面賜給他們雨水和陽光。[25]

這是一種極不穩定的政治模式。在散漫無常的動沙流水之上，直接矗立著公共意志的最高主宰。兩者之間沒有任何制度化的政治參與團粒結構，下面的極端民主制與上面的絕對權威對接，互爲補充，互爲存在。上下雙方都處於流動液化狀態。在下者不能聚合有常，只能街頭暴起暴落，成者爲王，敗者爲寇。在上者不能落地生根，落實爲制度性的安排，隨時有顛撲之危險，如革命初期的憲政權威，如革命後期的道德專政。法國革命後來的廣場政治、議會政治將充分說明這類政治模式的不穩定性。

更危險的，是公共意志的人格化。儘管盧梭曾否認，訂約的雙方，並無一個可以裁決他們之間分歧的共同上級，[26]但是，他那樣的公意理論在實踐中卻內在地需要一個第三者，一個可疑的牧羊人……

四、社會契約——一個失落社會自治、國家制度的道德契約

現在，我們騰出手來先討論那個可疑的「一瞬間」問題。

前文已述，阿爾圖塞抓住那「一瞬間」，定格慢放，一下子捉住了盧梭四隻馬腳。阿爾圖塞稱他的發現是：盧梭論述社會契約行爲時，出現有四大裂縫，是依靠語言遊戲偷越過去的。

那四大裂縫是：

1、契約第二方不明確；

2、主權交換同義反覆；

3、契約承受方不在場；

4、公益私利混淆不分。[27]

對於盧梭而言，討論第四項裂縫可能會被他奚落，屬多此一舉。因爲他明確陳言公益應克服私利，故而以下對此項刪略不論。對於中國讀者而言，結構主義的分析模式可能過於乾澀，我們可以把盧梭的前三項邏輯裂縫，改換爲與洛克、霍布斯的對比研究來討論。

一是與洛克相比。在洛克的小契約論裏，訂約者是社會的兩大部分，訂約者是

這一部分臣民與那一部分臣民發生契約關係，轉讓出去的不是全部權力，而是部分權力，餘有更多權力留於個人。個人權力既是隱私空間的屏障，又是市民社會利益組合的自治單位。但在盧梭的大契約論裏，訂約者是個人與公共集體，轉讓出的是全部權力。

故而阿爾圖塞在這裏抓住第一個馬腳，質問盧梭，這個契約第二方公共集體如何界定？是超於社會之上的一個實體，還是那種「我爲人人，人人爲我」式的「人人」道德集合體？

按盧梭之回答，恐怕是後者，不是前者。但是如此回答並不能躲過邏輯詰難，因爲這種「人人」集合體只能以觀念形態出現，不可能化爲具體的訂約第二方，進入操作性的（儘管是邏輯意義上的操作）契約行爲。即使能進入，又發生一個問題：人與人訂約，兜了一大圈，豈不是人與人自己訂約，是一個什麼都得交換，又交換不出去的主權者，在原地踏步？這就是阿爾圖塞抓住的第二隻馬腳——主權交換是同義反覆。問題還不在邏輯結構上的裂縫——結構主義者可能在這裏過於挑剔，技癢難耐；問題關鍵在於——

主權全部轉讓後，將帶來什麼樣的實踐後果？個人的法權獨立身分和社會利益的單位空間如何安置？

這才是對比洛克小契約論以後，盧梭的大契約思想最爲令人不安的地方。

二是與霍布斯相比。盧梭的主權全部轉讓說與洛克有異，但與霍布斯正好吻合。儘管邏輯根據不一，但盧梭至少在這裏可以得到霍布斯形式邏輯的支援。然而，差異馬上就發生了：霍布斯的契約論和洛克的契約論都是三方契約，兩方訂約讓渡主權（有全部與局部讓渡之分），第三方承受兩方讓渡過來的主權，形成政府；而盧梭的契約論卻是兩方訂約，沒有第三方承受！這就是阿爾圖塞抓住的第三隻馬腳——契約承受方（Reci pient Party）不在場。圖示如下：

霍布斯契約式

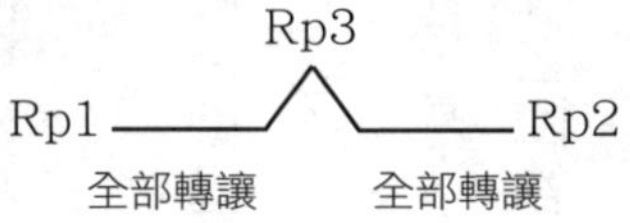

盧梭契約式

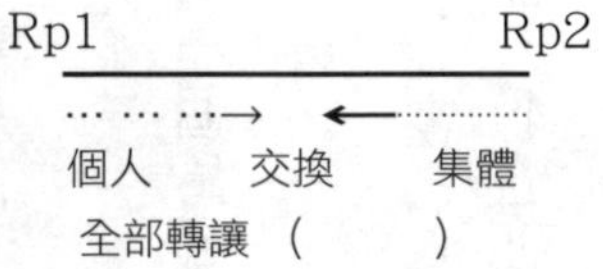

對照上圖，很快就會發現：如果說與洛克相比時，盧梭契約行爲中的第二方（RP2）暴露出模糊不清的游移性，那麼與霍布斯相比時，盧梭契約行爲中那一更爲重

要的主權承受方（RP3），則乾脆隱匿不現了。無怪西方有學者挖苦盧梭，說他的主權轉讓說是個「沒有守門員的球門」。

在這裏，人們自然發生第二個疑問——

權力全部轉讓後，竟無第三者具體承受，政治國家的制度層面如何安排？

這也是對比霍布斯的大契約論以後，盧梭的大契約論思想同樣令人不安的第二個地方。

面對上述兩大問題，按盧梭道德救贖之初衷，他可能這樣回答：

1、個人權力全部轉讓，是爲了克服政治生活的「劇院異化症」；中無RP3是避免「它者」出現，將主權割裂爲代表與被代表者兩大疏離部分；權力全部轉讓後，形成社會的德化狀態，本身就是爲了化合小我，談何個體存在、社會利益的單位空間？

2、權力轉讓確有承受者，那就是道德生活的共同體——「公共意志」。只有這個公共意志，才是主權合乎道德合法性的唯一表達者，執行者。之所以取消有形的RP3，就是爲了保障主權在民、主權不被分割、不被壟斷在第三者手裏，形成歷史上政治國家凌駕於社會之上的異化局面、不道德局面。

在盧梭的邏輯言路裏，個人存在空間之喪失看來已是不爭之事實，他本人亦坦陳這一點。值得進一步討論的是RP3——主權承受者，它是以制度形態出現？還是以個人人格形態出現？我們先討論前一問。後一問將留待後一節處理。

我們回頭看英國學派的理論。在那裏，提不出盧梭這類道德政治觀、美學政治觀，卻提得出一個平庸而又實際的邏輯前提——制度化層面得以安排的邏輯前提：主權授、受雙方會否衝突？如果衝突，有何技術手段予以解決？

霍布斯回答：會發生衝突；但那必是訂約者悔約，主權承受者RP3可自上而下合法鎮壓之。於是，在霍布斯的那個RP3層面就發生絕對王權之制度性安排；

洛克回答：有磨擦，但不會衝突，或者事先已有可能化衝突為磨擦；RP3層面不是寶塔尖，而是市民社會汪洋大海中的孤島，孤島受外部制約，又有內部權力平衡牽制，不會把磨擦惡化爲衝突。於是，在洛克的RP3層面也就發生有代議制、憲政制之類的制度性安排。

但是盧梭這裏，上述邏輯圖式卻是顛倒的。盧梭的話語系統提得出政治的道德審美觀，卻提不出政治的制度性操作安排或技術性手段安排。他失落的是整個國家形態的制度安排：

1、霍布斯的回答是多餘的。公共意志不是人格化的君主或某一行政權力，而是小我的良心聚合與逐級放大。從小我聚合到大我形成，整個過程是同一質的化合放大，最後結果是透明、同一的道德板塊，並無「它」者雜質出現，公民怎麼可能反對公民自己？

2、洛克之回答也可取消。各項權力俱已道德化，怎麼可能、又有何必要以道德共同體的這一部分制約另一部分——無論是外部制約還是內部制約？

在這裏，我們如果需要某種形象隱喻來概括上述三人對RP3——政治國家的理論設計，那麼蒂利希在《政治期望》一書中正好提供了這三種隱喻，移用過來，十分切合：

霍布斯的國家是一個「魔鬼」。儘管霍布斯曾說過國家是一個「終有一死的上帝」，但我們不得不說，國家很像一個不願去死的魔鬼；

洛克的國家則是一個「看守人」。它是一個庸俗的人間象徵，不具有任何聖化的意義。它只具有消極的世俗功能，不承擔高尙的精神事務。精神事務、靈魂活動乃至功利分配，都屬於它從外部加以保護的市民社會。它只看守被看守者，絕無能力侵入被看守者，更無奢望全盤改造被看守者；

盧梭的國家是一個「世間的上帝」。它是一個神性的象徵。它是作爲精神價值的承擔者獲得神性的。它的存在方式確如上帝之存在方式：它不可能作爲物化形式存在，存在爲一種制度系統或科層制結構，它只能以一種精神形式存在，存在爲一種價值形態、理想系統。作爲可視對象，它是被否定的，正如上帝不能有形、現形，作爲可感覺對象，它是被肯定的，正如上帝萬能，全視全覺。它比霍布斯坦率的地方在於，它從來不羞於承認自己的永恆性——終無一死。

至於神性承擔者如何通過奇理斯瑪型[28]統治形態，從上帝轉化爲嗜血者，突然與霍布斯接通，這個「道高一尺，魔高一丈」的悖論，我們將會在法國革命後期雅各賓專政可歌可泣的史實中看到詳細情形。

很顯然，盧梭的政治國家是個霍布斯與洛克的對待之物，它在兩個方面都以與英國學派的對待之狀而存在，正好滿足盧梭對英國學派的對抗式：內部不作霍布斯式的制度安排，外部不作洛克式的邊界限定。這個獨具盧梭風格的巨無霸，一旦從理論形態進入實踐形態，將會出現什麼局面？

1、在常態情況下，政、教合一，政、社合一。政治國家的邊界無限擴張，淹滅市民社會，更淹滅個人存在。此時可謂有道德國家熔鑄一切，無市民社會利益分殊；

2、在非常態情況下，政治參與突然擴大，國家內部無制度層面可以吸納、約束，只能聽任參與擴大走向參與爆炸，走上革命一途。此時可謂有市民社會參與突起，無政治國家制度約束；

兩種局面，都是道德災變（moral catastrophe）——道德理想國的災難性狀態。在這個至善王國裏，個人存在始終沒有立足之地，制度安排亦無法落實，只有道德的日常狀態與道德的非常狀態交替出現，週期震盪。整個民族的近代化轉型，難矣哉，難於上青天。政治國家與市民社會以中間無數個人犧牲爲戰場，進行一場推移往復的道德戰爭，要麼是前者吞沒後者，要麼是後者沖毀前者，幾經震盪，最後兩敗俱傷，剩下的只是一堆道德理想國的殘垣斷壁。

而這樣的週期震盪，推移往復，既穩定不住政治國家的憲政權威，又穩定不了市民社會的自治機制，恰恰正是我們在後一部分論述中將要看到的法國革命情景，以及在這場革命中所形成的法蘭西政治性格的典型概括。

五、第三者統治與第四種法律——內心統治法

在這一節裏，我們將討論第一節抽出的這一問題：那個可疑的牧羊人——「敢於爲一國人民創制者」；並回答前一節留出的那一問：公共意志不具制度形態，又將以什麼形態出現，依靠什麼法律進行統治？

將這兩個問題並聯，並不僅僅是本書作者的人爲安排，而是清理盧梭邏輯脈絡的客觀結果，而一旦這兩個問題並聯在一起，無庸本書贅言，盧梭在社會契約推演

過程中所模糊的RP3——第三者，將在實踐中出場，其人格化的面目，也就從朦朧中逐漸顯現出來。

第三者的需要，首先來自公意從眾意中產生這一過程的神秘性。公意與眾意的區別，盧梭說得清楚。但是公意如何產生，產生後既高於眾意、甚至對立於眾意、然而最終又能爲眾意接受？盧梭語焉不詳。他寧可進入神秘狀態，也不願進入英國學派的技術狀態。

能夠解決神秘問題而不是技術問題者，必是天賦神性者，至少是一個先知型半人半神者。這樣的人物俯視眾生，只聽從內心的天召（calling）。而他個人的內心聲音經過廣場放大，卻能對全社會產生暗示性催眠效果，使眾生在集體催眠中進入入巫麻痹狀態。用盧梭的話來說，就是「不知道德的道德狀態」。這樣的人物只能是韋伯理論所分析的奇理斯瑪型統治者。

盧梭當時尚不知奇理斯瑪。但是，在他對「公意立法者」的具體描述中，一個奇理斯瑪人物原型已呼之欲出：

1、奇理斯瑪的必要：

公意永遠是公正的，而且永遠以公共利益為依歸；但是並不能由此推論說，人民的考慮也永遠有著同樣的正確性。……人民是決不會被腐蝕的，但人民卻往往會受欺騙，而且唯有在這時候，人民才好像會願意要不好的東西。

人民永遠是願望自己幸福的，但是人民自己卻並不能永遠都看清什麼是幸福。公意永遠是正確的，但是那指導著公意的判斷卻並不永遠都是明智的。……個人看得到幸福卻又不要它；公眾在願望著幸福卻又看不見它。兩者都同等地需要指導……正是因此，才需要一個立法者。

總之。簡直是需要一種神明，才能為人類制訂良好的法律。[29]

2、奇理斯瑪的地位：

立法者是非凡人物。這一職務創造了共和國，但又決不在共和國的組織之內；它是一種獨特的、超然的職能，與人間世界毫無共同之處，「就像是一個牧人對他的羊群具有優越性那樣」。[30]

3、奇理斯瑪的職責

> 公共權威取代父親地位，並履行父親的重要職責，通過履行他們的責任，獲得他們的權力。[31]
>
> 政治實體來自個人，可以被認為是一種實體，是有生命的，類似人的生命一樣。主權力量代表著頭腦，公民則是身體和組成部分，使得這一機構能夠運轉、有生氣，並且工作。[32]

這就是盧梭最滿意的第三者統治，一個在公共意志中時隱時現的奇理斯瑪。它依靠什麼進行有效統治？奇理斯瑪的內在邏輯排斥制度層面的操作規範，促使盧梭走到十八世紀通行的法律三分法後面，再摸出一個第四種法律，即政治法、刑法與民法後面的「內心統治法」——「在這三種法律之外，還要加上第四種，而且是一切之中最重要的一種；這種法律……是銘刻在公民的內心裏；它形成了國家的真正憲法，……它可以復活那些法律或者代替那些法律。……我說的就是風尚、習俗，而尤其是輿論；這個方面是我們的政論家（按：指孟德斯鳩）所不認識的，但是其他一切方面的成功全都有繫於此。這正是偉大的立法家秘密地在專心致力著的方面了」。[33]（著重號我加的）

所謂輿論，就是社會成員不自覺的道德狀態。一七六四年科西嘉人要求盧梭給他們制定一部憲法，盧梭的回答是：「我不向他們鼓吹道德，我也不強令他們服從道德，然而，我將使他們置於這一狀態——他們服從道德，卻對道德一詞不知不識」。[34]

這種「不知不識」的道德狀態，是政府調控輿論的產物。盧梭《致達朗貝爾信論觀賞》中說：「通過什麼手段，政府才能掌握道德行爲？我的回答是，通過公眾輿論。如果說，我們在隱居狀態下的習慣來自於我們自己的天良，那麼在社會狀態下，我們的習慣則來自於公共輿論。」[35]

在《論政治經濟學》中，盧梭說得更爲露骨：「如果說，能夠按照人們本身的狀態去驅動人們是高明的話，那麼，能夠按照需要他們成爲的樣子去驅使人們，則更高一籌。最高的權威是能穿透人們內心的權威」。[36]反過來，針對英國政治學派和英國政治制度，盧梭鄙夷地說，只有道德崩潰，統治者才「不得不求助於他們稱之爲**國家制度和內閣的訣竅**種種不足道的卑劣伎倆」。[37]

盧梭顯然認爲，統治權力的合法範圍不能局限於公民外在行爲的約束，而應深入一步，深入公民內心深處，管理公民內心的道德活動。第四種法律是軟性法、不成文法，但是它比前三種硬性法、成文法更爲重要。從消極意義說，它是奇理斯瑪得以存在的根本大系，是安危所繫之生命法、根本法；從積極意義而言，它似乎又是一場統治形式，統治範圍的革命，革「政治」的命——它第一次把統治合法性建立在公民良知的道德批准上，它第一次把統治領域從公民的外在行爲擴及到公民的內心狀態，把「政治統治」改變爲「道德統治」……

盧梭的這一步深入，是他政治哲學越界築路所邁出的步伐中最爲冒險的一步，意味著他與英國政治學的根本決裂：前者是道德政治學，後者是行爲政治學；前者涉指人的內心世界，後者僅限於人的外在規範；前者之國家改造社會，後者之國家「看守」社會；前者要求政、教合一，後者要求政、教分離。按照泰納的說法，盧梭的國家「是一個世俗的寺院」，「在這個寺院裏，個人一無所有，而國家則掌握一切」[38]：國家管教育、管信仰、管觀念、管精神世界發生的一切，直至接過教皇、教會的所有管轄範圍，重建一個不穿袈裟、不設主教的教會。

所有這一切的惡果，我們將會在第二部分羅伯斯比爾悲劇般的實踐中看到。歷史證明，政治哲學的這一步冒險，在理論上可以看作是有審美價値的飛躍，在實踐中卻恰恰是它走上自殺階段的開始。

六、從道德理想走向政治神學——一個「暗含『魔心』的教士」

盧梭政治哲學之後，雅各賓專政曾有一次急風暴雨的實踐；法國革命之後，歐陸政治哲學在不同國度不同時代還有幾次重大的實踐機會。所有這些實踐有諸多不同，但是一個共同的走向卻十分明顯：從道德理想的高尚起點，走向觀念形態的封閉結局。

共同的實踐性格來源於共同的邏輯基因。我們總結盧梭政治哲學的推演，可以看到下列六個遺傳密碼，在後世觀念形態中總是逐次出現：

1、倒果爲因，觀念先行，政治思維神學化。

盧梭《社會契約論》中有一段文字，非常重要。令人費解的是，這段文字迄今未見任何中文論著引用：

> 為了使一個**新生的**民族能夠愛好健全的政治準則並遵循國家利益的根本規律，便必須**倒果為因**，**使本來應該是制度的產物的社會精神轉而凌駕於制度本身之上**，**並且使人們在法律出現之前**，**便可以成為本來應該是由於法律才能形成的那種樣子**。這樣，立法者便既不能使用強力，也不能使用說理；因此就有必要求之於另外一種不以暴力而能約束人、不以論證而能說服人的權威了。[39]（著重號是我加的）

它表明盧梭陷入了這樣一種邏輯循環：既然「一切從根本上與政治相聯繫」，

最優秀的人總是由最優秀的政治制度所塑造，而最優秀的政治制度又總是由人來制定，到底是雞生蛋，還是蛋生雞？

在今天看來這是極其稚嫩的一個邏輯循環。但在十八世紀，卻是一個困擾著幾乎所有啓蒙思想家的重大問題，以致卡西勒評價說，「這裏裸露著十八世紀思想生活的心臟」。[40]馬克思主義經典作家後來總結這一時代的總病症，說是「意見決定一切」，應該說打中了要害。

正是從解決這一問題的角度，馬克思引進了實踐性這一重大觀點，以打斷這個循環往復的邏輯怪圈，對十九世紀後期的思想史產生巨大影響。但在馬克思以前，十八世紀人們只有兩種選擇方向：一是伏爾泰、狄德羅等人堅持的屬人的方向：由人產生的問題只能由人自己解決，並由此設計了種種世俗的理性普及的教育方案。儘管這一方向帶有濃厚的「意見決定一切」色彩，但是它畢竟是屬人的「意見」，其最終前途會與英國式的經驗理性合流，拒絕神性的干預。

盧梭與他們共有這一困擾人心的問題，但是他把這一問題大大地尖銳化了，尖銳到同時代人心理難以承受的程度，以致他自己也不能承受，不得不摸索上另一個屬神的方向：向屬人世界的邊界外面伸出手去求援，求援於神性的干預，求援於「另外一種不以暴力而能約束人、不以論證而能說服人的權威」。這「另外一種權威」，只能是類似於牛頓世界的那個第一推動力——從外面踢進來的一腳。只有讓上帝踢一腳，牛頓的世界才能從靜止走向運動；也只有讓神性踢一腳，盧梭的世界才能中斷平面循環，躍上新的一環。

儘管盧梭排斥牛頓的物理世界，但在這一點上，盧梭的屬神方向只能向牛頓靠攏。也正是在這一點上，康德說：「從牛頓和盧梭以降，上帝得到了辯護，教皇的論點變得真實了」。[41] 老康德巨眼識慧，他比同時代人更準確地點到了盧梭思想中的神學化要穴。

2、政治神學化在統治者一端，首先呼喚奇理斯瑪。

從外面踢進的一腳，其硬性的方面，就是設立一個雄踞於世俗社會之上的超人統治。盧梭浩歎：「它既是一樁超乎人力之上的事業，而就其執行來說，卻又是一種形同無物的權威，要爲人類制定法律，簡直是需要神明」。[42]

在沒有神又需要神的地方，只能選擇由人而神。「但是並不是人人都可以代神明立言，也不是當他自稱是神明的代言人時，他便能爲人們所相信。唯有立法者的偉大靈魂，才是足以證明自己使命的真正奇蹟」。[43]

二百年前的盧梭尚不能明言這種「立法者」，就是二百年後韋伯所說的「奇理斯瑪」；但是，韋伯雖知「奇理斯瑪」，卻也沒有理清「奇理斯瑪」與「政治神學化」之間的邏輯聯繫。唯有盧梭依仗他理論的徹底性（不存在體系斷裂，只存在概念混亂，但在概念混亂下確實有邏輯脈絡可循），敢於把他的道德救贖理想推到底，在屬人世界的盡頭，在人、神世界的交接面上，給出了「奇理斯瑪」與「政治神學化」之間的邏輯聯繫；而在盧梭之後，以生命人格投入這一邏輯聯繫，使之現出神性人身的具體形象者，僅以法國革命而論，即已層出不窮：前有「美德羅蘭」，中有「人民之友」馬拉，後有「不可腐蝕者」——羅伯斯比爾，等等。

3、政治神學化在被統治者一端，必須設立公民宗教，或意識形態控制。

從外面踢進的一腳，在統治者一極是設立奇理斯瑪，在被統治者一極的邏輯對位，是設立世俗性宗教：「這種超乎俗人們的能力之外的崇高道理，也就是立法者所以要把自己的決定托之於神道設教的道理，爲的是好讓神聖的權威來約束那些爲人類的深思熟慮所無法感動的人們」。[44]

盧梭活著的時候，就已給這種宗教取定了名字——「公民宗教」。他規定：「要有一篇純屬公民信仰的宣言，條款應由主權者規定。它雖然不能強迫任何人信仰它們，但是它可以把任何不信仰它們的人驅逐出境；它可以驅逐這種人，並不是因爲他們不敬神，而是因爲他們的反社會性。……」[45]這裏的「反社會性」當然不是指盧梭本人那樣的「反社會性」——「從外面踢進一腳」的「反社會性」，而是指經過道德重建以後的至善社會裏，敢於持不同意見者。對於這樣的不同意見者，盧梭「從外面踢進的一腳」是絕對不寬容的：

> 我們不可能和我們認為是要墮落到地獄裏去的人們和平共處，愛這些人也就是仇視懲罰這些人的上帝了；我們必須絕對地要麼是挽救他們，要麼是折磨他們。[46]

盧梭去世以後，羅伯斯比爾曾不折不扣地制定過信仰宣言，設立過公民宗教。羅伯斯比爾去世以後，歐陸政治哲學流播的國度，先後都出現過類似公民宗教的意識形態控制體系。從神學政治論和政治神學論，從公民宗教到意識形態，世俗化的程度在變化，不寬容的歷史性格卻是一脈相承，沒有變化。

4、政治神學化流被大眾，全社會沉浸於在俗而又離俗的政治狂歡節氣氛。

上有奇理斯瑪，下有世俗宗教，兩者夾擊，足以擊穿中間任何科層安排與個人隱私空間。民間出現價值理性壓倒工具理性、道德救贖壓倒功利經營的奉獻熱潮；危機刺激起大眾參與，參與爆炸變危機爲盛大節日；個人空間徹底曝光，社會空間淹沒於政治化、道德化狂潮；奇理斯瑪高唱入雲，大眾隨之超凡入聖，一時間一人得道，雞犬升天；偉業與暴行並舉，英勇與殘忍並生；市場變爲廣場，廣場上集會不斷，所有人從廚房奔向廣場，廣場變成了持久的教堂；鐘聲長鳴不已，整個社會進入彼岸天國，天國即將在人間實現——

所有這一切，用法國社會學家杜爾凱姆語言來說：「這裏真正地變成了一個特殊的世界，一個和他平時生活的世界完全不同的世界，這個充滿了各種特別強大的力量的環境完全佔有了他，使他變成了另外的人。這種經驗，特別是一連幾個星期每天都要重複一次的經驗，怎能不使他相信確實存在著兩個性質完全不同的無法比較的世界？一個是他天天無精打彩地生活著的世界，相反，另外一個是，只有在他接觸到這種特別的力量，使他像觸了電一樣直到瘋狂程度時，才能進入的世界。前者是世俗的世界，後者是神聖事物的世界」。[47]

盧梭念茲在茲、魂牽夢縈的道德理想國，不就是這一持久不衰的革命狂歡節狀態？所有這一切動人的景象，人們記憶猶新，它第一次出現，是在一七九三年的巴黎街頭，它以後反覆出現，則是一七九三年思潮所經過的各國首都革命「一天等於二十年」的狂歡場面。

5、政治神學化追求單一、透明的道德淨化，形成對外封鎖、對內封閉的閉鎖孤立格局。

前已述及，盧梭對異體間隔有著極其敏感的心態反應。這種心態有助於哲學理論

「異化論」的發現和深入，若進入政治實踐，則產生相反效果：時間上拒絕時代進步，空間上拒絕世界文化共同體，難免走上閉鎖局面。他在給波蘭政府建議時說：「對於波蘭人的感情要給予另一種導向：你們要給他們的心靈烙上民族的面貌特徵，以區別於其他民族，使他們不致混合於其他民族，這樣才能保持幸福並團結他們」。[48]

論述世界史上民族匯合的過程，他持否定態度：「羅馬的傾覆，大批蠻族的入侵，造成所有民族的融合，毀滅了各民族的道德和習俗；十字軍東征、貿易、尋找印度、航海、長途旅行，延續並加劇了這一混亂」。[49]

論及白人進入非洲的歷史過程，他甚至這樣說：「如果我是那些黑人民族的領袖，我將發誓，在國家的邊界上豎起一個絞刑架，在那裏，我將毫無例外地絞死任何一個膽敢進入我國的歐洲人，以及任何一個膽敢離境的第一個本國公民」。[50]

這種閉鎖傾向，在雅各賓專政後期曾經出現。羅伯斯比爾把英國與法國的民族之爭，上升爲腐敗與美德的道德之爭，用道德語言來指導法外交政策，就是這種閉鎖心態的反映。

6、政治神學化惡化國內政治紛爭，政治鬥爭道德化，出現道德嗜血症。

一七六二年六月十日，盧梭在逃亡途中讀到《聖經．士師記》最後一章以法蓮山的利末人的故事，爲此激動，並創作了以此爲題材的詩篇（事見《懺悔錄》第十一章）。他說這是他一生中最喜愛的作品，曾以此寬慰自己受迫害的心情。

正是在這種「寬慰自己」的幻想中，出現了道德報復的血腥之氣。《利末人》的開頭是「道德遭到了狂暴的侵犯」，結尾是一場道德報復的大屠殺，殺死二千六百人。盧梭稱其中心思想是，一個道德受到污辱的民族如何團結一致，報復它的仇敵。

這種道德嗜殺的傾向在盧梭的其他作品中如低沉的背景伴奏，在背景深處反覆響起——首篇論文中以先知法布里希烏斯重返人間的狂怒口吻說：「折毀這些劇場，打碎這些大理石像，炸掉這些繪畫，趕走這些奴隸……」[51]

《科西嘉憲法草案》中說：

要保存國家就不能容忍他，二者之中必消滅一個；當邪惡者被判處死刑時，他已不是一個公民，而是一個敵人……。[52]

《懺悔錄》結尾處：

如果還相信我是個壞人，那麼他自己就是一個理應被掐死的壞人……。[53]

對待政治生活中的差異，經驗政治學是徹頭徹尾的世俗立場。差異雙方都是世俗中人，只存在是非之爭；即使有善惡，也不存在善、惡必爭：「惡就存在於善的本身；我們無法消滅這一個而不同時消滅另一個」（狄德羅），[54] 因此，雙方只能以對方的存在爲己方存在的前提，爲己方的存在方式。

先驗政治哲學從彼岸而來，把此岸世界道德化，因而此岸世界裏的差異，都具有道德內容，凡有是非之處，必有善惡之爭。既有一方是道德的，那麼另一方則必然是非道德的、甚至是反道德的。

在經驗政治學以是非之爭處理的地方，先驗政治哲學總能發現爲善爲惡的道德內容，必引進道德法庭嚴加審判：是者爲德爲美，非者爲惡爲罪。是者道義熱情高漲，非者爲爭取自己的合法存在，也反激起同樣的道義熱情，回過頭來審判另一方，雙方俱以消滅對方爲己方存在的前提，爲己方的存在方式，所謂法蘭西政治的「內戰」性格之所以發生，邏輯機制可能就在這裏。

在這一邏輯作用下，整個民族發生道德災變，政治色譜簡化爲黑白兩色：政治鬥爭被道德語言磁化，社會世俗利益的正常衝突不能表述爲正常的政治論爭，而是表現爲準宗教衝突，善惡必爭，你死我活。道德法庭代替理性法庭，政治鬥爭換算爲道德鬥爭，全民族出現道德內戰，輪番絞殺，直至把雙方的精英代表全部推上末日審判。道德理想走上道德恐怖、道德嗜血，神與人兩岸對抗的歷史，轉化爲人與人對抗的此岸歷史……

以上所述，恐怕是人類自有政治思維以來最爲驚心動魄的一頁。在本章開始的地方，盧梭一聲長嘯——「人類生而自由，卻無往不在枷鎖之中」——曾打動人世間多少善男信女？到本章結束的時候，盧梭已構築完畢他道德理想國的「世俗寺院」——伏爾泰冷言譴責這座「寺院」爲「教士與帝國一致的制度，是最可怕的制度」。[55]這座寺院當會響起雅各賓主義的起義警鐘，響起羅蘭夫人的仰天長泣：「自由、自由，多少罪惡假汝之名而行？」不消多久，一個救世教士轉化爲思想殺手，人們終於發現，他確實是個不平凡的教士——是個「暗含魔心的教士」。儘管他本身並不自覺，儘管他自認教士之心只能是聖人之心。

柏拉圖承認：「偉大的事物，都是危險的事物。」[56]聖心翻轉即魔心。盧梭的心在聖殿，盧梭的手卻伸向了斷頭台。

七、道德與國家相聯——政治哲學與政治學錯位

爲什麼盧梭會從道德救贖之宏願走向「世間上帝」、「世俗寺院」，直至那一令

人不安的「斷頭台」？

應該說，道德救贖與後面三者沒有必然聯繫，只有或然聯繫。但是一旦建立起下面這兩個仲介環節，道德救贖就不可避免地滑向「上帝寺院斷頭台」的懷抱。

1、道德與國家行政權力相聯，換言之，神學與政治相聯；

2、政治學錯位為政治哲學，換言之，政治學概念轉換為政治哲學概念。

這就回到我們在第一節抽出並留待此處處理的那個問題了：盧梭哲學中的語言轉換。這也符合盧梭的風格：最後的結論總要退回至最初的起點。

阿爾圖塞對盧梭作結構主義分析，曾發現盧梭社會契約論中有四處「裂縫」，是靠概念遊戲偷越過去的。阿爾圖塞到此為止，沒有挖掘概念遊戲後面更深一層動因：盧梭有一場政治哲學與政治學之間的語言轉換。

繼阿爾圖塞之後，一批後結構主義者亦稱解構主義者德里達、德・包曼等人，從能指與所指[57]互動這一語言學角度，又一次切入盧梭問題，作出很多語言哲學切片研究的嘗試。如德・包曼曾抓住《懺悔錄》中盧梭對他幼年偷竊一根紅絲帶又反誣他人所為這一事件的辯詞，跟蹤追尋，層層剝離，最終發現盧梭語言中有一種能指轉移的癖好：總是把事實判斷換為價值判斷，再以價值判斷抽離事實判斷，從中得以自辯。[58]

但是，這批解構主義者對盧梭問題的切入，角度偏窄，偏於他個人心理層面，切入雖深，切角卻窄，又忽略了阿爾圖塞抓住的政治哲學方向。故而以偏概全，結論雖然精緻，卻失之偏頗，不能偏信。然而，他們所開拓的語言解構的新方法、新視野，卻值得借鑒和重視。

前面說過，從盧梭的「抗英情結」中，可以分離出政治學與政治哲學的兩個層面。政治學功用與政治哲學之價值，進入社會過程後，可以耦合爲某種綜合效果。但在學理層面，卻各有定位，各有邊界。政治學定位於事實世界，以經驗理性討論事實判斷；政治哲學定位於價值世界，以先驗理性討論價值判斷。兩者進入社會合力過程，可以互相補充、互相解毒，構成健康張力，但在學理討論時應有清醒的邊界意識，不能互相篡位，以此代彼，或以彼代此。

由此，又發生學者的角色定位：兩種學者身分可以選擇，但一經選擇，就各自承擔定位以後的社會功能，也不能以此代彼，或以彼代此，這也是一種邊界意識。但是，盧梭顯然對這兩種邊界都缺乏意識。

1、盧梭面向中世紀而立，他始終不能接受身後的時代變遷：政治學通過英國學派的自覺、不自覺摸索，正在突破神學、倫理學的母胎，發育成爲一門非價值化的獨立學科。與此同時，政治哲學接受神學、倫理學的遺產，發育成爲另一門價值化的獨立學科。政治學與政治哲學的分野，是近代社會世俗化、分殊化在學科類別劃界分工的正常反應。

然而，盧梭卻背道而馳。用他自己的話來說，他一生堅持「把政治與道德聯繫在一起」，貫注於理論運思，就是一生堅持「把價值判斷與事實判斷聯繫在一起」，而且是努力以前者取代後者。這樣，他對神學政治論的中世紀遺產，就不是有邊界意識的分流接收，而是無分界、無分流的整體接受；其間雖經過世俗化的改造，但是這樣的改造，也只能是把神學政治論整體改造爲政治神學論，把彼岸的上帝改造成爲此岸的、世間的上帝，由此開闢一個後神學時代——意識形態 ideology 時代。

2、盧梭思想在起步時，前半段（《論科學與藝術》、《論人類不平等的起源和基礎》等）充滿憂患。人類在脫離自然狀態進入社會狀態後的歷史性異化，使他坐立不安。那種超乎常人的道德敏感使他走在了同時代人前面，提前發出了人類異化的預警報告，這一警告經黑格爾、費爾巴哈、青年馬克思、海德格爾、薩特，歷時二百年才匯成二十世紀系統的文化批判、社會批判理論。儘管他發出這一警告的姿態是前傾後顧的複合姿態，卻正應《聖經．新約全書》所言，那走在最後面的人，恰是走在最前面的人。盧梭思想的這一功績不該埋沒。

但是，盧梭並未止步。他的可愛之處也就在他的可怕之處。到了後半階段（《社會契約論》、《致達朗貝爾——論觀賞》等），他逐漸發出了另一種聲音：要求政教合一，要求國家控制人的內心、公共輿論、道德生活，建立意識形態，禁絕社團黨派……等等。如果說第一種聲音來自他內心的不安，那麼這後一種聲音則引起同時代人的不安了。這一部分聲音可能正是二十世紀某種極權理論的預警信號。

這兩部分理論之間（也就是本書第一章和第二章）的背反，還有沒有內洽邏輯環節？答案是肯定的。前後呼應的環節在於：盧梭對歷史已然狀態的懷疑，使他產生對社會自發狀態、社會自發演變的強烈不信任心理；而返回森林的道路已經遺忘，人類的社會化狀態已不可避免；為了避免社會化走向異化，就必須切斷社會自發性流變；正是在這裏，他對重經驗沉積的歷史進步觀投以最鄙夷的眼光，把視線投向了政治國家——這一社會狀態的唯一對待者、控制者、改變者。

他把所有的道德要求都寄望於國家，由國家承擔過去由教會承擔的責任，為社會道德立法；同時，又在國家之上安排了那隻看不見的「上帝之手」，使之反過來接受道德監察，在督察道德化過程中實現國家本身的道德化。這就是盧梭以道德化合國家與社會於一爐的社會化學工程，也是盧梭所有政治運算的如意算盤。

如此一來，這個潛在的無政府主義者，在道德理想主義實踐要求的推動下，無意中轉過了身子，成了一個最強烈的國家主義者，政治全能主義者。走在最前面的人又成了走在最後面的人：他的這方面理論，聽上去活像中世紀在教俗之爭中曾反覆出現過的教會一方的政教合一論。天才的「異化」理論本身也未逃脫「異化」的作弄——異化論本身發生了異化。

3、在上述背景下，自然發生一場語言大轉換：盧梭政治語彙的道德磁化現象，[59]幾乎所有的政治概念都經過道德磁化處理：以道德詞語討論政治命題，以價值判斷取代事實判斷，以倫理審美代替制度安排。如第五節一開頭引述盧梭的那段道德理想國的「進路」：共和國、共同體、政治體、主權者、國家、人民、公民、臣民，八個政治學最基本的概念，皆受道德磁化處理，轉換爲道德語言來討論，成爲語言轉換的一份高密度標本。

這樣，盧梭政治哲學表面上呈道德—政治的寬泛貌，內裏卻陷於道德詞語的無邊界討論。無邊界討論表面熱烈、嚴密，翻過來一看，很可能是政治學的一個巨大「空洞」：幾乎無一處有嚴格意義的政治學討論。這種政治學的「無」，我們暫稱爲：政治學的失位。

4、政治學的「無」，又有一個「有」的表現形式：以政治哲學的錯位掩蓋政治學的失位。如前所述，盧梭政治學是盧梭政治哲學的越界築路。越界築路在語言轉換中的表現，就是「鵲巢鳩佔」，侵佔政治學的應有地位。如此一來，政治學討論似乎處處存在，實際上卻是處處被占；政治哲學處處到位，然而一到位，就錯位，處處到位，處處錯位。這種現象，我們可暫稱爲政治哲學的錯位。

「錯位」與「失位」互爲表裏。「失位」爲「無」，「錯位」爲「有」。對政治學而言，虛假的「有」比單純的「無」更爲有害。因爲還有一個「有」，盧梭可以用錯誤的話語持續一種錯誤的討論，不易察覺「有」之下那個空洞的「無」。這個若有實無的政治哲學的「錯位」與政治學的「失位」，是盧梭失去邊界意識，任意進行語言轉換的必然惡果。這是盧梭政治思想發生邏輯錯謬的一個重要的中介環節。它既是盧梭從道德救贖走向「世間上帝」、「世俗寺院」的語言橋樑，也是一代天才越界築路時露出馬腳的基本原因。

這場語言轉換，是價值判斷對事實判斷的換算，是政治哲學能指對政治學所指的換算。大換算引起大逃亡：政治學所指的制度性操作符號紛紛逃亡，逃離道德理想的瘋狂追捕。就在政治學逃亡所剩的空白地上，盧梭開始營建他的道德理想國——此岸的彼岸天國，在俗的離俗寺院，一個沒有上帝卻有神性的世俗寺院。

歷史終將證明：政治哲學對政治學在學理上的大規模入侵，在政治實踐中，必然「換算」爲政治國家對市民社會的大規模入侵；起於反異化理論的道德理想本身發生異化，從神人同敬的理想試驗國，異化爲神人同泣的道德嗜血國！

註釋：

1 盧梭：《社會契約論》，第二十四頁。

2 轉引自禹工：「啟蒙的歷程——哲學家筆下的啟蒙運動和法國大革命」，上海人民出版社《書林》月刊一九八九年第七期。

3 J．G．梅基奧：《盧梭和韋伯：兩種合法性理論的研究》，第三十二頁。

4 同1第四十一頁。

5 同1第五十四頁。

6 我不同意這種看法。理由見前一章第四節及本章第六節。關鍵在於這一點：盧梭要「改變人性」，改變的是人的社會性，而不是人的自然本性。因此，他前後期的思想並無脫節現象，而是邏輯內洽，前後貫通。

7 盧梭原文另一手稿《紐沙代爾手稿》：「什麼是公共人格？我回答說，它就是人們所稱之為主權者的、由社會公約賦之以生命而其全部的意志就叫作法律的那個道德人格」。

8 同1第二十四至二十五頁。

9 盧梭最初寫作：「公意也就是眾意，這是極其罕見的事」。

10 盧梭原注：「全體的利益一致是由於與每個人的利益相對立而形成的」。

11 同1第三十九頁。

12 同1第一九二頁。

13 同1第一九二頁。

14 「盧梭致波蘭人的立法建議」，《盧梭全集》，巴黎一九六四年版，第三卷第二五四頁。

15同1第四十一至四十二頁。
16同1第四十二頁。
17《盧梭全集》，第三卷第十五頁，譯文可參見何兆武譯本《論科學與藝術》，第十三頁。
18同17第二五四頁。
19同1第二十九頁。
20此處中文版譯文似不確。原文似應譯為「互通聲息」、「聯合」、「聯絡」，比「勾結」語義中性，涉指範圍更為寬泛，因而，也更易引出對此內含專制成分的質疑。
21同1第三十九至四〇頁。
22本傑明．康斯坦特：《古代自由和現代自由》，轉引自約翰．格雷：《自由主義》，台灣桂冠圖書公司一九九一年版，第三十二至三十三頁。
23托克維爾：《舊制度與大革命》，商務印書館一九九二年版，第二四〇頁。
24同17第八十三頁。
25《馬恩選集》，人民出版社一九六六年版，第二卷第九〇至九十一頁。
26盧梭：《愛彌兒》第七〇九頁。
27路易．阿爾圖塞：《政治和歷史：孟德斯鳩、盧梭、馬克思》，英譯本一九八二年版，其中評論盧梭部分亦可參閱《讓．雅克．盧梭現代評論集》，第八十三至一一七頁。
28奇理斯瑪是韋伯政治學的一個借喻性概念。原文charisma，半神半人，天縱英明之意。韋伯用此概括政治、宗教運動中的英雄、先知、救世主，以及圍繞這些人物形成的統治形態。
29同1，第三十九頁、第五十二頁、第五十三頁。

30同1，第五十五頁、第五十三頁。
31盧梭：「科西嘉憲法草案」，同17第二六〇頁。
32同17，第二四五頁。
33同1，第二四五頁。
34同17，第九四八頁。
35盧梭：《致達朗貝爾論觀賞》英譯本，第六十七頁。
36同上，第二五一頁。
37同上。
38泰納：《當代法國的起源》第一卷第三一九頁，巴黎一八九六年版，轉引自卡西勒：《讓．雅克．盧梭的問題》導言，第八頁。
39同1，第五十七頁。
40參見卡西勒：《啟蒙哲學》，山東人民出版社一九八八年版，第四章。
41同上，第一四九頁。
42同1，第五十七頁、第五十三頁。
43同1，第五十八頁。
44同1，第五十七至五十八頁。
45同1，第一八五頁。
46同1，第一八六頁。
47杜爾凱姆：《宗教生活的基本形式》，轉引自雷蒙．阿隆：《社會學主要思潮》上海譯文出版社一九八八年版，第三八〇頁。

48《盧梭全集》第二卷，第九六二頁。

49同上，第九六六頁。

50同上，第九十一頁。

51盧梭：《論科學與藝術》，何兆武譯本第十三頁。

52《盧梭全集》第三卷，第二五七頁。

53盧梭：《懺悔錄》，第八〇九頁。

54轉引自亨利．勒費弗爾：《狄德羅的思想和著作》商務印書館一九八五年版，第二〇一頁。

55轉引自盧梭：《愛彌兒》，第四五五頁。

56柏拉圖：《理想國》註47，497d。

57能指與所指：解構主義語言哲學專用術語。能指即謂語系統表達者，所指即賓語、表語系統被表達者。

58德．包曼的分析見《現代盧梭評論集》一九八八年紐約版，第一九五頁以下。

59「語言磁化」是語言哲學界用語，西方已有學者引用此語，分析盧梭語言的道德化傾向，如布羅姆著《盧梭和道德共和國》一書第二章即題為「美德的磁化」。

第四章 至善論的社會思想：民粹主義

◆再見吧，巴黎，我們離開你越遠越好；城市是坑陷人類的深淵。經過幾代人之後，人種就要消滅或退化；必須使人類得到更新，而能夠更新人類的，往往是鄉村。[4]

——盧梭

作爲利益分殊的載體，市民社會是不存在的；作爲道德理想的聚合，市民社會必須經過民粹道德觀的重建，而重建市民社會的模式，就是日內瓦式的鄉鎮禮俗社會。

飛流直下的思想瀑布，到了這裏，化爲小溪曲徑，幽幽前行。它遠離巴黎的喧囂，向著原野山林延伸，伸入未被都市文明攪動過的處女地：民粹主義的褐色土壤。

一、民粹主義的始祖

一七五六年四月九日，盧梭離開巴黎，進入埃皮奈夫人爲他準備的「退隱廬」。從此，他進入三個方面的「撤離」狀態：從巴黎社交界撤離，從啓蒙學者的沙龍撤離，直至從與泰勒絲的夫妻生活中撤離。

這是一次因爲文化紛爭而引起的個人事件。

但是，歷史學家後來發現，它的「撤離」形式具有重要象徵意義。它預示了盧梭之後，一種集體性的撤離文明、撤離城市運動將會在不同國度、不同年代癲癇性發作，週期性震盪。它的初次自覺實踐，就是雅各賓專政下的文化肅清運動。這一派人自稱山嶽黨人，這不僅是因爲他們無意中聚坐在國民公會的最高幾排座位，還因爲這一名稱具有盧梭式的含義，——「山野居民是道德純粹的居民」。撤離文明社會的反叛，經十九世紀至二十世紀，餘響未息。當代最近的一次「撤離」，當屬一九六八年法國大學生的「五月風暴」。與此同時，中國文化革命中的一個重要內容，也是縱容大、中學生在校園造反，然後再以種種手段誘使或迫使他們「撤離」出腐敗的城市，分赴窮鄉僻壤。

法國革命的最後一浪——拿破崙帝國遠征，是被俄羅斯帝國擊敗的。但是，法國革命的思想，卻流向撲滅這場革命的俄羅斯帝國。而且更具諷刺意義的是，從法國盜得革命火種的第一批人，就是進剿巴黎的第一批俄羅斯軍官。隨沙皇亞歷山大遠征巴黎的青年軍官，下馬與街頭民眾接觸，如受電擊：被他們擊敗的法國革命，原來有如此高尙的道德理想？於是成群結隊，紛紛去盧梭隱居地——愛維爾弗農山莊，在那裏自願接受法國革命的精神洗禮。回國不久，即有十二月黨人之變。事變軍官的貴族出身，與事變綱領中的平民要求形成強烈反差，以致俄國人這樣評價：「從來都是鞋匠們造反，要做老爺；未見過當今老爺們造反，卻爲的是——要做鞋匠！」[2]

在這批要做鞋匠的老爺們造反以後，十九世紀四十年代才有第二代俄國平民知識分子的民粹要求出現：別林斯基、杜勃洛留勃夫等等。他們已改變十二月黨人來自法國的思想面貌，融滙大量本土思想資源，如東正教之遺緒。但是，他們又恰恰到過巴黎，都領受過盧梭思想、羅伯斯比爾實踐之餘澤。一八四一至一八四二年的冬天，別林斯基和他的朋友紛紛閱讀法國革命史，並爭論吉倫特派和雅各賓派的是非。別林斯基成了堅定的俄國山嶽黨人，赫爾岑等人「在睡覺以前不是祈禱，而是閱讀馬拉和羅伯斯比爾的演說。」[3]正是在四十年代這場平民知識分子傳播法國思潮的浪頭後，俄國革命黨人以俄語複述當年盧梭以法語呼喊過的一切，讓．雅克的平民社會觀才獲得了一個舉世承認的學名—Hapog HuIOcmto—「民粹主義」。

差不多與上述事件發展的同時，在法國的另一端，另一種思想脈絡也逐漸發育成熟。柏克肇始的精英主義，流經大、小約翰．密爾父子兩代，英國風格的社會觀念構建成一個完整的體系。一八五九年，小密爾《論自由》一書出版。他反覆思考法國革命自由與平等關係的倒錯教訓，終於得出這一審慎結論：法國式的自由是平等爲先的自由，是個人自由被大眾平等扼殺的自由，必須受嚴格限制；個人自由與大眾平等可以並立，但是一旦衝突，個人自由、個人價値應毫不猶豫佔據平等之先。在此之前，人們只知道一個君王的暴虐，在此之後，人們才總結出法國革命中已出現有一種「多數人的暴虐」——平民暴虐，而「多數人的暴虐」並不亞於「一個人的暴虐」，必須以個人自由、精英價値加以配平、限制。

這就是近代思想史上「民粹主義」與「精英主義」的對抗。民粹主義起於法國，卻得名於俄語：Hapog HulOcmto、英語：PoPulism，原來並無貶義，似可譯爲「人民主義」、「平民主義」。「精英主義」卻源出法語名詞：elite，後變形爲英語elitism，原先有「傑出人物統治論」之嫌，反而易起貶義，後譯爲「精英主義」，色彩逐漸平淡。

可以肯定的是，民粹主義的始作俑者是盧梭，不是俄國那批「要做鞋匠」的青年軍官和平民知識分子。法國人說，誰也沒有像盧梭那樣，給窮人辯護得那樣出色。康德作爲那個世紀「唯一讀懂盧梭的德國讀者」說：「有一時期，我驕倨地想著，以爲知識構成人性的尊貴，我蔑視愚昧無知的人群。盧梭卻使我雙目重光，這虛妄的優越性消失了，我已知道尊視人類。」[4]即使如「要做鞋匠」這樣的準確提法，盧梭也比俄國人早說了一百年：

我絕不願意他（指愛彌兒——本文作者）去做洛克所說的那種文雅的人，我也不願意他去當音樂家或戲劇演員或著作家，我寧可喜歡他去做鞋匠而不去做詩人。5

二、民粹主義的社會觀

德國現代社會學者研究啓蒙時期社會思潮，創立了這一對學理概念：禮俗社會（Gemeinshaft）和法理社會（Gesellshaft）。以此分法可以準確抓住盧梭與同時代人的分裂，概括兩派人不同的社會辯護立場。

中國社會學家費孝通在解釋這兩種不同的社會形態時寫道：

在社會學裏，我們常分出兩種性質不同的社會，一種並不有具體目的，只是因為在一起生長而發生的，一種是為了要完成一件任務而結合的社會。前者是禮俗社會，後者是法理社會。——我以後還要詳細分析這兩種社會的不同。在這裏我想說明的是生活上被土地所囿的鄉民，他們平素所接觸的是生而與俱的人物，正像我們的父母兄弟一般，並不是由我們選擇得來的關係，而是無須選擇，甚至先我而在的一個生活環境。6

很顯然，上述禮俗社會正是盧梭爲之辯護的前現代化社會，盧梭的平民民主觀也正是扎根於這一禮俗社會的草根民主觀（democracy from grass roots）。

一七五八年，盧梭逃出法國，準備返回故土。伏爾泰先他一腳，已蟄居於日內瓦邊境，並獲得了日內瓦居住權，「伏爾泰從不放過任何機會來說些鄙視窮人的話，特別使我（即盧梭——本書作者）生氣」。伏爾泰此時不耐日內瓦的禮俗禁慾生活，又慫恿達朗貝爾利用《百科全書》「日內瓦」條目的撰寫機會，向日內瓦人建議，設立一座巴黎那樣的劇院。盧梭聞訊，怒不可遏，三周內寫完十萬言《致達朗貝爾信——論觀賞》，爲日內瓦禮俗社會免受巴黎文明污染，作出激情澎湃之辯護。這一文本相對他的社會思想，一如《社會契約論》相對他的政治思想，是分析盧梭社會思想的最好材料。

以下六點內容，構成民粹主義思想在十八世紀的一個早期表達式。前四點直接譯自盧梭《致達朗貝爾信——論觀賞》，後兩點歸納《愛彌兒》等著作中類似主張。

第一，鄉鎮自有「會社」[7]聯誼，以維繫禮俗風化：

「會社」（circles）是日內瓦祖傳的民間鄰里聯誼組織，通常以十二至十五戶家庭爲一單位，男女分別聚會活動。它的社會功能有如俄國村社。盧梭對此情有獨鍾，再三辯護：

「讓我們保留會社，即使附帶它的弊端。不會有某種設想的社會生活形式，不比它產生更為有害的結果。此外，也不要讓我們追求某種空想的前景，除非是更有可能適合人的天性和社會的結構。

「會社的參加者誰都不希望也不可能遮掩自己，他們都是公開的、合法的，他們的活動循規蹈矩。

「自然可以想像，婦女們在會社活動裏蜚短流長，背後議論不在場者，更不會放過任何一個漂亮而獲得青睞的婦女。但是，這種令人不快的情況可能好處多於壞處。對這些苛刻的女監視人的恐懼，防止了多少社會的醜事？在我們城市裏，她們幾乎起到了監察官的功能。正是在羅馬的輝煌時期，市民們才一個盯著一個，出於正義的熱情，相互間公開指控；然而，當羅馬變質腐敗後，再也沒有什麼東西留給美德了，除了隱瞞那些醜惡的人和事」。8

第二，鄉鎮生活公開透明，有無數雙監督者的眼睛：

「在大城市裏，道德和名譽蕩然無存。因為每一個人都很容易隱藏他的行為，瞞過公眾的眼睛，只通過他們的名望來表現自己，只因為他們的財富而獲得尊重。在大城市裏，警察再多，也比不上各種娛樂數目的增長，娛樂之多，以及使用娛樂的方法之多，使人不能從各種追求冒險的誘惑中擺脫出來……。

「但是在小城市裏，由於居民少，每一個人都生活在公眾的眼皮底下，生來就是其他人的監視者。那裏，警察能夠監督每一個人，制約人的規範必須遵守。如果有了工業、藝術、製造業，人們必然小心翼翼地防範著，以免產生各種耽於享樂的行為。」[9]（文中著重號是我加的）。

第三，鄉鎮裏的手工業者未受分工限制，自給自足，不仰他人：

「在這個國家，別想有木匠、鎖匠、玻璃匠以及車工能進來。每個人自己就是木匠、玻璃匠、車工，每一種工種都不是為了別人而存在。……說來也真不可思議，每一個人都要把鐘錶生產中所包括的各種技藝集於一身，甚至自己為自己製作所需要的工具。

「絕大多數在巴黎發亮的文學明星，絕大多數有用的發明都來自那些受人鄙視的外省。你在一個小小城市生活一段時間，你馬上就會相信，你發現的全是原生事物。那裏的人比你那些都市的猴子還要靈巧。那裏有一些聰明人，他們的才能、作品令人驚訝不已、油然起敬。真正的天才都是樸素的。他不會工於算計，更不會錙銖必較，也不知道通向榮譽和財富的道路。他從不夢想這些，他無從比較，他所有的元氣、活力都凝聚於他內部。」[10]

第四，鄉鎮裏的小農，是道德職業，天下第一職業：

「農業是人類所從事的歷史最悠久的職業，它是最誠實、最有益於人，因而也就是人類所能從事的最高尚的職業。

在所有一切技術中，第一個最值得尊敬的是農業，我把煉鐵放在第二位，木工放在第三位，以下類推。

應當使他（指愛彌兒——本書作者）具備的頭一個觀念，不是自由的觀念，而是財產的觀念；為了使他獲得這一觀念，就必須讓他有幾樣私有的東西，（那麼第一個私有的觀念是怎樣產生的呢？）是從擁有一塊土地，是從田間農業勞動開始的。

我之所以不喜歡那些沒有趣味的職業，是因為其中的**工人**沒有兢兢業業的上進心，而且差不多都是像機器似的，一雙手只會幹他的那種活兒……從事這種職業的人，等於是使用另外一架**機器的機器**。」[11]（著重號為本書作者所加）

第五，民間道德監督，足以取代法理型科層制規則：

在盧梭的道德理想國，法理型科層制的規則、程序都是不必要的累贅，是人對人統治的物化手段，他認為，不能依靠這些手段來監督官員是否貪污瀆職，統治者應該認識到。

「只有道德是唯一有效的監督，因此，應該放棄所有的帳簿和文件，把財政金融置於真正可靠的人手裏，那才是唯一可靠的運轉方法」[12]。

第六，鄉土禮俗文化是都市文明的解毒劑，底層草根民眾是未受文明腐蝕的美德承載者：

《論科學與藝術》：只有從勞動者那裏才能發現力量和善良[13]。

《論人類不平等的起源和基礎》：理性使人斂翼自保，哲學使人與世隔絕；把撕打著的人勸開，阻止上流人互相傷害的正是群氓，正是市井婦女；人民才是真正道德上的裁判者。人民或許可以欺騙他，卻絕不能腐蝕他[14]。

《愛彌兒》：至於我，我可沒有培養什麼紳士的榮幸，所以，我在這方面決不學洛克的樣子；還是讓我們回到我們的茅屋去住吧，住在茅屋裏比住在這裏的皇宮還舒服得多！[15]

上述民粹主義社會觀，當盧梭在十八世紀初次表述時，顯然還是十分粗糙的。但是，這一粗糙的思想毛坯，到了十九世紀俄國民粹主義思想家手中，已打磨平滑，整合成爲一套系統的理論綱領。[16]到了二十世紀，在後現代文化批判理論中，盧梭上述社會思想的某些部分還獲得了新的發展。如果不考慮這一理論的後來發展，只挖掘它當時的社會經濟根源，人們可以很方便地將其歸類於中世紀破落農民的哀鳴，不屑多顧。如果考慮這一理論後來的發展，尤其是考慮到它脫離當時的社會經濟土壤後，在現代社會又獲得了獨立的理論生命，後人的評價就不那麼簡便、不那麼決斷了。

在社會史、經濟史課堂裏，人們評價盧梭式的民粹主義社會觀時，確實還在沿襲前一種思路。因爲那裏一個再平庸不過的學生，也會讀出盧梭思想的社會性來源：這是中世紀禮俗社會在解體過程中所產生的小農、小手工業者的破產情緒和落伍者的哀鳴，是對抗法理社會進步趨勢的心理毒素，可視爲「奴隸們對埃及肉鍋的留戀」[17]，視爲恩格斯所言「反動的哀歌，只能是因感歎有不可避免的歷史上必然的事物侵入而發生的悲歌」[18]……

但在哲學史課堂裏，同樣的思想則可獲得擊節稱讚。人們認爲盧梭上述思想是反異化理論在社會經濟領域的延伸，是二十世紀工業文明惡性膨脹的一個預警信號。尤其是他對「專業人」、「工人是使用機器的機器」的憂慮，更是人類一種最古老的憂患。在古希臘詞語中，「專業」、「職業」是貶義詞，是「庸俗人」、「畸形人」的代名詞。柏拉圖和猶太先知留下的文獻中，充滿這種憂患。[19]盧梭的貢獻就在於，他又一次把人類的古老遺產援接到近代，向「專業化」、「都市化」的近代社會提前敲響了警鐘。

這兩種價值判斷，幾乎都有存在的理由，而且有理由繼續對峙下去。具有不同價值偏好的讀者，可以在這兩種判斷中任擇其一。但是，在上述判斷的對峙，至少使人們看到了這一現象：先進的時代預言往往是與滯後的落後姿態疊合在一起，超前的哲學理論往往是與落後的經濟學立場疊合在一起。思想史的複雜錯綜，使得任何機械的、僵硬的兩分法在這裏都顯得捉襟見肘，不免尷尬。

指出這兩點，並不妨礙我們接下來分析盧梭思想如何從理論變爲實踐。只是應注意：

1、盧梭民粹主義社會觀表面上是激進的，具有顛覆近代市民社會，進行全盤道德改建的激進外觀，但骨子裏卻是保守的，向後看的，反映出他與中世紀傳統千絲萬縷的聯繫。這一特徵後來表現爲雅各賓專政的社會政策，也是在激進的、與傳統徹底決裂的外觀面目下，潛伏著恢復中世紀傳統的保守內含。法國大革命這種激進與保守相反相成的奇怪面貌，曾經迷惑了很多人。最受迷惑者，當屬那個站在保守主義立場上，對法國革命大發雷霆的英國思想家柏克；

2、盧梭民粹主義社會觀，爲十九世紀社會主義思潮要求消滅城鄉差別，預留了一塊思想酵母；也爲二十世紀法蘭克福學派批判都市單面人，留下一份先知啓示錄；但在他生活的十八世紀具體歷史環境，一旦走入政治實踐，則難免意味著反近代化的逆動要求。他所要求的，是前近代化的「和諧」，是一種原始全面同一，與後現代化要求的「人的全面發展」——在分工充分發展之後，否定之否定基礎上螺旋的向上一環，有著二百年的巨大時差，不可同日而語；

3、盧梭民粹主義社會觀與他道德至善的政治哲學有內在通道。他所要求的風紀監察、輿論劃一、道德監督、所謂「透明社會」，只能是無數雙監視者的眼睛所構成的「透明社會」，只能導致道德員警的氾濫、社會生活的全面管制。這樣透明的「禮俗社會」，與他政治思想中的意識形態控制，內在地扣合在一起。

三、民粹主義的婦女觀

盧梭民粹主義的另一個重要方面，是他的婦女觀。這是由那個時代的特殊氛圍決定的。十八世紀在法國，是婦女生活開始活躍，婦女問題引起全社會關注的世紀，以致有人稱法國的十八世紀，是婦女的世紀。一七八三年馬恩—夏朗科學院懸賞徵文，題目即爲：「什麼是促進婦女教育的最好方法？」

整個啓蒙運動浸淫在濃郁的婦女氛圍中。啓蒙文化是沙龍文化，而沙龍文化的主持者多爲上層貴婦。正是這些沙龍貴婦，給了啓蒙哲士以講壇、聽眾、讀者，刺激他們的靈感和激情，甚至在特殊時刻給予他們保護和避難場所。狄德羅入獄，盧梭首先想到的就是向國王寵妃蓬巴杜夫人求援；盧梭昂然不受路易十五的豐厚年金，卻無法拒絕一個王妃五十金路易的賞賜。這種關係甚至超越國界：伏爾泰在法國有難，德國公主——葉卡特林娜二世遠在俄國也要解囊相助。伏爾泰晚年與狄德羅在俄國女皇跟前爭寵，那種酸溜溜的口氣使人忍俊不禁。狄德羅的名作《哲學思想錄》、《論盲人書簡》，今天成了哲學史參考書目的首選讀物，在當時卻都是爲應付情婦索取，信筆揮成的急就文章；還有，更難以想像的是，傳世之作《拉摩的侄兒》竟會以這樣的語調開篇：「我的思想就像我追逐蕩婦一樣」……

啓蒙哲士與法國上層婦女千姿百態的聯繫，構成了那個世紀巴黎生活特有的社會風俗畫卷。如果說，沙龍婦女在法國思想生活中的活躍身影，前期表現爲啓蒙運動的「保母」，那麼後期則表現爲大革命中的「女禍」——無套褲漢的洶洶怒氣，很大部分是由宮廷生活中的陰盛陽衰所激起；路易十六推上斷頭台，部分原因也是咎由「后」取，與「風流豔后」安東奈特在外交決策中過分介入有關。

盧梭一生在女人是非中旋轉，不可避免地要對婦女問題發言。他對婦女問題所持的奇特觀點，構成了他社會思想的一個重要組成部分。我們從兩個方向進入他的婦女觀，而這兩個方向在現象上又存在著巨大反差。

據《懺悔錄》自述：大約在他八歲時，就已經「經常用一雙貪婪的眼睛注視著漂亮女人」。同一年他在一個少婦的溫柔體罰中初次敏感到被異性責打的快感，從此染上被虐症，終生未得擺脫。造成盧梭心理變態的關鍵時期是他與華倫夫人的生活史。那是一七二八至一七四二年，盧梭十六歲至三十歲，他與華倫夫人同居度過了十四年。後者比他年長十二歲，盧梭真心誠意地稱呼她為「媽媽」。與此同時，他又不斷地與另一位僕役在肉體上分享這位「媽媽」。群居兼亂倫，造成了一個不折不扣的血親相姦幻象，正好滿足佛洛伊德關於戀母情結的那個著名公式。

十六歲正是一個人在精神上的斷奶期，他卻掉頭去迷戀上一位「媽媽」，而且一迷就是十四年。他內心不安，卻不能自拔，從此再不能擺脫罪惡感的糾纏：「我只是得到了肉體上的滿足，有一種難以克服的憂傷毒化了它的魅力。我覺得好像犯下了一樁亂倫罪。」[20]本書第一章第二節所述盧梭罪感意識的由來，很大程度起源於此。

這種罪感意識迫使他把批判的矛頭折向內心，進入準宗教狀態的內心生活，既掘深了他的內心土壤，使得以後落進來的任何一顆種子都能瘋長；同時，也掘開了他與同時代人的裂溝。

盧梭離開華倫夫人後，帶著一顆負罪之心進入巴黎。罪眼看世界，滿世界全是罪惡。從中年到老年，他再也沒有睜開另一雙眼睛看過這個世界，青年時代那段「戀母」經歷造成了沉重的精神包袱，也鑄成他奇特的成功道路。盧梭心是女人心，那顆心在戀母情結中泡脹，充滿罪惡懺悔意識，盈耀欲滴，特別能吸引女人的憐惜。這種變態心理決定了他的讀者群更多的是女人，而不是男人，也決定了他最受歡迎的著作在當時尚不是呼風喚雨的《社會契約論》，而是哀豔惋傷的《新愛洛琦絲》。

據調查過大革命前私人藏書目錄的莫爾內統計，在五百家藏書中，一百七十八家藏有伏爾泰的著作，一百二十六家藏有《新愛洛琦絲》，七家藏有《百科全書》，六十七家藏有《論人類不平等的起源和基礎》，只有一家藏有《社會契約論》[21]。人們常驚歎盧梭竟以流浪漢的身分征服了巴黎，但忘了補上一句，他是通過婦女才征服了巴黎。他首先征服了那個世界的感情部分，然後再試圖征服那個世界的理性部分。他的陰柔之美與女性讀者特有的浪漫氣息款款相通，交相渲染，在法國乃致歐洲文學思潮中散發出並不強烈然而卻是持久的影響。這種影響方式恰與陰性世界的存在方式符合。

盧梭之所以成爲男人的棄子，女人的寵兒，當然不應僅僅看成是性別互補的心理現象。在男性爲中心的社會，文化是男性文化，性別歧視滲透到最細小的一層文化細胞。女性如有價值，也只有美感價值，而且是生理性的美感價值，不具文化意識上的審美價值。

盧梭相反，他與整個社會文化對抗，是這個社會的自我放逐者。他走到了這個社會的邊緣——女性世界，卻找到了足夠的溫情。他一生與許多女人交接，女人們，尤其是法國沙龍的主婦們，以那個世紀特有的感情方式哺育了他一生。從華倫夫人的沙文麥特到埃皮奈夫人的蒙特莫朗，那顆不安的靈魂，只有在女性的溫情哄勸下才能安定下來。女性不僅僅是他的感情源泉，也是他的文化源泉。他確實也欣賞女性在生理上的美感價值，但他更看重女性在文化上的獨到價值，甚至試圖引女性文化來改造補救男性文化（見《愛彌兒》下卷大段記述），這就在社會價值觀上與男性文化發生了衝突。

反過來，對婦女而言也是如此。僅僅爲了滿足虛榮與好奇，還不足以使她們打破階層偏見，向這位流浪漢外鄉人打開沙龍之門。在男性意識堅決排斥的地方，女性起而歡迎，這本身就是一場文化的自然選擇。它體現了兩種文化之間的本質性衝突。

盧梭受苦於戀母情結，亦得益於戀母情結。

現代心理學成果之一，是發現文明無論進化到哪一階段，人類類體那部古老的心理發育史，都要在每一個個體心頭重新經歷一遍。母系社會血親相姦的發展階段在現代人心理歷程上的對應階段，就是每個人在幼年時期或多或少有過自覺或不自覺的戀母（戀父）階段。少數心理障礙者把這種情感帶入成年階段，即形成戀母情結。戀母情結中的原始內容與文明社會已形成的種種禁忌水火不容，將把它的載體帶到反理性、反社會、反文明的陰極一端，釀成個體發育與時代步伐嚴重脫節的悲劇。如果這些患者恰好是文化名人，那麼戀母情結則有可能瀰散滲入這些人的社會觀、文化觀，使之出現復古主義的奇特面貌。本書第一章所述盧梭的復古傾向，從個人心理角度探入，亦可從這裏得一註腳。

對此，伏爾泰等人當時即有困惑。伏爾泰的不滿，前文已述。狄德羅的不滿則更尖銳，說盧梭的每一思想都干擾了他的著作，活像他自己軀體內有個該死的鬼魂，說他們這群人與盧梭的分裂，是「天堂與地獄的分裂」[22]。但是，伏爾泰等人並沒有意識到，在個體與類體的碰撞中，受苦的固然是個體，然而個人的逆反思維被社會重錘擊打後，放射出慘痛迸溢的光芒，卻有可能照亮理性主義力不能及的深層意識。反過來補正或糾正理性主義的偏差。

盧梭在精神上遲遲不能斷奶，確實像個長不大結不熟的大小孩，老小孩。然而平心而論，也正因爲盧梭性格中的這一病態特點，他與十八世紀法國婦女種種不太正常的關係，後人才得到了《懺悔錄》、《愛彌兒》、《新愛洛琦絲》一類極可珍貴的精神遺產。後世凡對理性主義的偏頗心懷不滿者，大多是從這裏經受了第一次洗禮，並從這裏出發、擴張，逐漸匯成了二十世紀今天不可輕視的一股非理性主義洪流。

上述所有這些，都是闡釋者爲了邏輯敘述的方便，人爲梳理出的一個完整的側面。然而在這一側面的每一點上都可以找到對位而立的相反一點。這些相反點如果勾聯成又一個側面，將會與前一個側面在形式上形成一個強烈的反照。盧梭之複雜，盧梭之怪誕，甚至盧梭之可愛、可惡，都在於此。

且看盧梭婦女觀的另一側面：

你想瞭解男人嗎？研究一下婦女。然而如果我附加說明，脫離隱居和家庭生活，婦女即無美德可言；如果我說，安寧地關心家庭是她們的天職，婦女的尊嚴在於端莊，知恥與貞潔是婦女尊嚴不可分割的組成部分，任何婦女一旦表現她自身就等於羞辱她自己，我立即就會遭到今日哲學家的打擊，他們是些出生於城市一角又老死於同一角落的人。他們希望掩蓋自然的哭泣和人類集體的罪行。

一般來說，古人極為尊重婦女，他們表達這種尊重是禁止把婦女暴露於公眾評論，通過緘口不言她們的美德，來尊重她們的端莊賢淑。他們認為，最好的婦女是被人議論得最少的婦女。正是基於這一原則，當斯巴達人聽到一個外國人詠贊他們一位夫人時，勃然喝斥：「如此中傷一個賢淑的婦人，你不該閉嘴嗎？」

我們的情況則與此相反。最受尊重的婦女就是最引人注目、最引人議論的婦女。在古人戲劇中，表演戀愛中的婦女或已婚婦女的角色，都是由奴隸或妓女來擔任。他們認為在舞台上表演那些體面的婦女，就是對她們失去尊重。眾所周知，有這樣一種死刑，專門用來懲治那些在奧林匹克運動會上展示自己的婦女。看看當代絕大多數戲劇，總有一個婦女無所不曉（給男人訓喻一切，一塊麵包如果未經主婦切開，她的孩子就不知道如何吃下這塊麵包）。主婦們在台上，台下的觀眾則全是她的孩子。究竟是誰更為崇尚婦女，賦予她們的性別以真正的尊重，是古人，還是我們？[23]

相比同一時代稍晚一些時候的傅立葉，盧梭似乎是大大落伍了。傅立葉曾說：

「婦女解放的程度，是衡量社會解放的尺度。」與婦女有著深度交往的盧梭，怎麼會推出這樣守舊的婦女理論？

當過精神病醫生的日內瓦大學教授斯特羅賓斯基，撰文談盧梭的病，認爲盧梭與他妻子泰勒絲中斷夫婦生活既有生理上的因素，又有心理上的因素：感性主義的禁欲觀念[24]。由此，盧梭是從自我禁欲，進而封閉外界所有的婦女。這樣的觀點，恐怕難以說服中國讀者。

盧梭戀母情結和幽閉婦女的理論主張，在形式上的對立，可能統一於他的民粹主義的內在邏輯。讓他自己來回答，他連形式上的對立都不會承認。他會說幽閉婦女的理論主張，恰恰是戀母、護母的道德屏障：

> **女性是管理我們的**人，如果我們不敗壞她們，她們會增加我的光榮。**婦女是我們男子的良好行為的天然評判者**。如果我們善於運用她們的積極性，我們將完成多麼大的偉大事業啊。可惜在現今這個時代，婦女們有力的影響已經喪失，她們的話男人已不再聽從，這是多麼可怕的時代！
>
> 在**大城市**中，因周圍有許多德性敗壞的男人，所以一個女人很容易受到引誘，她能

否保持她的美德，往往要看她所處的環境。在這個哲學的世紀，她必須具備一種經得住考驗的美德[25]。（著重號為作者所加）

在他的民粹主義視野中，上層文化、城市文化、男性主流文化已經腐爛。下層文化、鄉村文化、女性潛流文化尚未受到污染。以女性爲中心的亞文化地帶是民粹中的民粹，不能向腐敗者開放，再受污染。

他的道德理論，是感性至上、內心天賦良知理論。但是感性主義與感官主義有明確界線。盧梭早期的巴黎生涯，一度沉溺於狄德羅式的感官主義。撤離巴黎以後，才擺脫了感官主義的誘惑。在那樣的生活中，婦女確實解放，但大多「解放爲」感官主義都市文明的洩慾對象。只有重返幽閉狀態——盧梭極而言之：「已婚婦女應重返修道院，未婚少女則可嬉戲於公開場合」——，婦女特有的感性資源才能得到保護，而婦女特有的感性資源恰恰是道德良知的來源之一，是感官主義、理性主義的解毒劑。幽閉婦女恰是爲了保護婦女，保護社會的道德資源；幽閉婦女，恰如封山育林，保護自然之母，是人類保護社會之母、道德之母的心理自衛。正是在這個意義上，兩個相反的盧梭才能統一，才會熱誠呼喊——

還是回到我們的茅屋去住吧，住在茅屋裏比住在這裏的皇宮還舒服得多！26

四、民粹主義的文化觀——拒絕劇場

我們在第一章中曾不惜篇幅，譯出達朗貝爾在《百科全書》「日內瓦」條目中建議日內瓦設立劇場的全文。在第二章中，曾提及盧梭反對英國代議制的理論背景：對劇場異化症的厭惡。在這一節中，我們將正面分析盧梭致達朗貝爾長信中反對在日內瓦設立劇場的主要根據。這些理論根據正是他民粹主義文化觀的集中表述。

在長信寫作中，盧梭一反常態，先從兩筆經濟盈虧帳目入手，提出他反對設立劇院的理由：

一是日內瓦有多少人口，能否供養一個劇場？日內瓦人口僅是二萬四千人。里昂人口五倍或六倍於此，只供養了一座劇場。巴黎人口六十萬，每天閒散人員可作觀眾者僅一千至一千二百人，只供養了三座劇場。以此類推，日內瓦每天「產出」觀眾不過五十八人，如何供養一座劇場？

二是建立劇場後的經濟後果。首先是工作荒廢：觀劇費時，劇後還要回想、談論；然後費用增加：觀劇者不可能著工作服裝入場，必添置新衣；再則減少貿易：費用增加必尋找補償，補償即在於提高產品價格，價高則驅使商人放棄日內瓦，遠走它鄉；復則增加稅收：爲保障劇場四季常演，市政當局必然加稅增賦，鏟雪修路；最後導致奢靡：女人進劇場，競相爭美，大大增加時裝消費。

盧梭豈是經濟中人？他細述上述經濟負擔、經濟後果只不過是他擔心社會負擔、道德後果的先導。

他擔心劇場設立會造成居民兩極分化，破壞社會平衡：

演劇成功將損害我們的制度，不僅以一種直接方式損害我們的道德行為，而且還以一種間接的方式摧毀平衡，這種平衡理應分佈於國家的一系列組成部分，以維持整個機體的健康。

為供養劇院而增加的稅負是邪惡的稅額，不僅因為它不能流回到主權者手裏，更因為它的分配不合比例。它加重了窮人的負擔，超過其承擔能力；它使得富人得到更為奢侈的娛樂……一旦少數人以財富炫耀於多數人，國家就會敗壞，或者改變它的形式。[27]

他尤爲擔心設立劇場會敗壞民風，葬送日內瓦的古風古道：

普魯塔克給我們講過一個故事：一個雅典人在劇場中找不到座位，卻受到滿場雅

> 典青年的怪聲嘲笑。斯巴達使者注意到這一情景，立即起身讓座，把老人迎上貴賓席。老人以一種痛苦的聲調說過：「雅典人只知道什麼是禮儀，但是拉西的莫尼亞人（Lacedaemonians，斯巴達古稱）卻實踐了禮儀。」
>
> 這就是當代哲學與古代道德的區別。……古代雅典給我們提供了尖銳的教訓。放逐許多偉人，處死蘇格拉底，都是在劇場中準備的。雅典之所以衰落，正是被劇場暴力剝奪的。[28]

這裏明顯流露出柏拉圖思想的痕跡。盧梭寫作此信前，唯一的準備工作，就是意譯了柏拉圖《理想國》中有關限制雅典式劇場生活的章節內容。「劇場暴力」這一提法，既來自柏拉圖對雅典生活的慘痛回憶，也摻雜有盧梭本人在巴黎後期與啓蒙學派決裂造成的心理創傷。這是盧梭傑出的命名能力所創造的無數新詞中的一個。「劇場暴力」，不僅表現了都市文明對古風古德的侵剝，而且再好不過地表現了人類已然狀態對應然狀態的粗暴中斷。遺憾的是，在本書後一部分陳述的法國革命史實中，「劇場暴力」這一現象，又通過政治動員、大眾參與的中介，被拋回命名者本身的理論，反證了盧梭這一思想的實踐後果。

盧梭筆鋒回轉，正面攻擊劇場生活的七大要素：編劇、演劇、演員、舞台、觀眾，尤其是女觀眾和劇場本身。這是迄今爲止，人類自有戲劇生活以來所遭遇的唯一一次毀滅性攻擊，我們將會看到，只有盧梭那隻對異化具有特殊嗅覺的鼻子，才會在這個吸引無數善男信女流連忘返的美妙場所，嗅出那麼多有害氣體：

1、編劇：

他一拿起筆，首先想到的是公眾的口味，……莫里哀的喜劇只不過使人習慣於對美德的嘲諷。[29]

2、演劇：

這是一種交易。在這種交易裏，他為了金錢而演出，使自己屈從於羞辱和當眾侮辱。在當眾侮辱裏，別人買得了獲取他的權力，給他的人格標上了價碼。[30]

3、演員：

這是一種偽造術，一種把他人性格置於自己性格之上的藝術，一種表現與己不同的藝術，一種以冷血演激情的藝術，一種說他從未思考過、卻又好像他確實想過的語言的藝術，最後，這是一種遺忘自己置身何處又代之於他人身分的藝術。[31]

4、舞台：

在那裏上演的一切，並不是把我們拉得越來越近，而是製造出一個更大的間隔。[32]

5、觀眾：

在劇場裏，人們以為他們聚到了一起，實際上正是在劇場裏聚會者被孤立。它把人們中的一小部分關在一個黑暗的洞穴裏，使他們在靜寂、不動中保持恐懼和僵硬，給他們看到的只是各種監禁、長矛、士兵、苦役和不平等的種種折磨人的畫面，「除了自我禁錮，自設監獄外，一無所有」。[33]

6、女觀眾：

太太和小姐們在包廂裏盡可能展示她們的風姿，就好像在商店的櫥窗裏等待買主；如果說在舞台上有過一些道德教誨，那麼這些課程一到更衣室，也就被迅速遺忘了；哪裏會有深思熟慮的母親敢帶她的女兒去這所危險的學校？[34]

7、劇場：

它將大大強化那些正控制著我們的情慾。在劇場裏所感到的那種不間斷的衝動，刺激著我們，削弱著我們，填食著我們，這種沒有生育能力的道德效果，僅僅滿足我們的虛榮，而不能促進我們的實踐。35

盧梭對劇場生活的攻擊，在當時的文明生活中是駭人聽聞的。然而，在這些攻擊中，確實有些極其珍貴的先知卓見。

莫里哀當時在巴黎聲譽鵲起，成爲巴黎舞台藝術的象徵，在這裏，卻成了盧梭闡述他文明批判理論的活靶子。盧梭批評莫里哀轟動一時的劇本《厭世者》是失敗之作，失敗於那種老想引起觀眾笑聲的編劇職業病：媚俗。編劇贏得了喜劇效果，他本人卻陷入了悲劇效果：他被觀眾剝奪了，在笑聲中剝奪了他自己。至於那些笑聲中的觀眾，他們也好不了多少：舞台上的故事，實際上是觀眾現實生活中的一部分。生活被轉移到舞台上演，觀眾從現實參與變爲被動觀賞，演員從被動觀賞變爲模擬參與，觀眾與演員交換了生活中的位置，這不是異化，又是什麼？舞台是插進生活與生活者之間的楔子，是製造間隔的一個最物化的「它者」。

異化最嚴重的是觀眾中的女性，而她們卻往往是觀眾中最迷戀觀劇生活的那一部分。女人進劇場，首先在服裝上爭奇鬥妍。與其說她們是去看戲，不如說讓別人看她們的戲：服裝戲、虛榮戲。觀眾變成了演員，演員變成了觀眾，包廂是劇場裏的劇場，舞台上的舞台，它吸引多少淫穢的目光，就敗壞多少婦女的尊嚴。

至於說到戲劇裏的道德說教，盧梭提醒觀眾：劇場教會人們的不是道德，而是道德遊戲。劇場集中生活中嚴肅的道德內容，然後把它稀釋爲哭聲、笑聲、唏噓聲，用這些道德代用品來廉價取代道德主體的親履實踐。劇場裏的道德氣氛是虛假的。它越濃厚，就越虛假，劇場外的道德生活就越稀薄。道德成爲劇場中的遊戲，道德遭到了最大的褻瀆！

盧梭不能容忍以伏爾泰的建議改造他的故土，不能容忍啓蒙學派把巴黎的文明瘟疫散播到日內瓦。如果說，盧梭以前對巴黎的都市社會發動過主動進攻，那麼這一次則是背水一戰。他撤離了巴黎，退至故土邊境，不得不對伏爾泰的挑戰作出回應，進行一場中世紀田園風光、禮俗社會的保衛戰。盧梭的激動可以想像。他在達朗貝爾條目的字裏行間總是見到那個潛伏在日內瓦邊境陰笑不已的暗影。他提筆應戰，紙面上的論敵是達朗貝爾，心目中的對手卻是那個啓蒙之父——伏爾泰。

因此，盧梭上述對劇場生活七大要素的攻擊，決不僅限於對戲劇本身的攻擊。他必然要擴大上述攻擊的適用範圍，他是用劇場效應症，概括以巴黎爲代表的整個文明生活狀況。那種通過一個畫面隔開一段距離去觀賞別人的喜怒哀樂，曾經是巴黎引以爲榮的生活方式，現在突然成了一種可恥的墮落方式：巴黎被戲劇化，本身成了一座大劇場，市民既觀劇，亦被動演劇，在不自覺狀態中被徹底異化，拋出了自我，生活於別處——toujours hors de lui。劇場裏的道德遊戲毒害了巴黎，劇場效應症也毒害了整個文明社會。劇場是個「黑暗的洞穴」、「危險的學校」，是個「黑色的括弧」，它把人的自然狀態，人的實踐機會，人的道德責任統統刮進了那個黑洞之中。

自有戲劇以來，自有巴黎以來，自巴黎在路易十四時代成爲歐洲文明之都——一顰一笑，天下從風，有過這樣被凶悍攻擊的紀錄嗎？沒有，除盧梭敢爲，再無人敢冒如此之天下大不韙。盧梭不無偏頗，盧梭不乏辯證思維之天才，盧梭的文化批判令二百年後的後現代文化批判如聞裂帛，如飲甘泉……

五、民粹主義的盛大節日——廣場狂歡

由上述批判，盧梭自然得出了這樣的結論：以陽光代替黑暗，以實踐代替觀賞，以廣場代替劇場。盧梭思想的高潮——廣場狂歡，從洞穴批判的深淵中油然升起！

盧梭自問自答：

什麼？在一個共和國裏，沒有任何娛樂？恰恰相反，理應存在大量的娛樂。那麼還觀賞什麼，展示什麼呢？

讓觀賞者自我觀賞；讓表演者展示自己。

我們已經有了許多公共節日，讓我們擁有更多的公共節日吧。在藍天下，在敞開的氣氛中，在廣場的中央，樹立起一個鮮花環繞的長矛，把人們集合在那兒，你們就擁有了一個節日，至善不過如此！[36]

此時的盧梭，眼前必定出現日內瓦街頭舞蹈的那一幕動人情景：「人們不可能長久擠在窗台上，於是紛紛走下來，出現了擁抱、歡笑、暢飲祝福和相互撫愛……所有人的臉上都充滿了醉意，比美酒還要甜蜜，廣場上持續了長時間的歡聲笑語……它如此令我感動，我已看不見其他事物了……。」

盧梭繼續自問自答：

把人民都集合在一起，這是多麼妄想？

唯有當人民集合起來的時候，主權者才能行動。讓我們根據已經做過的事情，來考察可能做得到的事情吧。

我們不難想像，（羅馬）這個首都及其周圍數量龐大的人民要時常集會，該是多麼困難！然而羅馬人民很少有一連幾個星期不集會的，而且甚至還要集會多少次。羅馬人民不僅行使主權的權利，而且還行使一部分政府的權利。全體羅馬人民在公共會場上幾乎往往同時既是行政官而又是公民。37

盧梭援引古例說，羅馬城最後一次戶口統計數字，有武裝的公民四十萬人，如果加上婦孺，人口不亞於巴黎六十萬人。古羅馬能做到的事，今天巴黎爲何反而做不到呢？因此盧梭得出結論：

下賤的奴隸們，往往帶著嘲諷的神情在嘲笑著自由這個詞。38

可是盧梭不明白，這種自由，是康斯坦特所述那種典型的古代自由，而且是斯巴達式的古代自由。這種自由，也是近代直接民主制和行政、代議合一制那種烏托邦理論的歷史淵源，儘管這一理論的諸多思想家矢口否認他們與這一歷史淵源的聯繫。人們不久就會看到，那個「廣場中央樹立的鮮花環繞的長矛」，一旦置於法國革命的流血實踐，將意味著什麼。在此之前，我們還是應該滿懷同情地列出盧梭設計的這幅廣場狂歡圖，具有高尚的道德原動機，確實是陽光下的燦爛：

1、廣場是自然狀態，光明、透明、公開、無隱；

劇場是文明僞飾，陰暗、混濁、隱蔽、齷齪。

2、廣場上的集體舞蹈是社會教化，沒有演員，也沒有觀眾，舞蹈者自我表演，自我觀賞，身體與心靈同樣健康，表演與觀賞合而爲一。

劇場裏的戲劇演出是異化。演員表演他人的願望，觀眾讓渡自己的實踐是道德遊戲，是道德主體的分裂。

3、廣場上的政治集會是直接民主制的體現，主權與主權者相會於廣場，沒有代表，不需代表，行政與代議合一，政治公開，不存在台前政客，台後交易，議院異化症就此滅絕；

劇場裏的代議制是主權與主權者的分裂，代表制橫插其間，台上是表演，台下是觀賞，是劇場效應症的政治表現。

4、廣場上的集體舞蹈具有和同合一的功能，能磨滅人與人的差異、距離、糾紛，把人民直接聯繫在一個精神血緣的大家庭裏；

劇場裏的表演使個人突出、情志分離、家庭破裂、社會解體、人民渙散。

但是，陽光下的燦爛遮不住陽光下的陰影。一個「偉大立法者秘密致力內心統治法」的男低音在廣場深處響起：

正是正義和慈善的上帝，他要求人們保持忙碌，同時又希望人民有所娛樂；[39]

輿論，世界的皇后；[40]

誰主宰了一個民族的輿論，誰就主宰了這個民族的行動；[41]

賭博、戲劇、喜劇、歌劇必須禁止，因為它們使人嬌氣，代之而起的是戶外公共觀賞。在那種活動裏，各個等級都有細心的區別，但是所有人都得參加。人民應該在公共場合經常看得到他的領導人，永遠保持上、下隸屬關係，這樣，人民就決不會與領導者混合一體；[42]

我希望，廣場上的集體舞會被賦予公共權威，所有私人糾紛被它週期性集會所融化；我希望執政官能予出席並主持這類聚會；我希望父母們也來，接受孩子們的歡呼致敬；我希望所有已婚婦女也來通過自我舞蹈接受人們的評判；我希望把最尊貴的位置給那些老年夫婦，我希望所有人進出都要向他們行禮致敬；我希望每年最後一次舞會，都有一個最得老人歡心的姑娘從執政官手裏得到一頂舞會皇后的鳳冠，全年頂戴，我還希望她被護送回家，她的父母將接受人的祝賀；最後，我希望她就在這一年內擇偶而嫁，執政官贈她禮品，授她勳號，這樣，如此殊榮將具有嚴肅性質，將不會流變為嬉笑對

象。[43]（著重號為本書作者所加）

上帝一個希望，盧梭九個希望。九九歸一，歸於那一執政官關鍵性的三次出場：主持、加冕、授動。輿論皇后不還是要服從權杖的節制？於是，陽光下的燦爛轉出陽光下的陰影：

1、廣場文化是排它性文化，劇場應該關閉，戲劇必須禁止；

2、廣場心理是從眾心理，個人情志、個人利益、個人隱密必須撲滅；

3、廣場狂歡是意識形態的操演，它聽從奇理斯瑪的話語催眠暗示，在集體舞蹈中進入集體睡眠；

4、廣場政治是民眾衝動的海洋，風起無常，浪擊恒常，一切規則、慣例、制度安排皆成浪底沉舟；

5、廣場本身走向悖論，廣場成爲擴大的劇場，成爲每一個人對每一個人的表演。廣場上確實沒有一個座席，沒有一個觀眾，卻只有一個巨大的舞台，觀眾參與爆炸，眾人捲上舞台，一齊進入革命狂歡！

廣場上的狂歡收縮爲陽光下的陰影，讓．雅克、盧梭樂極生悲，也快走完他波瀾壯闊的思想歷程。後面的道路，應該留給政治家去走了。

註釋：

1盧梭《愛彌兒》第五二五頁、第四十二頁。

2亨利．特羅亞：《神秘沙皇——亞歷山大一世》，世界知識出版社，一九八四年版，第三二七頁。

3參見A．曼弗列德：《十八至二十世紀法國史簡論》，一九六一年莫斯科版，第五十九至一〇七頁。

4轉引自羅曼．羅蘭：《盧梭傳》，華岳文藝出版社一九八八年版，第二十四頁。

5同1，第二六六頁。

6費孝通：《鄉土中國》，一九四八年上海版，第五頁。

7「會社」，王子野先生在《論戲劇》漢譯本中，據俄譯本譯為「小組」，似有不妥。此處暫譯為「會社」，亦不敢肯定。暫此存疑，以待高明。

8盧梭：《致達朗貝爾信——論觀賞》，第一一〇頁、第一〇五至一〇六頁。

9同上，第五十八至五十九頁。

10同上，第六十一頁、第六〇頁。

11同1，第二六三頁、第二五一頁、第一〇三至一〇四頁、第二七一頁。

12《盧梭全集》，第三卷，第二十三頁。

13盧梭：《論科學與藝術》，第九頁。

14盧梭：《論人類不平等的起源與基礎》，第一〇二頁、第一八八頁。

15同1，第五一六、第五八一頁。

16可參見《俄國民粹派文選》，中共中央馬列編譯局編譯，人民出版社一九八三年版。其中的《歷史信札》（拉甫羅夫）、《富豪制及其基礎》（葉利謝也夫）、《致俄羅斯人民》、《致知識分子》（多爾古申）等篇，尤能看出與盧梭思想的同構呼應。

17《聖經》記載：猶太人出埃及時，其中部分人由於道路艱難和饑餓，回頭留戀他們在埃及時的奴隸生活，那時他們至少還可以吃飽肚子。

18《馬恩選集》，人民出版社一九六六年版，第二卷，第六一八頁。

19參見湯恩比：《歷史研究》中文版，第二卷，第七十八頁。上海人民出版社一九六二年版。

20盧梭：《懺悔錄》，第十五、第二四三頁。

21轉引自沃爾金：《十八世紀法國社會思想的發展》，第二四四頁。

22G・H・薩賓：《西方政治思想史》，紐約一九三八年版，第五七五頁。

23同8，第八十二、第四十八至四十九頁。

24揚・斯特羅賓斯基：《盧梭：透明與曖昧》書後附錄：「論盧梭的病」，芝加哥大學一九八八年版。

25同8，第一一四至一一五頁。

26同1，第五八一頁。

27同8，第一一四至一一五頁。

28同8，第三十二、第一二一頁。

29同8，第四十一頁。

30同8，第七十九頁。

31同8，第七十九頁。
32同8，第二十五頁。
33同8，第一二五至一二六頁。
34同8，第九十一頁、第九十七頁。
35同8，第五十七頁。
36同8，第一二五至一二六頁。
37這一自問自答出自《社會契約論》，第一一八至一一九頁。
38同上。
39同8，第一二六頁。
40同8，第七十三頁。
41盧梭：「科西嘉憲法草案」，《盧梭全集》，第三卷，第二六一頁。
42盧梭：「致波蘭人的立法建議」，《盧梭全集》，第三卷，第九六四頁。
43同8，第一二七至一三〇頁。

第五章　盧梭復活：從論壇到神壇

◆啊，朋友！我們來得太遲。
神祇生命猶存，這是真的。
可他們在天上；在另一個世界。
在那裏忙碌永生，那麼專心致志，
對我們的生存似乎漠然置之。
生活就是神祇的夢，只有瘋狂能
有所裨益，像沉睡一樣，
填滿黑夜和渴欲。
待到英雄們在鐵鑄的搖籃中成長，
勇敢的心靈像從前一樣，去造訪萬能的神祇。[1]

——荷爾德林

《新約全書．馬可福音》記載：耶穌在荒野孤苦無告，四十天後暗暗上了高山，單獨與上帝傾訴去了。帕斯卡讀經至此，怦然心動，為此寫下一段極為感人的文字：

耶穌將會憂傷，一直到世界的終了；我們在這段時間裏絕不可睡著。
正是在這裏耶穌基督獲得了一個新生命，而不是在十字架上。
耶穌基督教誨我們，活著、死去、埋葬、復活。
這就是受難和救贖的最後神秘[2]。

且將耶穌換盧梭，帕斯卡上述沉痛話語即可用作盧梭悼亡之語。

一、盧梭之死——控訴者被控訴

我們先分析盧梭的性格悲劇。

一七六一年《新愛洛琦絲》出版，激起啓蒙哲士激烈反對。伏爾泰寫有三封長信駁難盧梭，狄德羅則說：「盧梭在說教反對破除道德禁令，與此同時他自己就寫了一部破除禁令的小說」。但是，公眾的反應卻是出奇熱烈。太子妃讀它，稱為絕妙作品；王妃讀它，一口氣到凌晨四時，卸下已套好的馬車，不赴舞會。人們感謝盧梭提供了一個嶄新的道德標準，以取代正在衰竭的神性道德。一個叫做查理斯・龐考克的讀者乾脆寫道：「只有神，甚至是一個強有力的神，才能把人從懸崖邊拖拽回來，而您，先生，就是這個創造奇蹟的神。」[3]

這是迄今爲止所見到的關於盧梭神化的最早紀錄。然而早在此之前，盧梭本人已經自我神化，以先知、超人、半人半神自許生平。

《懺悔錄》記載，他七歲時已熟讀普魯塔克《名人傳》，「我十歲時對事物的看法比凱撒在三十歲時還要高明」；「我不斷想著羅馬與雅典，可以說我是同羅馬和希臘的偉人一起生活了」，「我竟自以爲是希臘人或羅馬人了，每逢讀到一位英雄的傳記，我就變成傳記中的那個人物。」[4]

一七四一年盧梭進入巴黎：「有一點我毫不懷疑：我總有一天會超過他們所有人，不管我癡心妄想迷上哪一行，我總是抱著同樣的邏輯。」[5]

一七四七年首篇論文《論科學與藝術》，驚世駭俗，一鳴驚人，其核心是這一頁：「神呵，您將說，羅馬的唯一光輝業績就是征服全世界，然後使世界服從道德的統治……」，在這裏盧梭以先知口吻說出了自己的思想，他以法布利希烏斯自況，成了一個Rousseau－Fabilicius。正如揚・斯特羅賓斯基所言：「現代控訴思想從范塞納堡（按：狄德羅監禁地，盧梭是在赴該地探監的路途上萌發這篇論文靈感）的幻覺中找到了語言」。[6]

盧梭一生反對戲劇化，但他自己就是一個充滿戲劇性格的人。盧梭在《致達朗貝爾——論戲劇》中曾痛斥巴黎陰盛陽衰。可是，恰恰因為巴黎精神氛圍的這一特徵，盧梭才容易打進巴黎。盧梭在巴黎這個大劇場裏，以誇張的自我神話語言，扮演了一個首先能賺得包廂婦女——上層婦女眼淚的悲劇角色，這才能夠一鳴驚人，一夜成名。

《致達朗貝爾——論觀賞》是在寫作《新愛洛綺絲》的間隙裏寫完的，令人詫異的是，盧梭竟毫不覺察這兩部作品之間的重大裂縫：他在前一部作品中攻擊戲劇是人格分裂，演員是生活在幻想中的別處，創作後一部作品時本人則完全沉浸在戲劇化的幻想狀態中：

我又把別的許多類似的回憶都勾引起來了。不久我就看到，凡是在我青年時代曾使我感到飄飄然的對象，都集攏在我的周圍。……我不能求得實在的人物，便把自己投進了虛幻之鄉；我既看不出一點現存的東西值得作寄託狂熱的對象，我就跑到一個理想世界裏去培養我的狂熱……我就喜歡這樣翱翔於九霄之上，置身於旁邊的那許多可愛的對象之中，在那種境界裏流連忘返，不計時月。[7]

可見盧梭的創作狀態本身就是戲劇化狀態。他的頭腦中有一個劇院，有一個舞台，他在幻想中調度舞台演員，甚至還有一個他自己扮演的角色參與其間。他攻擊演員生活在別處，他自己就是一個最出色的幻覺演員，徹徹底底地生活於別處。揭示盧梭性格的這一戲劇化特徵並不是無關緊要，它對盧梭後來如何從論壇走向神壇具有重要作用。

與戲劇性格相連的，則是他的自戀癖、內視症。戲劇性格內在地需要自戀與內視，內在地設定自己是演員，幻視自己已進入某一角色。戲劇性格沒有自戀癖、內視症從內裏補足，將如一齣哈姆雷特卻沒有丹麥王子，連一天都支撐不了。正是在這一點上，人們可以提出這樣的問題，同時又能豁然明白：

盧梭的自戀式戲劇性格如何與他攻擊劇場生活的觀點互相統一？原來他的公共節日，是他本人節日的放大。日內瓦人在廣場上既是觀賞者又是表演者，而自戀症患者也是在自我幻視、自我欣賞的統一中獲得美感、快感。

在盧梭青年時代，大約二十五歲以前，他的自慰習慣是如此強烈，以致引起華倫夫人的驚恐，爲分散他的性幻想，而把他召喚到她的內室。盧梭回憶起這一變化，說在他們的關係中「有一種難以置信的憂傷毒害了它的魅力」[8]。西方盧梭研究者大多對此發生興趣，抓住問題發問：在這段時期裏，究竟是自慰，還是與一個女人真正發生關係對他更爲合適？其實，對一個嚴肅的研究者來說，更值得注意的是這一史實：正是在這一時期，他創作了生平第一部歌劇——「那喀索斯」。

那喀索斯，古希臘神話中美少年，顧影自憐，憂傷而死，死後化爲水仙花。現代心理學以此概括一切自戀症病家，稱「那喀索斯情結」（Complex of narcissus）「或自戀主義」（narcissism）有法國史學家據此推斷盧梭有同性戀傾向。然而，盧梭的性愛對象並不是別人，而是他自己。《懺悔錄》中說：「我們命中註定，很少能理解同性戀，我們更多的是理解那喀索斯的自戀。」[9]《讓．雅克審判盧梭》中說：「我唯一的罪過是手淫自戀，不損害任何人，只損害我自己。」[10]

理解盧梭的心理病症，對於理解他的理論構造有重要作用。他不僅是生理自淫，更重要的是心理自淫，理論自淫。與其把他看成生理手淫，不如把他看成大腦自淫，自我淫浸在幻視的舞台上，任意馳騁。只有這樣，才能把盧梭的心理病從生理病歷中拉回到思想史的視野，成爲思想史的處理對象。這一點，還是卡西勒的眼光看得準足：

在盧梭的著作中，有一些很熟悉的內容，幾乎只能用他個人的情況來代入，只能用他個人的紛擾、不和、以及他內在的衝突來描述。觀念的歷史在這裏逐漸隱入個人的傳記，然後，再以一種純粹的個人病歷重新出現。[11]

盧梭爲何對異化敏感，對外部世界恐懼、不適？就在於他的自戀視野，只看內心世界，不屑外部世界。這種內視癖，並不僅僅是盧梭的個人病態，而是沉浸在教贖氛圍中的中世紀知識分子，與奔走於外部功利行爲的近代知識分子在心理狀態上的普遍區別。知識、知識分子的法語運算式：intellectuel，來源於這樣兩個拉丁詞——由inter（向內、在內）和lego（閱讀、理解）兩語組合而成，原意即爲to read inside（向內閱讀）之意。

在盧梭或盧梭式的內視視野中，只看到單質的「我」的投射、放大（Sameness），中無隔閡，一片透明澄靜；中間介質—otherness，是一定要被過濾、被穿透的。用盧梭自己的話來說：「在我整個一生中，我的心像水晶一樣透明」。

這樣的道德理想主義，是無他主義，是拒絕或不承認otherness的單我獨斷論，是Sameness的同義反覆。據此，斯特羅賓斯基稱盧梭爲「不及物的寫手」——「Writer」[12]，可謂入木三分。然而，他沒有進一步說明，思想上的不及物內視邏輯，一旦投射爲政治上的外視及物實踐，有可能預示著某種不容異物的排它性語言。

戲劇性格、內視神化、以及自戀癖好所尋找的語言，必然與眾不同。盧梭是個創造名詞的好手，更是一個頻頻使用返身動詞的老手。他那獨白式的喃喃自語，當時曾顛倒巴黎無數淑女之芳魂，卻給身後歷史學家造成無窮無盡的麻煩。最典型的概括如漢肖爾所言：

他是一個無系統的思想家，沒有受過嚴格的邏輯訓練；他是一個無所不讀的讀者，卻沒有足夠的消化能力；他是個容易動感情的熱心人，說話卻不考慮影響；他是一個不負責任的作家，天生具有口出警句的才華[13]。

對此，盧梭生前似乎就有預見。一七五六年三月，在致埃皮奈夫人信中，盧梭寫道：「我的詞語幾乎沒有通常含義，我的語言是別人沒有用過的語言」[14]。這是一種什麼語言呢？綜合盧梭一生的理論傾向和孤立處境，這是一種原告站在法庭上的內心獨自語言。然而，卻極富有攻擊性，是一種控訴式的語言。他開創了這種語言，也就成爲近代社會的第一控訴者。

盧梭的控訴，是救贖者的控訴。他承擔的使命是由人而神、代神立言的使命，而他的語言，他完成這一使命的手段又完全是世俗性的。他竊奪了教會的神職，又抽空了啓蒙的基礎，這就必然激起天怨人怒、神人共忿，激起教會和哲學家雙方陣營的同時聲討。

教會方面的反應正如羅那德·格里姆斯里所總結，「他們完全有理由把盧梭的宗教視若佩拉基安主義，[15]因爲他不承認原罪，以及通過教會獲救的可能，堅信人的善良、自由天性將使人獲得拯救。」[16]

哲學家方面則將盧梭視爲「入侵者」：「我們已經不可能征服這個敵人。對我們而言，他入侵這塊土地是這樣深遠，已經不可能把他驅逐出去。我們的任務已被迫降爲針對他而展開的一場遭遇戰。」[17]

盧梭被迫起而應戰。

他要爲自己的兩種「疏離」(distance)辯護：

1、他站在神的立場上，向人類已然狀態發難，這是神與人之間的空間疏離；

2、他站在古典立場上，向近代世俗化潮流發難，這是人與人之間的時間疏離。

從此，原告變成了被告，控訴者開始了被控訴的漫長過程。由此，所有盧梭的重要著作可以這樣排列：一類是原告訴詞，如《論科學與藝術》、《論人類不平等的起源和基礎》、《社會契約論》；一類是被告自辯，如《懺悔錄》、《讓·雅克審判盧梭》、《新愛洛琦絲》、《愛彌兒》、《一個孤獨的散步者的遐想》、《致達朗貝爾——

論觀賞》。後一類內容越來越多於前一類內容，這個人的一生逐漸消耗在無休止的控訴與被控訴之中。這樣的人不孤立、不妄想、不出現譫語迷幻，還有誰能出現這類心理病症呢？

罪眼看世界，滿世界都是罪惡，唯獨豁免他自己。正如揚・斯特拉賓斯基分析盧梭晚年的心理狀態所說：「確信個人無辜，天真無邪，潔白如玉，總是與這樣一個不可動搖的信仰聯繫在一起的：他人在犯罪！」[18]

這樣的心理狀態只能向下列兩個方向奔突宣泄：

第一、向內壓抑，自我解脫，脫離與外接觸，這是一種被動的、受虐的出路，如盧梭晚年：「我的思想從大地的表面移向上帝，我的思想消失於巨大的無限之中……」[19]

第二、向外擴張，以正義者、無辜者的名義與整個世界作戰，這是一種攻擊型、外向型的出路，如羅伯斯比爾當年。他擁有政治實踐的機會，可以走向這一方向。他確實這麼說，也確實這麼做了。羅伯斯比爾最後一個月在國民公會上的演說，與盧梭晚年的悲壯演說有驚人相似之處。只不過羅伯斯比爾手裏，多提了一把達摩克利斯長劍而已。

這兩種方向都會使控訴者在被控訴時，自我賦予一種特權角色：他們置身於光明之中，身心透明無礙，與此同時，周圍世界則沉淪於一片黑暗之中。此時的內心獨白，既是語言風格，也是心理狀態。內心獨白與外界黑暗衝撞，所有的色譜收縮爲黑、白兩色，兩者的緊張將出現不斷激化的傾向。革命一旦來臨，將給這種內心獨白的特權提供一個大範圍社會化的機遇。

盧梭晚年哀歎，他的敵人緩慢地殺害他，以致他的痛苦越來越漫長，「他們在他的周圍築起了一堵陰影之牆，蒙上了他的眼睛，他們在他活著的時候就活埋了他。」[20]一七七八年七月二日，讓·雅克·盧梭死於窮困潦倒，死於孤苦無告，死於醫生診斷的迫害型心理分裂症。這個發現神與人空間距離、人與人時間疏離的思想鉅子，最終被他自己內心的時空分裂殺死了。

二、盧梭復活——大革命前的精神氛圍

冥冥之中似有命運之手在蓄意撥弄，竟安排伏爾泰與盧梭在一七七八年同一年去世，似乎在催促法國社會在這兩個冤家巨人中及時作出褒貶選擇。

葬禮哀榮顯然對伏爾泰有利。塞納河邊萬人空巷，迎接這位一直笑到死的哲人遺骨。他的心臟裝在一個盒子裏，永久存放於國家圖書館。盒子上刻著他生前的一句名言：

這裏是我的心臟，

但到處是我的精神。[21]

與此同時，盧梭在街上被馬車撞倒，繼而被路邊的狗撲傷。報紙有意將標題寫成「盧梭被狗踐踏」，咒他快死。盧梭五月聽說伏爾泰已去，哀歎：「我與他的存在相互連在一起，他如今已死，我也將不久於人世！」兩個月後跟踵而去，臨去前只留有一句：「全能的主啊！天氣如此晴朗，沒有一片雲，上帝在等著我了。」[22]

盧梭還會回來嗎？

一七七八年，或這一年前後，是法國社會的多事之秋，有幾件事可記：

1、法國正式出兵，支援北美獨立戰爭，並且獲勝，一洗七年戰爭之恥。路易十四以後的法國王室國際聲譽，似乎已臻頂峰；

2、米拉波於同一年在文森監獄中寫作《密札制和國家現狀》，揭露頂峰內裏的專制暴政；

3、杜爾哥財政改革失敗，瑞士銀行家內克以客卿身分接管宮廷財政，以儉制奢，激起王室與貴族一片嘲罵。王室破產、國家破產的消息卻不脛而走，在民間廣泛流傳；

4、國舅約瑟夫二世從奧地利來訪，走遍法國。最後在國境邊界離境前，交給王后一篇長達三十二頁的訓詞。國舅告誡妹妹安東奈特：「我現在對你的幸福生活能否維繫，真是憂心如焚，因爲你長此下去是不行的。你如不早作準備，革命將非常殘酷。」[23]

革命從遠處走近，還需再走十一年。路易十六的日記裏異常平靜：

買一百粒做果醬的杏十二路易；

賭錢輸一萬二千八百七十四路易十二蘇；

賜王后一萬兩千金路易；

無事可記；鹿跑到波爾盧瓦亞爾修道院去了；

整整一個月無事可記[24]；

與此同時，他的財政大臣在王宮的另一側也在算帳：需六億五千零五十萬鋰才能填補宮庭揮霍造成的虧空，二十億支援北美戰事的赤字尙無著落。

財政大臣走馬燈一般更換。法王不斷改革，改革不斷失敗。改革時頒佈自由主義傾向的法令，顯然受到啓蒙哲學之浸染；失敗時則動用純封建性質的專制措施，又激起民眾向自由主義進一步靠攏。斯特拉斯堡造幣廠鑄了一批金路易，在國王像上面，加上了一個表示凌辱的尖角，以刺王后不貞。人們開始試探改朝換代，在酒館裏換錢，把金路易往桌上一扔，公然說：「把這醉漢給我換了！」[25]舊制度在一步步挑逗民眾，本身卻在一步步脫序，削弱自己能夠約束或吸收民眾參與的制度整合能力。

貴族自投石黨事件慘敗，政治上已發不出獨立音響。王室遷顯貴四千家於凡爾賽宮，腐蝕其政治雄心，任其在凡爾賽銷金窟中花天酒地，民間盛傳貴族行為放蕩荒淫無恥的種種醜聞；鄉間貴族「在自己的城堡裏閉門不出，不為君主所知，與四周的居民格格不入」；社會每天都在運動，而法蘭西貴族卻紋絲不動。他們折磨人民，使人民貧困，卻沒有統治人民，他們只招人憎惡，而毫不使人畏懼。這樣，貴族階級在喪失權力制衡的政治功能之後，又喪失整合民間行為規範的社會功能。

教會急劇衰敗。上層主教聚斂財物，私生活充滿醜聞。巴黎羅昂宮曾有四位紅衣主教居住，並私授衣缽，卻沒有一個小教堂、祈禱室。每有彌撒，則在紅衣主教的「猴廳」舉行，周圍裝飾著眾多猴子圖畫。下層牧師憤懣怨恨，飽讀啓蒙作品。「在過去，他們勸他們所牧的羊群忍受，現在他們卻把自己所充滿的憤怒與辛酸灌輸到農民腦子裏去。」[26]修道院關閉，修道士流失。一七七六年一年關閉五百五十所修道院，一七七〇至一七八九年，修道士人數從二萬六千七百七十四人減至一萬三千三百五十人。[27]這個至關重要的社會階層，也在流失它傳統的道德整合功能。

高等法院與王室貌合神離，兩者明爭暗鬥的紀錄貫穿路易十四、十五、十六三個朝代。它在王室、貴族、平民這三個世俗政治勢力中僭越教會之職，始終以抑強扶弱的道德面貌出現。正如米涅所說，它在路易十四時代於國王有利，打擊貴族，在路易十五時代於國王利弊參半，在路易十六時代則幫助平民反對王室[28]。路易十六曾解散法院，試圖「把王冠從法院檔案室裏取出來」，但是被解散的法官與被解散的顯貴會議的代表卻在大街上受到民眾歡迎，被舉過人頭，接受人們的夾道歡呼。這場曠日持久的「院府之爭」，大大削弱了王府、王權、王冠等一切與國王有關事物的尊嚴，削弱了王朝的合法資源。

教會、貴族、王權，絞股在一起，才能組成一根巨鏈，拉緊法蘭西這艘大船，使之安然泊碇於波旁王朝的港灣。山雨欲來，颶風鼓帆，錨鏈嘎嘎作響。誰在水面下摸索，悄悄解開大船下的錨鏈？

應該說，解纜者人人有份，不能全部歸咎或歸功於盧梭一人。

馬迪厄評王后安東奈特不知深淺，強使抨擊貴族特權的《費加洛的婚禮》上演於法蘭西大劇院，留有一番意味深長之評論：「革命在其見諸事實以前，早已深入人心；在造成革命的人物之中，無論如何該把這批最先爲革命所犧牲的人也算在裏面。」[29]

啓蒙哲學對革命的推波助瀾作用，就是在這種矛盾的形式下出現的。

第一，關於理性。

理性如酒，是水與火的奇怪結合。理性在英國，已度過如火如荼狂飆激進的階段，沉澱爲經驗哲學，以冰鎭烏托邦狂想。伏爾泰、狄德羅援引英國哲學進法國，初衷只要理性如水，不要理性如火，援引其邏輯結論，避免其歷史過程。但是理性一旦引進，並發展爲理性法庭，以此判決宗教權威，適逢法國社會人心激蕩、危機四起的動亂年代，這樣的理性矛頭怎麼可能不越過始作俑者的解釋範圍，直指人間政治權威？理性在英國可能爲水，在法國就可能爲火，不可避免地要經歷一次法國式的如火如荼的歷史過程，點燃按理性設計，大規模營建烏托邦的烈焰。

革命前，狄德羅《百科全書》十七卷和布封《自然史》三十六卷暢銷巴黎，成了名媛淑女必備的閨房陳設；「自然、科學、理性」這三個詞全是以大寫形式在印刷品中出現；人們既能發現宇宙法則，爲什麼不能發現社會法則——法律，並按照這一法則有計劃地改建社會？牛頓在上，伏爾泰在下，理性反倒成了法國人浪漫精神的護身符！早在盧梭發現的那一深層世界顛覆此岸秩序以前，牛頓的世界在法國已經爲他掃清了道路。這兩個世界在理論上打架，在實踐中卻可能合力並流。這兩個世界後來在實踐中發生了爭執，那不過是歷史老人狡計百端，在以後所展示的豐富內容。

在此之前，無論是伏爾泰還是狄德羅，怎麼能夠設想在大革命前的混沌之中，他們的經驗理性之手會和盧梭先驗理性之手被歷史老人捉在一起，一起摸向法蘭西大船搖搖晃晃的下部，摸向那根民族安危繫之一繩的巨錨？然而，邏輯的歷史一旦被歷史本身捉住，展現爲歷史的邏輯，就是如此矛盾，如此弔詭。革命來臨，雷吉娜·佩爾努稱之爲「哲學世紀」的來臨，米什萊稱之爲「法律」的來臨，都同樣正確。米什萊把「民族、國王、法律」總結爲革命第一座右銘，確也精當。

它們是「自然、科學、理性」在實踐中的大寫，只是在它們掃清道路並與盧梭思想短期合作以後，方被盧梭式的革命座右銘迅速取代爲：「良知、公意、起義」！

第二、關於進步與樂觀

伏爾泰晚年確曾說有一句，「年輕人真幸運，有可能看到我們看不到的革命景觀。」但是相比他一生所指揮的樂觀主義合唱的宏大聲浪，這樣的聲音微乎其微。

法國已有七十七年沒有侵略、掠奪、破壞、內戰、燒殺，人們有什麼理由不活得輕鬆、自信？豐特內爾說：「不關心所看不到的，只相信所看得到的，將是十分愉快的。問題就在於精打細算，智慧的手中應該總是有錢」，[30]這是革命前知識界、文化界的普遍寫照。當時的啓蒙哲士，幾乎人人手中有錢、有土地、有債券。伏爾泰被尊稱爲「歐洲教長」，但是他的人間事務所經營得也同樣出色：「我的住所就是人間天堂」，「我想以最保密的形式，在某個既能保守秘密，又絕對忠誠的公證人那裏存放一筆錢，他可以在一段時間裏用這筆錢從事有利的投資活動，而我在需要時也能馬上收回。」伏爾泰最初年薪不過六千鍾，但死後留下的遺產卻達十六萬鍾。[31]

據索布爾統計：「至少有十二位《百科全書》編者都曾在某一個時期得到某個財政機構的資助，不管他們的思想是多麼進步，他們都無可爭辯地多少保持著接近於舊制度社會中淵源最大的產物——特權。」[32]在特權保護下的樂觀主義思潮，表面上能起到粉飾危機作用，但在另一方面卻麻痹上層統治者對危機的警惕，反而加深了危機。尤其是他們宣傳的這一種思想，更是促進了危機的激化：富人的奢華造就了窮人的生計；因此，每個人都應以最完美的形式適得其所——即達朗貝爾所言：「哲學家滿足於揭示人在社會中的位置，引導人到達這一位置。」如果說，路易十五的名言是：「我死後，哪管它洪水滔天」，那麼毫不刻薄地說，哲學家的名言則爲「我死後，怎麼可能洪水滔天？」

這樣喜氣洋洋的樂觀主義大合唱，麻痹了上層，刺激了下層。要不了多久，人們自然會想起盧梭的聲音：

《論人類不平等的起源和基礎》：用奢侈來醫治災難，結果它所帶來的災難比它所要醫治的災難，還要深重；都市越引起那些愚蠢的人的羡慕，便越令人看到農村的被拋棄、田園的荒蕪、大路上充滿著淪為乞丐或盜賊的不幸的公民；國家一方面富庶起來，一方面衰微下去……。[33]

《愛彌兒》：巴黎在各個方面都是由外省供給的，它花掉了幾個省的收入。本世紀的理財家竟沒有一個看出：要是把巴黎這個城市毀掉的話，法國要比它現在這個樣子強盛得多……。

《愛彌兒》：你想依賴現時的社會秩序，而不知道這個秩序是不可避免地要遭到革命的。大人物要變成小人物，富人要變成窮人，貴族要變成平民；你以為你能避免命運的打擊嗎？危機和革命的時代已經來到。[34]

第三、關於宗教。

馬迪厄一語道破天機：「頌揚哲學家之膽大敢言的大貴族們，沒有一個曾注意到宗教觀念就是當日社會制度的關鍵。」[35]正是在這一領域，啓蒙哲學的狂風吹過以後，盧梭留下的影響才越來越獨特，越來越占分量。

一七八七年十一月十九日，路易十六頒佈敕令，歸還新教徒的公民權和合法地位，恢復南特敕令（一五九八）對新教徒的保護。此時正是盧梭去世前一年，上距路易十四取消南特敕令（一六八五）幾乎一百年。過去的這一個世紀，法國新教徒是完全處於地下狀態的世紀，是一個充滿迫害、反抗、救贖和英雄主義壯舉的世紀。這一個世紀的精神聚焦爲一個焦點，那就是堅持彼岸精神，堅持對現時秩序的不斷反叛，堅持千年福音與世俗歷史進程的尖銳對抗。

完全可以想像，這一份在地窯裏醞釀百年的仇恨與憤懣一旦公開釋放，一旦接觸到盧梭思想道德救贖的火種，將會形成什麼樣的爆炸局面？令人不安的是，恰恰是在最需要對宗教觀念進行吸收、整合的歷史時刻，啓蒙哲學卻作出了相反的反應：以無神論主張刺激宗教觀念、挑逗宗教觀念。[36]

儘管啓蒙哲學內部尚有分歧，如伏爾泰對狄德羅、達朗貝爾的無神論曾表示不滿，堅持他自然神論、泛神論立場，但是啓蒙哲學在當時產生的總體效果卻是無神論，而不是泛神論，更不是有神論。包括伏爾泰一段時間內所使用的那個著名的信件簽名：「écraser · Linfame —踩死敗類」，後來縮寫爲「écr · Linfr —埃克蘭夫先生」，當時人們的理解，敗類也是指宗教本身，而不是宗教迷狂。[37]

在啓蒙精神的感召下，十八世紀法國社會流行的格言就是：「要想成爲資產者，就必須不信教」，甚至那些發了財的上層主教也是如此行事，如前述羅昂宮內的紅衣主教。上層社會對宗教作用的鄙薄，還可以通過他們對宗教實用功效的「清醒」態度，得到反證。銀行家內克在其《論宗教觀點的重要性》這本小冊子中說：「捐稅使人民處於沮喪和貧困中的時間越長，對他們進行宗教教育也就越是必不可少。」同時代另一個作家里瓦羅爾說得更爲輕鬆：「當人們覺得這個世界無法忍受時，務必要以來生後世安慰他們」。[38]伏爾泰所言「沒有一個上帝，也要創造一個上帝」，也應在這一層意義上來理解。

這種貌似有神論的說教，清醒到這種程度，只差說出這麼一句——宗教是人民的鴉片，不是我的鴉片。這種心不在焉、精明過了頭的有神論，實際上是啓蒙哲學無神論的一個虛僞延長。它反而暴露出上層社會的欺騙，加劇了上層社會與下層社會的分裂，反襯出盧梭道德救贖的誠意，從而爲淵驅魚，給盧梭哲學召喚底層民眾打開了另一條通道。

啓蒙無神論既催生革命，又被革命打擊，兩方面的矛盾效果幾乎達到悲劇性的程度。首先，它「站在公開的無神論陣地上作戰」，大大戕伐了那根大船下面的巨鏈。儘管它無意，客觀上卻刺激了革命的爆發，而且在革命的前期階段戰績輝煌，直至法蘭西全境爆發一七九二年的非基督教化運動；與此同時，它掏空了這個民族與宗教資源相伴相生的道德資源，激化神意饑渴，造成道德抗議運動，一七九四年羅伯斯比爾之所以創立最高主宰教，重建道德理想，原因之一，即在於此。

啓蒙政治學理論從英國舶來，本來只限於一種漸進的局部改革，充其量是一場政治革命。但是，它的法國無神論踢馬刺卻幫了倒忙，刺激著法蘭西烈馬狂奔不已，踢倒了宗教柵欄，直衝政治革命、社會革命、道德革命相繼並發的危險區域……。「那是一個理智和啓蒙的時代，同時也是各路江湖騙子橫行的黃金時代，人們的信仰時而具有神秘的氣味，時而又帶有歇斯底里的色彩，從聖梅達爾墓中狂熱的冉森派教徒，到聖日耳曼伯爵[39]、卡廖斯特羅[40]、卡薩諾瓦[41]、直到鼓吹動物磁氣療法的麥斯麥[42]，真是五花八門，無奇不有。當時的社會以追慕離奇古怪爲特徵，乍看起來同崇拜理智是不太協調，它對宗教的不信伴隨著一種令人困惑的輕信：卡廖斯特羅可以把他的妻子說成是女精靈，可以自稱擁有點金石；聖日耳曼伯爵可以聲稱自己長生不死；這些巫漢術士主要靠他們的受騙上當者爲生，而這些受騙者來自社會各個階層，更多地則是來自上層社會。

「如果承認在這個『富有感情和理智的人』身上，還存在著某種需要——這種需要尚未被哲學家的論斷所言明，承認他在《百科全書》向他展示的簡單而又安全的世界之外，還在尋求某種滿足，尋求強烈的刺激，那麼，他在哪一方面會很快得到充分滿足呢？」[43]

這是雷吉娜．佩爾努總結十八世紀末革命前夕的法國精神氛圍的一段精彩論述。在這幅躁動不安的巨幅油畫前，人們是否應該回憶起路易十六當時的日記？

——「無事可記；鹿跑到波爾盧瓦亞修道院去了。」

三、盧梭升溫——大革命的道德理想

席勒《盧梭頌》詩云：

當蘇格拉底被智者們貶落
基督徒亦飽受折磨，教徒們咒罵盧梭——
盧梭，他籲請教徒重返人間城廓[44]。

詩人巨眼識慧，寥寥數行，即點透了盧梭、教徒、世俗人間的三者互動關係。革命在步步走近。而走在革命前面的，則是一個由人而神的道德偶像，以加溫社會熱情，以動員社會參與。孟德斯鳩、伏爾泰、狄德羅可以作理性的導師，但不具備道德魅力。他們的哲學本身就是排斥道德，排斥價值審美，排斥來自彼岸的任何資源。他們有智者之風度，卻沒有聖人之氣象。時代在呼喚，不是雅克，就是盧梭。鹿，已經跑到波爾盧瓦亞修道院去了。

法國史學家雷蒙德．特魯松描述革命前盧梭熱剛剛興起時的狀況，有一段話說得極爲準確：

當時，有兩股輿論潮流開始分流，涇渭分明：一種是敵意的排斥性的潮流，但是不能擴及到文學界。後一種潮流是鮮明的、深刻的、有擴散力的，聯繫著大多數人。盧梭，敏感心靈的導師，道德的教師，是被迫害的，在愛蒙農維爾死於窮困、遺棄。他不是，也不可能是——那種邪惡的人，忘恩負義的人。他的著作給他本人蒙上了一圈光環。[45]

有關盧梭的神話從文學界發源，向上、下兩個層面侵蝕。到一七八〇年，上層社會可能已保持不了那份矜持，開始向盧梭低下它那高貴的頭顱。這一年有觀察者說：「所有的宗教都有它的偶像，哲學也有它的偶像。已經有半個法國轉向愛蒙農維爾，去憑弔那個屬於他的小島……。王后和王子以及宮庭的所有王子王孫，上個星期都去過了。」[46]

第二年，即一七八一年，以盧梭未亡人泰勒絲名義出版的一本《安魂曲：讓·雅克·盧梭的生命、傳奇、對話集》風靡巴黎。訂購者包括瑪麗·安東奈特王后和班傑明·富蘭克林美國公使等一大批宮庭顯貴、外國使節和社會名流。與此同時，《巴黎報》亦推波助瀾，在盧梭生前三個好友奧立弗·德·科蘭茨、讓·羅米利、路易絲·德賽歐編輯下，刊登了大量盧梭生前未發表的手稿。

盧梭生前最討厭巴黎的劇院。但是他死後不久，巴黎劇院卻不斷上演有關盧梭的戲劇，其中如《讓·雅克的少年時代》，傳播盧梭從小就是聖人的神話。最有意思的是一齣兩幕情節劇：《埃里珊田野裏的幽靈集會》。第一幕是《新愛洛琦絲》裏的普魯克斯與朱麗出場，第二幕是《愛彌兒》裏的愛彌兒和蘇菲出場，全劇結束時則動用盧梭《鄉村牧師》的頌詩和音樂，幾乎湊齊了盧梭幻想作品裏的主要人物和背景旋律。

在《讓·雅克的少年時代》一劇幕啟處，盧梭已在一把躺椅上入睡，他的父親則在一旁閱讀普魯塔克的作品。這時，旭日臨窗，冉冉升起。父親說：「你已長大成一個大孩子了……」，盧梭作甦醒狀：「我馬上就是十三歲了」。於是，兩重唱在幕後響起：「當你出生時，我已失去她／你的妻子，我溫柔的母親……」，完全把《懺悔錄》中盧梭對兒時的詩化回憶搬上了舞台。

無論劇目有什麼不同，所有的舞台光環都把少年盧梭渲染成一個聖靈奇蹟：他天性高尚，光照天地。爲了普渡眾生，拯救這個道德敗壞的世界，他才降臨人世。這些戲劇一直延續到革命年代，花樣每年翻新。啓蒙時代的作家沒有一個獲得如此殊榮。

革命前十年，有關盧梭的書籍大量出版，而且側重於盧梭的美德與時代的墮落這一類主題。法朗索瓦．查斯出版了一厚冊《對盧梭和華倫夫人關係的一部公正的哲學評論》，逐點洗刷從前人們流傳的有關盧梭行爲的穢跡：與華倫夫人的曖昧關係、棄子不育、自戀情結，等等。作者認爲，所有這些恰恰證明盧梭道德高尚。

文學渲染盧梭神話，取得了相當大的成功。盧梭的大量民粹主義觀念滲入社會風氣，成爲時尚。年輕人模仿愛彌兒，放棄葷食，睡在堅硬的光地板上，要做「居住在城裏的野蠻人」。婦女們聲稱她們要聽從盧梭的教誨，安心於室，相夫教子，連王后也開始親自哺育起她的子女。更多的人則模仿《新愛洛琦絲》裏的穿著、打扮、說話的腔調。路易十六的父親路易王太子也深受愛彌兒的影響，按照盧梭的觀點從小教育他的兒子，學一門手工匠人的手藝。據說，這就是路易十六那個著名的嗜好——業餘鎖匠的由來。[47]

一七八六年，圖盧茲科學院懸賞徵文：「盧梭頌」。次年有兩人獲獎，其中一人就是巴雷爾，後來成爲救國委員會的成員。巴雷爾頌揚盧梭是公共道德的先知：「他對美德的熱情就是他的雄辯。只有這樣天才的人才配稱爲哲學家。呵，讓．雅克，所有的美德，所有的情感都將承認您是它們的導師，您是它們的楷模。」[48]

一七八九年，即革命爆發的這一年，法蘭西科學院預先公佈的懸賞徵文題目恰恰也是：「盧梭頌」。啓蒙遺老格里姆，在這年九月的通信中鬱鬱而言：「明年法蘭西學院的懸賞徵文題目是盧梭頌，伏爾泰和達朗貝爾已退入陰影，人們還能說些什麼呢？」[49]

這一年歲末，《懺悔錄》第二部出版，首次公諸於世。當時的法國已進入革命，呈烈火燎原之勢。此書一出，無異烈火烹油，燃起更濃烈的道德火焰。一本匿名出版物《讓．雅克或法蘭西民族的信仰復興》（《Jean-Jacques ou le Reveil-Matin de la Nation française》）大聲疾呼，正是通過盧梭的著作，這個民族才學會「以美德劃分等級，最正直的人就是最偉大的人。」[50]

一七九一年六月，在大革命高潮中，路易．塞巴斯旦．馬塞（Louis-Sebastien Mercier）出版一本小冊子，題目赫然爲：《讓．雅克．盧梭——首批被公認的革命締造者之一》。作者認爲，盧梭教導法國的，就是「公共道德」的原則。這場革命就是奠基於這一基石：「盧梭看出，各種社會只能依靠公共道德的手段才能存在。他爲此祈禱，將他的理論與統治偉大社會的高妙藝術置於公共道德之上。」按照作者的理解，當時的國民公會超越於舊制度腐敗觀念之上，把整個民族與盧梭的「公共道德」緊緊聯繫在一起。「公共道德」是一種進攻性的武器，它能使那些掌握它的人摧毀腐敗，它特別反對封建制度的原則：「榮譽」。國民公會「依靠的是盧梭的公共道德，而不是虛假的榮譽」。他分析說，盧梭已爲這個民族鍛造了一個新詞：「愛國美德」。「這一新詞彙就是整個啓蒙以及所有勇氣的補足物。」

值得注意的是，作者已把盧梭從其他哲學家中區別開來，說盧梭遠遠高於那些人，他是所有事變的關鍵因素：

人和人的創造者並不是他幸福的對峙之物。這種悲慘的來源是伏爾泰造成的。使盧梭超越於他同時代作家的，就是他的雄辯有一個道德的核心。

當死亡顛覆了哲學王國的主權，他們的威望之星似乎已黯然失色，失去了對後代人的光照，從這一天起，他（——指盧梭）的王國就已經開始了。在支撐法蘭西智慧宮殿的諸多棟樑中，只有一個人高懸於其他人之上。在那根棟樑上，沒有一個人沒有讀到過他的名字，沒有一個人不把他的名字——讓·雅克·盧梭——鐫刻在他們的心上。詩人的榮耀似乎已經衰竭，與此同時，只有那道德作家的榮耀才能永存不滅。51

同一年，詩人、記者兼都靈大使皮埃爾．路易．吉昂熱內，編輯出版《有關盧梭懺悔錄通信集》。他坦陳出書動機，就是爲了趕盧梭升溫的輿論熱點，趁熱打鐵：「這些信件都是寫於《懺悔錄》第二部剛剛出現的時候，有些朋友催促我抓住這一時機。這時候，人們對這個通信集中心人物的紀念，在某種程度上已經變得神秘化了。」

這時是什麼時候？一七九一年十二月二十一日，國民公會剛剛投票通過決議，給盧梭樹立一座雕像，並獎勵泰勒絲一份年金。吉昂熱內看準這一時機，說盧梭的特殊人格正在成爲大革命的象徵，與上述馬塞的觀點相同，他也讚美盧梭，貶低伏爾泰。他詳細描述了盧梭、伏爾泰之爭的細節，指責伏爾泰之所以攻擊盧梭，就是因爲盧梭道德高尚。他建議，伏爾泰可以得到一座雕像；但題詞爲：「迷信的摧毀者」，而盧梭的雕像，則應以金字銘刻這樣的題詞——「自由的奠基人」。[52]

社會上盛傳有關盧梭的種種神話。盧梭在法國的多處居所，被奉爲聖地，那些地方的居民把盧梭像、盧梭書、盧梭警句置入神龕，供參觀者膜拜。[53]盧梭的信徒紛紛出現。有一個叫作亞歷山大．德雷依的信徒，寫信給另一個信徒說：「讓我們成爲盧梭的朋友，一如基督徒成爲耶穌的朋友」。[54]另有一個叫夏里埃夫人的婦女則聲稱她認識盧梭，並信誓旦旦地說：「我相信，我見到的盧梭確實與耶穌相似。」[55]

對於這種盧梭生前遭人唾棄，死後卻受人膜拜的現象，啓蒙遺老紛紛覺得不可思議。格里姆私下給友人通信，歎息說：「讓．雅克看來沒有崇敬者，只有崇拜者了。」[56]他們難以理解，也難以預料，一場規模更大的風暴正在向著法國逼近。

到了這種時候，對盧梭的崇拜已超逾他個人範圍，成爲一種具有普遍意義的政治化符號。它不僅遍佈於下層社會，盛行於中層社會，而且瀰散於上層社會。社會輿論在盧梭、伏爾泰之間的褒貶，也不僅是舊日兩種哲學傾向的延續，而是預示著兩種社會前途的對抗：是徹底否定歷史已然狀態的全盤革命，還是在接受已然經驗事實的前提下分殊緩進的局部改革？如果革命已在所不免，是克制在政治革命範圍，還是政治革命、社會革命、道德革命乃至革「革命」命的不斷革命？

應該說，大革命初期階段，大資產階級和自由派貴族聯手，確曾力挽狂瀾，試圖遏制盧梭式道德理想主義氾濫，將革命限制在一個有限範圍。但是，他們並未成功。這一階段歷史教訓的思想史部分，與啓蒙運動密切相關，我們留待第五節討論。

大革命第二階段，是代表工商資產階級的吉倫特派時期，這一派人後來爲雅各賓派所推翻。然而，在崇拜盧梭推崇盧梭道德理想主義方面，他們與前任有異，與後任卻是息息相通。正是在吉倫特派執政時期，道德理想主義從民間思潮上升爲上層政治的合法統治（見第七章第一節）。

如果說法國革命創造了一種獨特的政治文化，[57]那麼似應作出公正評價——吉倫特派領袖也參與了這一創造，不能完全歸功或歸咎於雅各賓派。雅各賓派對盧梭的崇拜，以羅伯斯比爾爲代表，後節再敘。這裏可以列舉吉倫特派幾位著名領袖情況：

1、蒲佐

蒲佐爲吉倫特派著名政論家，羅蘭夫人的精神戀人。他回憶一生的精神歷程，將他的信仰、道德追求歸功於盧梭：

> 我的青年時代幾乎是粗野不馴的。然而，我的心卻並未受到放蕩行為玷污。那種淫逸的生活使我厭惡。直到我長大成人，絕無一句下流的言詞玷污過我的嘴唇。不管如何，我很早就懂得了什麼是不幸。我對道德的追求堅守不渝，道德的堅實是我唯一的庇護。我至今還記得我生命中的那一時期是多麼令人激動，我從未背叛過那一時期：在那些日子裏，我默默地在山間漫步，在小鎮的樹林裏徜徉，一邊欣喜地閱讀盧梭或普魯塔克的著作，或者背誦他的有關道德和哲學最動人的論述。[58]

饒勒斯對蒲佐性格的形成有如下評論：

他的回憶錄反映了那種病態的自我幻覺和自我糾葛。讓・雅克那些平平常常的說教，被他吸收過來，形成了一種危險的氣質：在他的道德基礎上，自我確證，自我擴張，用一種帶苦味的鹽鹵，苦苦地醃製自己[59]。

2、布里索

這是一位比蒲佐更活躍，也更狂熱的吉倫特派領袖。一七九二年春天的對外戰爭，就是他主持外交事務時發動的。他這樣表述自己對盧梭道德理想的崇拜：

盧梭應該成為所有世代的楷模。

我弄不懂人們對《懺悔錄》的那麼多非議。我也知道人們把他形容為一個騙子、一個誹謗家，最溫和的說法，是把他說成了瘋子。我有此不幸，崇拜這個瘋子，並且分擔他的不幸，分擔那份濃厚的多愁善感，那顆道德的心靈。這絲毫不是因為他的風格，而是因為他的美德。他使我熱愛美德，如果一個惡棍能使人熱愛美德，那就是一個偉大的奇蹟。即使人們把盧梭說得如何不堪，附加一千個細節，更凶惡，更污穢，我也不改變我的觀點。我相信我內心的判斷。我與其相信盧梭有罪，不如相信這個指控他的世界，已充滿了偽誓、偽證。60

3、羅蘭夫人

她是吉倫特派富有美感的象徵。幾乎所有吉倫特派的重大決策，都是在她的沙龍裏密議的。對於這位大革命政治性格的詩意女神，我們可以多說幾句，從她的少女時代開始。

羅蘭夫人未嫁時，已飽讀當時能夠找到的盧梭所有著作。她說：

我感受到了一種尖銳的全身心的信仰，然而是那種只屬於我自己的信仰。擺脫所有那些包圍我、誘惑我、打動我的事物，我對自己說：「呵，美妙、溫柔、堅不可移的美德，您將永遠是我的財富、我的快樂，……我遠離神學家的種種定義，我熱愛我信仰那些使我和別人共同幸福的幸福，我接受這種幸福，感受得到這種幸福。61

一七八七年七月和八月，羅蘭婚後即安排了一次夫婦共赴瑞士盧梭晚年隱居地的朝聖旅行。他們拜訪了勃艮第行政長官——尚帕涅，後者曾是盧梭好友，亦是盧梭與泰勒絲結婚時的證人。作為一個已婚少婦，羅蘭夫人把她自己想像為盧梭式的人物，擴及她的丈夫。她在途中寫道：「我如饑似渴地閱讀朱麗（按：盧梭《新愛洛琦絲》裏的女主人翁），不是第四次，也是第五次了。對我而言，那些書中人物已經和我們水乳交融地生活在一起了。他們將按照他們的脾性找到我們，正如我們找到他們一樣。」[62]

大革命爆發後，羅蘭夫人實踐了盧梭的婦女不宜公開參政只宜主持家政輔助丈夫參政的主張，給自己選擇的政治活動方式是：不拋頭露面，而是在家中主持沙龍，凝聚了一批又一批有政治抱負的男人。羅伯斯比爾初入巴黎，就曾出沒於她的沙龍。

羅蘭夫人給這些男人評定道德等級，將道德標準播撒於巴黎政治領袖活動範圍，形成特有的道德氛圍。當初羅蘭夫人看中羅蘭，是後者具有盧梭式的美德，正是在羅蘭夫人的沙龍圈子裏，羅蘭後來被稱為「美德羅蘭」。也是在羅蘭夫人的沙龍中，這個婦人第一次把羅伯斯比爾稱為「不可腐蝕者」。

有歷史學家這樣評論羅蘭夫人：「對她而言，恰如她所崇尚的文學作品的模式，建立一個內在的美德理想是那樣專一、迫切，以致壓倒了對幸福的追求、甚至求生的本能。」[63]

米什萊分析羅蘭夫人後來與雅各賓派領袖交惡，也是始於道德嫌惡：

羅蘭夫人後來逐漸怨恨丹東和羅伯斯比爾，在某種程度上，是他們那種粗厲冷漠的靈魂刺激了她，震驚了她。除了道德語言外，羅蘭夫人幾乎沒有其他詞彙。那顆溫柔而又嚴峻的心靈，不僅僅是嫌惡那些被稱作邪惡的人，而且是仇恨他們。整個世界被整齊地切成兩半，所有的邪惡被強化為一半，所有的正義被強化為另一半。這就是在羅蘭夫婦的道德圈子裏看到的情景[64]（著重號為本書作者所加）。

吉倫特派和雅各賓派政見不合，血火相拚。但是雙方在接受盧梭道德理想這一點上，卻如出一轍。他們都傾向於建立一個「高尚靈魂（elevated souls）」的小圈子，以道德貴族代替血緣貴族，而且圈子越劃越小，先是排斥他人，最後卻被他人排斥。米什萊上述評論，不僅適用於羅蘭夫人，而且適用於整個吉倫特派，甚至適用於先是被吉倫特派排斥，後來驅逐吉倫特派的雅各賓派。

四、盧梭信徒——羅伯斯比爾

盧梭在革命前死而復活，全面升溫。讓·雅克，這一本身取自教名的名字，散發出攝人心魄的魅力，穿透無數善男信女的靈魂，成爲無數人起而仿效的法式姓名。無數以盧梭爲名的法國靈魂中，當然有蒲佐，布里索，有羅蘭夫人，還有更年輕的聖鞠斯特。但是，誰更有資格在盧梭像前以純粹盧梭風格的語言起誓？——「當末日審判的號角吹響，看有誰敢於對您說：『他比我更像您，盧梭？』」這個人只能是來自阿臘斯的鄉村律師——馬克西米利安·羅伯斯比爾。羅伯斯比爾，行走中的盧梭；羅伯斯比爾，讓·雅克政治哲學的實踐階段。沒有羅伯斯比爾，盧梭的政治著作將如無數政治著作的命運一樣，或擺在貴婦的梳粧檯上以作裝潢，或擠立在圖書館的某層書架，以備檢索。盧梭還是盧梭，但是他走不下來，走不出去，更走不上街頭，演化爲大革命廣場狂歡山呼海嘯的一幕。

羅伯斯比爾身後史學家關於他何時見過盧梭，在什麼場合下見的盧梭，聚訟不息，新論輩出。這樣的爭論當然是有意義的。但是，問題不在於有無一種關鍵性文獻，或對這一文獻的解釋是否充分，足以論證羅伯斯比爾就在哪一年哪一月哪一天突然成爲讓·雅克的虔誠信徒。問題在於：羅伯斯比爾進入巴黎以前，甚至在見到盧梭以前，思想上是否已產生與盧梭的同構性呼應？

這種同構性呼應如能發現，並闡敘充分，那就比確定羅伯斯比爾何時成爲盧梭的思想信徒更有意義。因爲這樣的思想呼應、邏輯暗合，要比某種偶然性事件更能說明雅各賓專政之所以接受盧梭政治哲學，具有不以個別人物偶然機緣爲轉移的深層因素；也更能說明盧梭思想之所以征服包括羅伯斯比爾在內的法國一代優秀政治家、政論家、宣傳鼓動家，不在於作者本人的智慧，而在於讀者廣泛的社會土壤——這一片土壤是如此肥沃，以致任何一顆與其土壤性質親和的思想種籽，一旦落入，就會抽枝瘋長。

不少羅伯斯比爾研究者就是這樣思考的。他們暫時撇開那些傳記作家感興趣的生平細節，努力挖掘羅伯斯比爾與盧梭之間那根緊密相連的精神臍帶：

一九二二年，饒勒斯：「羅伯斯比爾是薩瓦教士[65]的小兄弟。」[66]

一九六一年，瓦爾特：「羅伯斯比爾承認他自己是《懺悔錄》的精神產兒」。[67]

一九六八年，湯普遜：「羅伯斯比爾的國家教義是其他一切觀念的基礎，而這一點很顯然來自於盧梭。」[68]

一九六八年，科班：「把政治與道德目標堅定地聯繫在一起，區別實用主義與道德倫理，在最高存在崇拜中表述的對自然神的崇敬，獨斷人民主權與公共意志，強調平等，疑忌財富和權勢，把行政分立功能與主權理論混成一片，立法權至高無上，對代議制的敵意……，所有這一切，在羅伯斯比爾的思想中，都有一個盧梭的性格。」[69]

一九七五年，魯德：「羅伯斯比爾公眾場合的語言，頻率最高的是這三個單詞——美德、主權、人民。」他認爲，在羅伯斯比爾的精神發育史中，「最大的功績應歸於盧梭」；「盧梭的美德就是羅伯斯比爾選擇的偶像，無論是思想風格還是生活方式，沒有一個革命領袖像羅伯斯比爾這樣，把自己與盧梭聯繫得這樣緊密。」[70]

羅伯斯比爾走上政治舞台後，如何步步展示盧梭政治哲學的實踐邏輯，留待以後各章詳述。這裏，僅就羅伯斯比爾思想的形成背景，從早期經歷、宗教情懷、民粹情節、復古傾向，乃至道德理想主義的德化政治觀，揭示他與盧梭哲學的精神血緣聯繫。

一七五八年，羅伯斯比爾出生於父母婚後第四個月。六歲時，母親難產去世。八歲時，父親得了漫遊症。一七六八年其父曾返回家鄉，一七七七年又消失不見，死於外地，孤兒們則由外祖父撫養。羅伯斯比爾自幼喪母失怙，這一早期經歷與盧梭驚人相似。

在這樣的境遇中，羅伯斯比爾與盧梭一樣，只能養成內傾式性格。妹妹夏洛特回憶說：「我的哥哥很少參與同學之間的遊戲和娛樂」，「他喜歡一人獨處」。「我和姑母總埋怨他和我們一起的時候，心不在焉。事實上，每當我們玩紙牌或者說一些無關緊要的瑣事時，他就退到屋角裏，坐在一把扶手椅上，陷入了沉思，彷彿只有他一個人在那裏似的。」[71]

羅伯斯比爾家族具有濃厚的宗教氣息。羅伯斯比爾本人能入路易大王中學讀書，依靠的是教會提供的獎學金。和盧梭早年一樣，長輩曾有意讓這個家族唯一的男性繼承人去當修士。在這樣的精神氣氛中，羅伯斯比爾很早就對當時法國精神生活的兩股源頭——哲學和宗教，作出了自己的選擇。一七八六年發表的《關於私生子》一文說道：「哲學對人民來說是陌生的，只有宗教才能使人民擺脫不幸與欲望，防微杜漸。」[72]與盧梭一樣，羅伯斯比爾政治觀是從宗教——倫理進入的，而不是從哲學——功利進入的，這一點至關重要，決定他在反覆閱讀孟德斯鳩、伏爾泰、盧梭之後，最終倒向了具有相同氣質的盧梭一邊。及至一七八九年他進入巴黎政治漩渦，很快就呈現出盧梭思想的宗教——倫理氣息，以致《巴黎紀事報》載文分析他的政治傾向，很容易發現：他不是宗教領袖，卻似一個宗派領袖；他是一位教士，而且將永遠只是一位教士。[73]羅伯斯比爾所獲得的這一評論，恰如盧梭生前所獲得的那一評論：「盧梭有一顆教士心。」米什萊評羅伯斯比爾的一段論述，幾乎使人覺得他是在評論盧梭：

他是不是想在精神權力上面再加上政權和頭銜呢？我認為決非如此。頭銜會削弱精神的權力，他會覺得教皇的職位要好一些。他有一顆不大像國王、卻像教士的心。把他

捧上王位？他會走下來的！[74]（著重號為本書作者所加）

羅伯斯比爾從宗教情懷進入政治領域，勢必要對政治運作提出道德化的要求：觀念變革先行，優先於其他變革。一七八四年，羅伯斯比爾在當時各地科學院名目繁多的徵文題目中，抓住了一個最富道德意味的題目——梅斯科學院所出《有人認為如果一人犯罪，全家都要受辱。此看法的根源是什麼？它是否弊多利少？回答若是肯定，那麼用什麼辦法來消除不良影響？》，同年十月，阿臘斯科學院舉行接納院士儀式，羅伯斯比爾即將上述應徵論文作為接納他的典禮上的演說詞。這是羅伯斯比爾步入法國精神論壇的早期作品，文中重複了不少孟德斯鳩的觀點，同時，也出現了盧梭建立第四種法律——即內心統治法、道德統治法的觀點——以德化民，以德化政：

> 我們不需要改變整個的立法體系，不需要在一場危險的普通革命中去尋找一種不好的解決方法。一些更為簡單、容易、也許是更為確切、有把握的方法擺在我的面前。**風尚帶來幸福，猶如太陽帶來光芒；習俗比法律更有力量。**[75]

到了一七八九年四月，羅伯斯比爾當選爲阿臘斯出席全國三級會議的代表，就在這時候，他終於寫出了瓦爾特所稱「最瑰麗的篇章，即出現在敬奉給讓・雅克・盧梭未完成獻辭中的那幾頁」：

> 聖人啊！你教會我認識自己，你教會我年輕時就懂得了我本性的尊嚴，思考了有關社會秩序的重大原則；
>
> 在你最後的日子裏，我見到了你。這段回憶是我的驕傲和歡樂的源泉；我凝視著你那莊嚴的面容，看到了人們不公正的行為給你帶來的深切憂愁的痕跡；
>
> 眼看著專制制度走向滅亡和最後的主宰正在覺醒，眼看著四面八方烏雲翻滾，風暴即將來臨，並將產生任何人間智慧都無法估量的後果，我受命將在那震撼世界的最偉大事件中發揮作用。我應當首先自己弄清楚並在不久之後向我的同胞們說明我的思想和行動。您的範例就在我的眼前，**您的《懺悔錄》可敬可佩，那是一顆最純淨的靈魂最真誠勇敢的坦露，與其說它是藝術的典範，不如說它是道德的楷模，它將垂諸永遠**。我願踏著您那令人肅然起敬的足跡前進，即使不能流芳百世也在所不惜；在一場前所未有的革命為我們開創的艱險事業中，如果我能永遠忠實於您的著作給我的啟示，我將感到幸福。[76]

這是迄今爲止所發現的確證羅伯斯比爾是盧梭信徒的首要文件。對這一文件的闡述，尤其是如何判斷文中所述羅伯斯比爾見到盧梭的場合問題，幾乎有一場跨國爭議：

蘇聯學者盧金：「他們的會面地點是在愛蒙農維爾。我們不知道，盧梭對這個注定要實現他的社會政治思想的無名青年說了些什麼；但是，看來這次拜訪使羅伯斯比爾確信他決定要走上的生活道路是正確的。」

法國學者馬森：「他們兩個相遇是確有其事的。羅伯斯比爾親口說的話是毋容置疑的，甚至有人猜想他們之間有過交談。重要的是，從路易大王中學時起羅伯斯比爾就鑽進了讓·雅克的著作中，他大致上掌握了這些思想，並一直忠於這些思考。」

中國學者陳崇武先生根據他所掌握的大量傳記材料，認爲上述說法拔高了這次見面的意義，提出了他的看法：「羅伯斯比爾並沒有明確談到自己見盧梭的方式，我們有什麼理由硬要把這說成是『拜訪』、『會晤』，而不說他是站在人群裏偶然見了盧梭一面呢？」「事實上，羅伯斯比爾可稱爲盧梭的信徒，大體上要到一七八八年上半年或一七八九年上半年，也就是法國大革命爆發的前夕；」「羅伯斯比爾真正轉到盧梭這一邊來的最主要的原因，是他接受了盧梭的政治學說，接受了盧梭思想的核心部分——人民主權說和社會平等觀，並以此作爲自己觀察、分析、解決問題的思想武器」。[77]

比較上述觀點，陳崇武先生的說法還是平實可信的。這樣的爭論對於澄清某種歷史細節，當有積極作用。尤其是這種細節具有重大意義時，更是如此。但是，對於思想史本身而言，最值得注意的還是文本內在的邏輯聯繫，以及這種邏輯聯繫所提供的分析進路。

在羅伯斯比爾上述獻辭中，値得挖掘的是下列幾點：

1、一七八四年論文中對「普遍革命」的拒斥態度已消失不見，但是早期思想中的道德傾向卻有增無減；

2、稱盧梭爲「聖人」，並認爲他的臉上留有「人們不公正行爲」造成的「深切憂愁的痕跡」。有不公正行爲者，不僅是盧梭生前法國民眾對他的誤解和傷害，更多的是啓蒙哲學陣營對他的傷害。羅伯斯比爾早期即對宗教倫理和世俗哲學作自覺對比的選擇，發展至此，已出現人事褒貶的感情色彩。這裏預示著羅伯斯比爾進入國民公會後對啓蒙遺老的轟逐，也預示著他執政以後對啓蒙遺老更爲無情的打擊；

3、讀盧梭，不是讀他的政治著作，而是道德懺悔錄；盧梭教會他的，不是對外界事物的經驗性歸納，而是先驗性的返觀內心——「懂得了本性尊嚴」，然後擴及外界——「社會秩序的重大原則」。這樣的閱讀進路，與盧梭當年的思考與寫作進路完全合拍。

順著這一進路，我們可以找到羅伯斯比爾步入政壇各種政策舉措後面的思想邏輯：

第一、以復古道德化抵制近代世俗化，以內心統治法取代成文法：「雅典的梭倫早就觀察到，他的國家是由三種性格不同的居民構成：山地居民那一部分，他們是自由的，勇敢的，生而就傾向於共和國；平原居民那一部分，他們是平靜的、溫和的；海邊居民那一部分是頑固的，傾向於貴族制的。我譴責梭倫，爲了取悅只負擔半個雅典的那兩個階級而制定了一部糟糕的法律，他本來應該以自由的原則把人們凝集在一起，服從理智和正義的永恆法律，那是鐫刻在所有人內心的法律。梭倫是個斐揚派，他想取悅所有的黨派」[78]。

這種道德復古觀和盧梭如出一轍，有兩層涵義：

1、在當時法國精神生活中，雅典和斯巴達是現實社會中兩種價值取向的符號，前者意味著世俗功利，後者意味著道德淨化。拒絕雅典，實質上是拒絕文藝復興以來以雅典爲標準的近代世俗化潮流。拒絕雅典，也就是拒絕市民社會擺脫中世紀神正論的形而上統制，走向資產階級世俗面貌的歷史過程；

2、譴責梭倫不做什麼，也就意味著他本人要做什麼；建設「鐫刻在人們內心的法律。」在政治實踐中，難免表現出觀念形態對市民社會的道德救贖——大規模社會重建。這種道德重建的激進要求與上述復古主義的內核互爲表裏，將使羅伯斯比爾——雅各賓專政的政治實踐呈現出內裏復古外表激進的逆反面貌：在一場資產階級革命中，以革命反對資產階級本身，革「革命」的命；

第二、政治國家是道德實體，不是利益共同體：「共和國並不是一個空洞的字眼，它是公民的基本屬性，它是道德，也就是對父母之邦的熱愛」[79]；「共和國的靈魂是道德，也就是說，是對父母之邦的熱愛，是高尙的奉獻——將所有的私人利益溶化於普遍利益」；[80]

第三、倒果爲因，觀念先行：「爲了建成我們的政治體制，我們不得不先遵循道德，而這種道德正是那種制度將來所給予我們的道德[81]」；

第四、民粹至上，以「人民」的抽象符號取消個人的具體存在：「我是通過這一單詞——美德，才認識了法蘭西，道德已經在絕大多數個人中消失，只有在人民群體和普遍利益中才能找到道德」[82]；「人民的價値永遠高於個人」。[83]

羅伯斯比爾後來的五年政治生涯中，總是把自己與人民不可分割地聯繫在一起。一七九二年他在國民公會中被人圍攻，被控誘惑人民，他在憤怒反駁時，驚人之語脫口而出：「你們竟敢控訴我企圖誘惑人民，引導人民走入歧途，我怎麼能夠！我既不是人民的反對者，也不是人民的仲裁者，還不是人民的辯護者。我自己就是人民！——Je suis Peuple moimême!」[84]

這就是羅伯斯比爾各種政治舉措後面的盧梭式邏輯，一種高尚而又危險的政治邏輯：人民是美德的化身，我是人民的化身，因而我也就是美德的化身；因此發生的所有政策分歧、政治對抗，只能有一種判斷：他人在墮落，他人在犯罪——在這樣的邏輯下，所有的政治鬥爭只能全部轉化為道德判斷、道德鬥爭了。

羅伯斯比爾對此深信不疑。一七八九年的春天，他帶著盧梭的真理從阿臘斯走進巴黎。他向人們宣告：

我告訴你們：我懂得讓．雅克宣佈的一條最偉大的道德和政治真理：人民決不會真誠熱愛那些不熱愛他們的人，只有人民才是善良的、正直的、寬宏大量的，腐敗和專制是那些蔑視人民的人與生俱來的狹隘屬性。[85]

誰是「不熱愛人民的人」？誰是「腐敗者」、「專制者」、「蔑視人民者」？羅伯斯比爾後來說出：——「內患來自資產階級」。86

五、盧梭熱究因何在——啟蒙運動的教訓

盧梭的死後命運，如他的生前性格，很快發生了戲劇性的變化。如前所述，這個自我神化的流浪教士，生不遂願，死後卻在法國革命前的熱烘烘氣氛中羽化成仙，如願以償。如果設問：

啓蒙學派經孟德斯鳩、伏爾泰，狄德羅三代人苦心經營，一度執法國思想界乃至歐洲思想界之牛耳，爲何革命來臨，卻偏處一隅，影響低落？與此同時，盧梭哲學爲何能突破啓蒙學派的壓制，大放異彩，突然走紅，掌握了千百萬人的革命實踐？

本書開篇說明中已述，一定有著眾多的、非個人的、而且是決定性的社會經濟原因在思想舞台背景深處活動，牽引著那個年代那些熱狂者的身影。挖掘並且描述這些決定性的社會經濟原因，將是另一類專著中引人入勝的精彩章節。限於題材局限，本書範圍內只能就思想史、政治文化史的角度，提出三點粗淺解釋：

第一，十八世紀的法國，經過前一個世紀黎塞留、路易十四近百年的鼓勵提倡，已形成文學型、戲劇性而不是哲學型、邏輯型的精神氣候。文人地位與文人職

業在社會上普遍看好。法學家盧瓦索在他寫作的《論社會等級與普通尊嚴》一書中，揭示出這一史實：當時佔據第三等級首要地位的並不是產業經營者，而是舞文弄墨的文人：「整個十七世紀資產階級的特點，是對文學、藝術和道德的重視。」[87]這種戲劇化、浪漫化的精神氛圍，到了十八世紀有增無減。王后安東奈特曾強使博馬捨棄諷刺貴族特權的戲劇《費加洛的婚禮》，在法蘭西大劇院上演，即是典型一例。

法國精神氛圍的特性，相比周圍國家顯得十分火爆，令人不安。奧地利皇太后給女兒安東奈特訓戒信中即指出了這一點：「在你們這樣一個動輒群情激昂的國家……」。[88]這樣的氣候猶如法國所處的大陸型自然氣候一樣，暴冷暴熱，起落無常。

啓蒙運動的主流作家，多是邏輯型、哲學型百科全書人物。伏爾泰創作過喜劇、悲劇，狄德羅有過小說、戲劇評論，這是證明他們具有生長於法國精神氣候的一面。但在另一方面，他們的精神軸心卻是圍繞著英國哲學、牛頓世界打轉，他們向法國輸入的哲學思想，多是恒溫型的工具理性、經驗哲學。這種英國型的哲學產品，是沉著事功、平庸緩進，而不是沖天而起充滿浪漫美感的價值理性、先驗哲學。因此，啓蒙運動的哲學內容多是舶來文化，與本土浪漫精神並不契合。哲學的麵包不塗上文學的乳酪，法國人咽不下去。[89]

相反，啓蒙運動的叛逆者來自日內瓦外邦，他的精神氣質卻與法蘭西精神氣候水乳交融，相得益彰。盧梭的文學型哲學活動，戲劇性個人命運，正是法國文學氣候中最爲需要的煽情燃料。因此，盧梭生前的文學氣質、戲劇性格對他的理論創造，是一大損害，但對他理論產品的身後普及，卻是最合適的推銷模式。盧梭生前令人生厭的戲劇性格，盧梭身後令人瞠目的戲劇性變化，就他人事件的邏輯而言，似乎不可理解。但是，置於法國當時那種戲劇化的精神國度，這種變化卻是最合邏輯的變化。因爲他不合理性的邏輯，正合感性的邏輯、戲劇的邏輯。在這個意義上說，與其說盧梭需要法國，勿寧說法國需要盧梭。

第二，從啓蒙運動本身的邏輯結構而言，它缺少這樣一個環節：回應與吸收整個底層民眾在社會轉型時期產生的不滿，承擔社會轉型時期新興資產階級對底層社會價值取向的兼收並容義務。托克維爾曾批評啓蒙運動說：

> 這些哲學家中有一些人並不崇拜人類理性，而是崇拜他們自己的理性。從未有人像他們那樣對共同智慧缺乏信心。我們可以舉出許多人，他們幾乎像蔑視仁慈的上帝一樣蔑視民眾。他們對上帝表現出一種競爭對手的傲慢，對民眾則表現出一種暴發戶的驕傲。……這與英國人和美國人對其公民多數人的感情所表現出來的尊重相去萬里。在他們國家，理性對自身充滿自豪和信心，但從不蠻橫無理；因此理性導致了自由，而我們

的理性，只不過發明了一些新的奴役形式。[90]

如此「理性」，勢必在對立一極激起一個邏輯上的反跳或補正：底層社會把功利競爭時的失敗——即物質利益的受損，換算爲道德失敗、道德抗議，於是搶佔道德制高點，控訴資產階級世俗化歷史潮流。這種道德抗議與宗教饑渴匯合，形成一股強大的民粹主義潛勢，與世俗化歷史潮流暗中對抗，並且呼風喚雨，沒有奇理斯瑪，也會創造出一個奇理斯瑪。

而在當時整個啓蒙運動中，盧梭是唯一有過底層社會流浪經歷的人，也是唯一不置金錢財富，不經營「人間俗務事務所」的人。他以自己的生活方式——穿亞美尼亞人粗衣、賣掉計時金錶、抄樂譜爲生，履踐了自己的民粹理論。如果說他是「教士」，那也只是一個「本堂神甫」，不會是一個「樞密主教」。他是十八世紀啓蒙運動的逆子，是當時下層社會唯一無二的代言人——這一精神特徵恰恰符合底層社會呼喚奇理斯瑪的需要。

如此不期而遇，適逢其會，並且迅速哄抬爲奇理斯瑪式的道德先知、道德英雄，恐怕盧梭自己在生前都不敢預料。然而歷史之詭變就在於此：盧梭見逐於啓蒙運動，從中心逐向邊緣，他在啓蒙運動中的邊緣化，反過來成爲民眾抗議運動所居地位的中心化；與此同時，啓蒙運動在革命前法國精神生活中的中心地位，一經民眾抗議運動爆發，就迅速敗落，從中心走向了邊緣，成爲一組留待雅各賓派專政鐵腕收拾的文化邊緣群落。

以此觀之，盧梭理論有他後來的悖論命運，啓蒙運動也有他們的悖論命運，就毫不奇怪了。儘管啓蒙運動也播撒過不滿現實的思想，但它本身的濕良性質本來是爲一場有限度的上層改革鋪設前提，因爲排斥底層社會，反過來迅速被底層社會所排斥。啓蒙思想之所以能見容於革命第一階段，不能持續於第二階段，到了第三階段，則被推上道德法庭成爲群眾專政的對象；盧梭思想之所以能夠以前文所述的神化形式出現於第一階段，到了第二階段上升爲革命年代政治話語的結構中心，到了第三階段則盛極一時，壓倒了啓蒙思想的後遺影響——兩者此消彼長的邏輯底蘊，可能就在這裏。

第三，啓蒙運動不僅沒有回應現實環境裏下一個階層的社會需要，在歷史遺產方面，也沒有回應上一個階段的觀念遺產——中世紀救贖遺產，構成第二大失誤。整個啓蒙運動有不可抹殺的歷史地位，但是在當時，這一地位儘管聲勢顯赫，卻出現了一種十分危險的懸空狀態：在時間、空間上都呈懸浮孤立狀態。就在這種懸浮物的下面，正在出現一場革命喚醒另一場革命的奇怪局面。

啓蒙運動能夠排斥盧梭個人，但不能塡補法國精神生活中的神意欠缺、價值饑渴。神正論救贖傳統千年一脈，維繫著法國社會的道德資源。一旦潰決，不僅在底層社會引起震盪，在中、上層社會也激起強烈不安。在啓蒙思想拒絕應對的地方，盧梭慨然出場。他掰開教會的死手，救活道德理想的精神激情，他的浪漫作品在後世看來，凌空蹈虛，漫漶散蕩，但在法國當時的社會，卻正好打中精神生活的道德真空：

羅伯特·丹通（Robert Darnton）在《法國文化史上的大屠殺及其他事件》中，分析統計盧梭和他的眾多讀者的精神感應說：「讓·雅克向那些能夠公正閱讀他著作的讀者敞開了他的心靈；那些讀者感到他們的心靈也隨之昇華，超越了他們日常生活的不完善性。」[91]

路易十六財政大臣內克的女兒斯塔爾夫人，在革命前夕，寫書盛讚盧梭說：「他是這樣一個僅有的天才，他知道如何形成道德激情。他奉獻於道德雄辯，他煽起了對罪惡的正義仇恨以及對美德的熱愛！」[92]

王公貴族、沙龍貴婦、乃至販夫走卒，所有的崇拜者從不同方向伸出的熱切手指，抓住的可能有盧梭的不同側面，但是，最後總有一面共通：讓·雅克的道德理想！這樣的人物不升溫，這樣的精神符號不走紅，還有什麼能升溫，能走紅呢？

借此，我想在這裏說明我在後文敘述中難以插入的一個觀點：如果說法國革命越走越急，甚至從一場革命中又發展出另一場革命以打斷前一場革命，那也不是從盧梭到羅伯斯比爾一線發展一廂情願的結果。諸多力量都參加了最終結局的形成，其中，既有不可做者做了一些什麼，也有可做者不做一些什麼。「因此，很容易想像全體法國人怎麼會一下子就落入一場他們根本看不見的可怕的革命，而那些受到革命最大威脅的人卻走在最前列，開闢和擴展通向革命的道路。」[93]

革命，就是在這種你推一把我擠一把的合力中，越走越近的。可悲的是，道德危機、政治危機、社會危機如果在一個時空內相遇，那將是這個民族最危險的時刻。單一的政治革命，甚至再加上一場社會革命，雖是重負，尚不可怕。可怕的是兩種革命遇上道德革命的助燃加速。在道德革命催逼下的政治革命、社會革命，將不停地作出道德許諾，以滿足民族的道德饑渴。

法朗士小說題爲《諸神渴了》，再好不過地點破了在這種時刻整個民族出現的多方面神意饑渴。越渴越吃鹽，惡性循環。這種時刻的革命，將不會是一場革命，單質革命，而是政治革命、社會革命、道德革命接踵而至，不僅在時間序列上不能停步，在空間排列上不能錯開，而是全盤革命，不斷革命，畢其功於一役。法國革命之所以稱之爲「大革命」，令英、美革命瞠乎其後，很大程度上即因此而起。

這樣的「大革命」，是一個民族不堪重負的革命：先是政治革命被社會革命壓垮，後是社會革命被道德革命壓垮，後一場革命壓在前一場革命身上，催其快走，不斷革命到最後，終於被越來越重的革命本身壓垮！

——法國革命不斷上升，然後戛然而止的歷史進程，將證明這一可歌可泣的歷史邏輯。

註釋：

1轉引自劉小楓《拯救與逍遙》，上海人民出版社一九八八年版，第二五〇頁。
2帕斯卡：《思想錄》，商務印書館一九八五年版，第二四二至二四三頁。
3轉引自布羅姆：《盧梭和道德共和國》，第六十五頁。
4盧梭：《懺悔錄》上卷，第二十五頁、第七頁。
5盧梭：《懺悔錄》下卷，第三五七頁。
6揚．斯特羅賓斯基：「法布利希烏斯的自擬」，《科學人文主義》雜誌第一六一期（一九七六），第九十六頁。
7同5，第三五七頁。
8同5，第二四三頁。
9同3，第五十九至六〇頁。
10《盧梭全集》，巴黎一九五九年版第一卷，第八二四頁。
11卡西勒：《盧梭．康德．歌德》，第五十八頁。
12揚．斯特羅賓斯基：《盧梭：透明與曖昧》，第二〇八頁。
13漢肖爾編著：《理性時代法國偉大思想家的社會政治觀念》，倫敦一九三〇年版，第一八五至一八六頁。
14泰奧菲爾．迪富爾編：《盧梭通信集》，巴黎一九二四至一九三四年版，第二六六頁。
15佩拉基安主義：Pelagianism，五世紀時不列顛教士佩拉基安宣傳的一種異端思想，否定原罪，人無需上帝的干預也能獲救。

16羅那德．格里姆斯里：《盧梭：宗教的問題》，牛津大學出版社一九六八年版，第十三頁。
17達朗貝爾：《評愛彌兒》，轉引自卡西勒《盧梭的問題》，第六十九頁。
18揚．斯特羅賓斯基：《起訴社會》，巴黎版，第三十五頁。
19《走向澄明之鏡——盧梭隨筆與書信集》，上海三聯書店一九九〇年版，第二一一頁。
20同10，第七〇六頁。
21葛力、姚鵬：《啟蒙思想泰斗》，世界知識出版社一九八九年版，第三五七頁。
22法蘭西斯．韋渥：《盧梭》，新華出版社，一九八九年版，第一七三頁。
23茨威格：《瑪麗．安東奈特》（中譯本作《斷頭豔后》），北京出版社一九九〇年版，第一四四頁。
24G．勒諾特爾：《法國歷史軼聞》，北京出版社一九八五年版，第一卷，第二六二至二六四頁。
25馬迪厄：《法國革命史》，商務印書館一九七三年版，第二十五頁。
26托克維爾：《舊制度與大革命》，商務印書館一九九二年版，第二八〇至二八四頁。
27同25，第二十三頁。
28雷吉諾．佩爾努：《法國資產階級史》，上海譯文出版社一九九一年版，下冊，第二四七頁。
29同25，第二十一頁。
30同28，第二三二頁。
31同28，第二三六、第二四一頁。
32索布林一九八一年華東師大學術報告：《哲學家與革命》，打印稿。
33盧梭：《論人類不平等的起源和基礎》，第一六五頁。
34盧梭：《愛彌兒》，第七一二、第二六〇頁。

35同25，第二十一頁。

36啟蒙哲學出現無神論傾向，以及這一傾向在當時法國精神生活中的積極作用和負面影響，最終究應如何評價，是一個牽涉多方面互動因素的重大問題，錯綜複雜，需要有專著篇幅才能闡述清楚。這裏限於本文主題和篇幅，從特定角度切入並提出的觀點，解釋範圍有邊際限定，不應理解為是對這一龐大問題的總體看法。

37同28，第二四五頁。

38同28，第二四九頁。

39聖日耳曼伯爵：冒險家，Saint - Germain Comte de? —一七八四，以巫術震驚法國上層沙龍和王宮，聲稱自耶穌—基督降世以來，便在人間。一七五〇至一七六〇年間是法國著名人物。

40卡廖斯特羅（Cagliostro，一七四三至一七九五）：義大利冒險家，以江湖醫術和秘術轟動巴黎，後涉嫌王后項鍊事件，被逐出法國。

41卡薩諾瓦（Casanova 一七二五至一七九八）：義大利冒險家，混跡於上層，遍遊歐洲。

42麥斯麥（Mesmer，一七三四至一八一五），德國醫生，聲稱發現了「動物磁氣」，治療百病，在巴黎轟動一時。

43同28，第二五五至二五六頁。

44愛弗瑞德．科班：《盧梭和現代國家》，倫敦一九三四年版第二章。

45雷蒙德．特魯松：《盧梭和他的文學命運》，巴黎一九七一年版，第五十三頁。

46P．普朗編：《有關讓．雅克．盧梭流言的新聞和時間》，巴黎一九一二年版，第二二七頁。

47布羅姆：《盧梭和道德共和國》，第一三八頁。

48同上，第一四三頁。

49同上，第一四三頁。
50同上，第一四四頁。
51轉引自巴奈：《法國革命中的讓·雅克·盧梭》，巴黎一九七七年版，第十九卷，第六〇三四至六〇三五頁。
52同上，第六〇三八頁。
53同上，第六〇三八頁。
54同47，第一四〇頁。
55同47，第一四四頁。
56同47，第一四七頁。
57此說在國內由高毅首創，見高毅著：《法蘭西風格——大革命政治文化》。
58同47，第一四六頁。
59饒勒斯：《法國革命社會史》，八卷本。巴黎一九二二至一九二七年版，第五卷，第一八〇頁。
60同47，第一四二頁。
61轉引自麥伊：《盧梭對羅蘭夫人的影響》，日內瓦一九六四年版，第一四五至一四六頁。
62同上，第一七五頁。
63同上，第二一三頁。
64米什萊：《法國革命史》，巴黎一九五二年版，第一卷，第一二六九頁。
65盧梭在《愛彌兒》下卷中的信仰自白，自稱為一個薩瓦教士的信仰自白。
66饒勒斯：《法國革命社會史》，第三卷，第七頁。

67瓦爾特：《羅伯斯比爾》，巴黎一九六一年版，第一卷，第二十五頁。參閱中譯本商務印書館一九八三年版，第十三頁。

68湯普遜：《羅伯斯比爾》，紐約一九六八年版，第二卷，第四十七頁。

69科班：《羅伯斯比爾：法國革命面面觀》，紐約一九六八年版，第一五一至一五二頁。

70魯德：《羅伯斯比爾——革命民主派的肖像》，紐約一九七五年版，第九十五至九十六頁。

71陳崇武：《羅伯斯比爾評傳》，華東師大出版社一九八九年版，第十一、第十二、第二十三。亦可參見瓦爾特：《羅伯斯比爾》第一章有關內容。

72同71，第五十二頁。

73轉引自王養沖、陳崇武主編：《羅伯斯比爾選集》書後附錄：「法國歷史學家論羅伯斯比爾」，華東師大出版社一九八九年版，第三〇八頁。

74同上，第二八二頁。

75同67，第三〇至三十一頁。

76著重號是我加的。前一部分內容以往的中文譯法不夠顯豁，根據英釋本重譯；後一部分內容在瓦爾特《羅伯斯比爾》一書中又被刪略，然而卻極其重要。現根據布羅姆《盧梭和道德理想國》一書中附錄的羅伯斯比爾這一獻辭中有關部分，補譯於此，見布羅姆書，第三十五頁。布羅姆提供的原版出處是一八四〇年巴黎版《羅伯斯比爾全集》第二卷，第四七三至四七四頁。該版本在國內頗難尋覓，故只能從布羅姆書中轉譯。

77同71，第四十六至四十七頁。

78《羅伯斯比爾全集》，巴黎一九五〇年版，第五卷，第一八七至一八八頁。

79《羅伯斯比爾全集》，巴黎一九五〇年版，第六卷，第二八五頁。

80同78，第十七頁。

81同78，第二〇頁。

82同上。

83同上。

84《羅伯斯比爾全集》，巴黎一九五〇年版第八卷，第三一一頁。

85同上，第三〇八頁。

86瓦爾特書中兩次提示羅伯斯比爾這一觀點，見該書中譯本，第十二、第三七〇頁。

87雷吉娜．佩爾努：《法國資產階級史》下冊，第二十六、第二十七、第七十一頁。

88茨威格：《斷頭豔后》，第一二二頁。

89有朋友提出反駁，說笛卡兒就毫無文學色彩，他看高乃依名劇《熙德》時，在激動的觀眾中自問：「它到底說明了什麼？」笛卡兒的哲學麵包為何法國人能咽下去？對這一反駁的回答，我倒不想討個便宜的路走，只說笛卡兒的大部分著作寫於國外。我想指出的另外一點是，笛卡兒哲學的先驗性繼承了法國帕斯卡傳統，填補了法國社會當時的神意欠缺。可以這樣說，笛卡兒哲學麵包沒有塗上法國的乳酪，但是塗有法國人最親近的先驗乳酪，法國人還是喜聞樂見。關於十八世紀法國文學的政治化以及政治的文學化，托克維爾《舊制度與大革命》第三編第一章「到十八世紀中葉，文人何以變為國家的首要政治家，其後果如何」，有著更為犀利的批評。

90托克維爾：《舊制度與大革命》，第二六〇頁。

91羅伯特．丹通：《法國文化史上的大屠殺及其他事件》，紐約一九八四年版，第二四九頁。

92巴奈：《法國革命中的讓．雅克．盧梭》，巴黎一九七七年版，第十九卷，第六〇六三頁。

93同90，第二三六頁。

第六章 一七八九至一七九二年：盧梭思想從背景走向前台

◆眼看著專制制度走向滅亡和真正的主宰正在覺醒，眼看著四面八方烏雲翻滾，風暴即將來臨……我願踏著您那令人肅然起敬的足跡前進。

——羅伯斯比爾

歷史在召喚，上有讓．雅克，下有羅伯斯比爾。一七八九年至一七九二年的法國，是大革命的初期階段，也是盧梭思想從背景走向前台，從書齋走向廣場的發展階段。道德理想國的精神氛圍、外部環境在革命危機中不斷加溫，逐漸成熟。

一、革命初期的憲政觀念——冉森主義與盧梭思想合流

一七八九年五月五日，三級會議開幕。大革命在民情洶湧中拉開了它的序幕。一七八九年六月十七日，第三等級代表因久等第一、第二等級合廳議事不果，自行組成國民議會。六月二十日，國民議會代表在網球場宣誓：「不制定法國憲法，決不解散。」六月二十三日，米拉波對奉命前來驅趕的王室司儀官說：「去告訴你們

的主子，我們代表民意在此開會，要我們離開，除非你們動用刺刀。」七月九日，國民議會自行改爲制憲議會。

從此，法國的立法機構旋轉在制憲漩渦裏，短短十五年裏制定了五部憲法：一七九一年憲法、一七九三年憲法、一七九五年憲法，一七九九年憲法和一八〇四年憲法。這樣頻繁的憲法產出率，在大革命之後也難以停歇。十九世紀有一八一四年憲章、一八三〇年憲法、一八四二年第二共和國憲法、一八五二年法蘭西第一帝國憲法、一八七五年第三共和國憲法；二十世紀則有一九四六年第四共和國憲法、一九五八年第五共和國憲法。至今二百年內，總計十二部憲法，平均每十六年產生一部，換言之，平均每一代人一生中要經歷三次以上的憲法危機。

這一歷史現象，與美國革命一錘定音，首創一七八七年憲法，二百年不變，一以貫之，形成強烈反差。反過來說，亦同英國革命一次定向，沒有一部成文憲法，卻能保持二百年憲政體制穩定不變，也構成令人奇異的對比。

一七九四年，作家尙福爾因被雅各賓專政通緝而自殺。死前留有一句名言，似乎點破法國人的憲政困境：「英國人重法而輕權，法國人重權而輕法。」然而此言既公平，也不公平。法國革命不正是從改變重權輕法這一民族頑症開始的嗎？上述一七八九年六月二十日的網球場誓約，真誠地說明了這一點。三級會議一變爲國民議會、二變爲制憲議會，也真誠地說明了這一點。

革命確實想改變民族的政治重心，把權力重心轉向立法重心。問題在於：這一重心轉移之後，爲何長久處於風雨飄搖之中，難以穩定？除了外部環境惡劣社會危機頻頻發生這一「硬體因素」之外，法國憲政的「軟體因素」——法蘭西人的憲政觀點、憲政心態在起步之初是否就發生了某些有待調整的偏差？對此，當代法國年鑒學派對長時段社會心理因素的研究方法值得借鑒。

法蘭西近代憲政觀念的產生，可以追溯到十七世紀初期冉森教派的活動，以及這一教派發展到大革命前夕與盧梭政治哲學的合流。

冉森派十七世紀初起時，尚有天主教色彩，並曾強烈反對加爾文派「分裂教會」的新教活動。但是，它在「恩寵論」、「先定論」以及道德世界中「正義」與「邪惡」勢不兩立的二元對抗觀等問題上，卻深得加爾文派要旨。此外，在哲學淵源上，冉森教派與盧梭哲學的前身笛卡兒理論具有內在的聯繫。專門研究法國資產階級史的雷吉娜·佩爾努認爲：「冉森教派代表著的傾向與笛卡兒理論中所表現出來的物理學必須與形而上學徹底決裂的傾向，是一回事」。

發展至十八世紀，冉森派教義尚披有神學外衣，內裏卻出現可爲世俗政治間接引用的直接民主制觀點，如：教會是信徒的議會，所有信徒都有權參加這一議會的管理；任何教會所作出的決定只有在取得教民一致同意的情況下方能生效；——這就是著名的「一致性」原則。這一原則，與盧梭政治哲學的「公意說」、「公意不會錯誤說」、「主權在民說」已經非常接近了。

更爲重要的是，冉森派到十八世紀以後大部分轉向法律界、司法界活動，出現在西歐其他各國近代宗教改革運動所不曾出現的特點，影響至爲深遠：「冉森教派在法律資產階級身上留下了深刻的烙印，直到十九世紀末，還能感覺冉森教派的影響。」[1] 一七二七年，冉森派反對教皇克萊芒十一世《烏尼詹尼圖斯諭旨》失敗，轉向巴黎高等法院結盟，試圖利用這一世俗機構干預宗教裁判所的專橫，保護本教派的存在。

從此，冉森派捲入巴黎高等法院與法國國王之間的鬥爭，並從自己的教義中吸取法律靈感，爲高等法院塑造限制王權的立憲理論。這一理論認爲：法國有本土憲政資源，即法國古憲法；高等法院反王權的鬥爭自有合法性淵源；國王只不過是一種在政治上對民族而不是對上帝負責的「代理人」、「被委託人」。表達這一觀點的冉森派律師勒佩日《關於高等法院基本職能的史學信札》（一七五二至一七五三）流傳極廣，影響巨大。全國的青年法官幾乎是「人手一冊，每日必誦」。直到一七八八年，它的一些主要論點還是政治辯論中的熱門話題。

一七七一年，掌璽大臣莫普逮捕、放逐高等法院一百三十名成員，解散巴黎高等法院、里昂高等法院。這一事件迫使冉森教徒脫去神學外衣，公開投入世俗政治，到啓蒙思想中去尋找新的同盟。冉森派律師出入於各種啓蒙沙龍，冉森派教宗教語言尋找與世俗啓蒙語言聯盟的契合點。然而，就在這一關鍵時期，冉森教派受到啓蒙運動伏爾泰陣營的激烈抵制。伏爾泰畢生反對冉森教派，抵制它的道德清教色彩。[2]這一立場使啓蒙運動的主流未能與冉森派合流，失去了最後一次吸收、整合法國社會宗教資源的機會，造成了本書在前一章總結部分提出的那種悲劇性後果。

盧梭哲學與啓蒙主流對抗，與冉森教派有天然的親和力。前者的世俗面貌與後者的救贖立場互爲需要，互爲呼應，一拍即合。到七十年代初期，冉森教派在語言上已頻頻使用盧梭式的政治哲學概念：「自然狀態」、「人性本善」、「塵世幸福」等。一七七二年，梅伊神父等人出版《法國公法原理》，開始大段採用盧梭《社會契約論》中的論述。[3]這一事件，標誌著冉森主義與盧梭哲學的正式合流。

冉森主義與盧梭哲學合流，具有深遠意義：

1、在此之前的盧梭影響多在文學界和道德層面，在此之後，盧梭思想向法律界、司法界滲透，並直接進入法哲學層面，與其他因素一起，塑造法國革命初起階段的憲政觀念。法國民眾在憲政觀點上的共識：直接民主制、一致同意、政治公開、國民至上不受法律約束等，在盧梭思想、冉森教義兩方面得到互相映證，更加強烈，並積澱爲大革命中以及大革命後長久左右法國政局動盪不安的政治文化要素。

2、憲政觀念的另一來源爲英美外來資源：重經驗理性，輕先驗原理；重制度安排和慣例養成，輕理想爭辯。啓蒙哲學的主流皆在這一層面活動，難以尋找與本土憲政資源的結合部、支援點，呈懸空孤立狀態。冉森主義挾本土資源而來，與啓蒙主流交臂而過，與盧梭思想合二而一，在這種情況下，啓蒙主流則更顯英美資源的舶來烙印，單薄無力，難爲法國文化自我中心主義所容。這一層面在冉森主義、盧梭思想兩面夾擊下，在本土資源遲遲尋不著落腳生根的支援點、結合部，逐漸落潮而去。

二、「法蘭西制憲之父」——西耶士轉述盧梭教義

盧梭思想與冉森主義合流後的聲勢，在下級教士、第三等級代言人西耶士的宣傳小冊子中強烈表現出來。

西耶士，網球場誓約的起草者、人權宣言的作者，後來又是一七九一年憲法、一七九九年憲法的設計者，人稱「法蘭西制憲之父」、「頭號政治設計師」。他最

成功的宣傳憲政的作品，是一七八九年一月發行的那本小冊子——《第三等級是什麼？》，兩個月內行銷三萬冊，確實轟動人心。西耶士自稱「完成了政治這門學科」，「我們革命的重大發展都是根據這部教材行動的」。[4]

讓我們看看這本法蘭西革命教科書中，浸透有多少盧梭思想的汁液。

第一，否定英國憲政制度。

西耶士在此書有限篇幅中特意安排兩節（第六節、第七節）回答這一問題。可見在當時各種街頭演講，沙龍辯論中，有關英國憲政制度是否可以借鑒，確實成爲一個尖銳的爭論熱點，擾攘人心，不容迴避。

西耶士的態度十分鮮明。第六節發問，題爲：「有人提議仿效英國憲法」，第七節回駁，題爲「仿效精神不會把我們引向正確道路」。西耶士的反駁基本上是從笛卡兒—盧梭式的原理至上出發，並帶有濃厚的法國文化自我中心主義色彩：

> 我很懷疑，這個被人吹噓以如此厲害的傑作能否經得住按照真正的政治秩序的原則來做的公正檢驗。也許我們會承認，它是偶然性和機遇的產物。
>
> 將立法權分為三部分，其中只有一部分被認為是國民的代言人，這種想法是否從真正的原則汲取來的？

我在英國憲法中並未看到井然的秩序，而只發現為防止混亂而建立的疊床架屋式的提防設施。

從外表看，它很接近社會組織的正確原則。這是一個判斷各種進步的善和美的模式。對這個社會技藝方面的模式，不能說我們今天比一六八八年的英國人更不熟悉。然而，若是我們有了真正的善的典型，為什麼非要仿效一個複製品不可呢？讓我們立即樹立雄心壯志，把我們自己變成各國的榜樣吧！5

第二，道德共同體至上，個人意志不容存在。

西耶士如盧梭一樣，置道德於政治之上，置道德共同體於個人意志之上。只不過名詞上稍有變化，盧梭的「公共意志」變爲西耶士的「共同意志」而已。但是對這一概念的定義與推演，西耶士與盧梭並無二致。公平地說，在當時，西耶士借助這一概念是想創造一個「多數優勢」，迫第一、第二等級的少數特權者就範，確也收到了短期社會功效。但是這一概念逐漸沉澱爲具有長期效力的憲政觀念，其負面因素則隨著時期的推移，愈益突出：

他們把社會事務中的公正和自然的手段看得無足輕重，唯獨重視人為的、或多或少不公正的、或多或少複雜的手腕（此處指英國式的制度性操作性安排，同時也指舊式政治中的種種權術謀略——本書作者）……至於我們，我們決不離開道德；道德應當調節人與人之間與其個別利益、普遍利益或社會利益相聯繫的各種關係。應由道德告訴我們應該做些什麼，而且歸根結蒂，只有道德才能告訴我們。任何時候都必須回到簡單的原則，因為這比一切天才的努力更有力量；

共同體必須要有共同意志；沒有意志的統一……，它便根本不能成為有意志、能行動的一個整體。……個人意志始終是其本源，並構成基本成分；但是若分開來考慮，他們的權力便化為烏有。

在這裏，個人利益應該毫無影響，事實也正是如此，因為個人利益各不相同，結果都不能發生影響。[6]

第三，以公共利益取消社團黨派的存在。

西耶士如盧梭一樣，推演人心中有三種利益：第一種利益使人們彼此相似，它給公共利益規定適當範圍；第二種利益使個人僅與若干他人聯合，此即集團利益；最後，第三種利益使每個人自我孤立，只考慮自己，此即個人利益。故而西耶士說：

> 最大的困難來自那種使一個公民僅與若干他人相一致的利益。這種利益促進人們共同商議，結成聯盟；由此策劃出危害共同體的計謀；由此形成最可怕的公眾的敵人。因此，社會秩序嚴格要求普通公民不組成行會，甚至要求那些勢必組成真正集團的受命掌握行政權力的人，在他們任職期間，不謀求被選為立法代表，……沒有其他辦法，只有這樣才能確保公共利益支配個人利益。必須按照一個不允許議會養成集團意識並蛻化為貴族的計畫，建立代議制議會本身。[7]

第四，民眾意志產生憲法，但高於憲法、不受制於憲法。這是西耶士思想在當時最能博得大眾歡迎，因而也是最危險的部分：

> 很明顯，憲法只同政府相聯繫。國家通過規章和憲法來約束其代理人，因此，設想國民本身要受這些規章和憲法的制約，這是荒謬的。……國民惟有通過自然法形成。政府則相反，它只能隸屬於人為法。
>
> 政府只有合於憲法，才能行使實際的權力；只有忠實於它必須實施的法律，它才是合法的。國民意志則相反，僅憑其實際存在便永遠合法，它是一切合法性的本源。

國民不僅不受制於憲法，而且不能受制於憲法，也不應受制於憲法，這仍無異於說它不受制於憲法。

什麼叫與自己締結契約？既然雙方均屬同一意志，這個意志便可隨時解除所謂的契約。

當國民還能做到時，它**不應該**將自己置於人為形式的束縛之中。這樣便會使自己面臨永遠喪失自由的危險……我們應該將世界上的各國國民理解為身處社會聯繫之外的個人，或像人們所說，處於自然狀態的個人，他們行使自己的意志是自由的，不牽涉任何民事組織。[8]

無可否認，西耶士上述主張反映著革命前夕和革命初期法國民眾的普遍心理：對特權等級在議會活動中集團傾向的正當警惕，對政府由來已久的不信任心理，以及渴望永久捍衛自由以防政府擴張侵權的真誠願望。這些主張在當時的歷史環境中，具有情境邏輯[9]的合理性，否則就難以解釋西耶士這本宣傳作品何以贏得那樣廣泛的擁護支持。

然而危險就在於，法國民眾政治性格的特徵總是表現在這種地方：把情境邏輯中的具體應對，超拔為抽象的原則、原理，反過來指導並貫徹於後來已經變化了的具體情境，形成超具體情境的先驗要求，形成先驗高於經驗、抽象高於具體的高邁格局。這種格局一旦發生，情境與邏輯之間的合理性很快失落，走向邏輯高懸於情境之上的高調局面。法國革命後來的種種危險、曲折，很大一部分就是這種高調懸空居高不下的局面造成的。

除此以外，西耶士上述主張，即使從邏輯本身而言，也有種種令人不安的成份，而這些恰恰是與盧梭思想的影響緊密聯繫在一起的：

首先，西耶士對盧梭思想的複述，儘管有所取捨，如他堅持設代表代議制，但他在另一些方面則大大發展了盧梭。如憲法只約束專制權威，不約束人民；政府行爲處於社會狀態，接受法理限制，人民行爲處於自然狀態，不接受法理限制等主張，是盧梭意中所屬然而筆下尙無的大膽結論。依此邏輯，人民和政府締約制憲的過程，無異於強迫政府接受一份「不平等條約」的過程。這樣的政治邏輯，對於法國民眾形成健康合理的憲政觀念極爲不利。這一點，不僅在法國一七八九年革命中不斷表現出它的危害，而且在一八七一年的巴黎公社原則中也有所流露。它幾乎形成了某種政治傳統，對於法國民眾在以後的政治生活中輕言革命動輒起義的積習，有著相當程度的歷史影響。

其次，西耶士在此所言，預示了法國革命社會政治心態中一個深刻矛盾：一方面視憲法為須臾不可離的根本保障——法國革命的序幕即在呼喚立憲聲中開幕，另一方面又要在憲法之上再凌駕一個不受約束的權威——法國革命的整個過程都不斷發生憲法危機，發生人民對憲法的衝擊事件，以至越益呼喚憲政，憲政越益不得穩固。高毅先生所發現的那一病症——「當時的法國人雖然對憲法寄予無限的願望，可在還未得到一部憲法之前，他們就已莫名其妙地對這種憲法的功能表現出了一種隱隱約約的不信任感」[10]，這個「莫名其妙」的病根，觀念方面的原因可能就在這裏。

其三，西耶士此處所開列的政府與人民關係模式，是典型的法國式自由模式。自由固自由矣，激進固激進矣，卻是一個無法整合、因而也難以持久的自由模式。社會不可能在一部分人處於社會狀態、另一部分人處於自然狀態的分裂狀況中長久運轉。西耶士思想中的烏托邦成分，使他的另一部分寶貴思想——設代表代議制在實踐中困難重重，既預示了他在制憲辯論的第一回合（後文將述）處於尷尬處境；也預示了他在革命大潮洶湧而來後的被迫沉默；最後，甚至預示了他在革命後期復出，終於轉向拿破崙，要求在權威之上，再加「一把利劍」——拿破崙軍事專政。這是西耶士的多變，也是西耶士的無奈。法國式自由的歷史進程，恐怕正是通過西耶士個人多變的角度，折射出更為宏觀的內容，折射出這場革命以自由始以專制終的詭譎命運。

大革命失敗後，托克維爾仔細閱讀包括西耶士上述作品在內的一七八九年民間宣傳品、陳情書沉痛說道：

當我把所有這些個別的要求匯集在一起時，我驚恐地發現，人們所要求的乃是同時而系統地廢除所有現行的法律和慣例；我立即看到，這是有史以來一場規模最大最為危險的革命。那些明天就將成為犧牲品的人對此全然不知；他們認為，借助理性，光靠理性的效力，就可以毫無震撼地對如此複雜、如此陳舊的社會進行一場全面而突然的改革。這些可憐蟲！他們竟然忘掉了他們先輩四百年前用當時樸實有力的法語所表達的那句格言：

誰要求過大的獨立自由，誰就是在尋求過大的奴役。[11]

三、「公意」鉗制下的憲法辯論

革命未始，一七八九年五月五日，盧梭「公共意志」論就在首發事件——三級代表合廳議事這一事件上打下了它的烙印。

按歷史慣例，三級會議開幕後三個等級的代表應分別議事；三個等級中，各省代表亦應分組討論。這一慣例被第三等級代表認爲是對「公共意志」的分割，理應否定。五月五日當晚，第三等級從分組討論中首先得出了一個「一致同意」的決定：爲了服從全國公意之故，舊日等級之分已不存在；因此，須邀請另外兩個等級的代表來共同審查代表資格；在此之前，第三等級拒絕組成英國式的下院。同時則規定：議會如集會，當不設秘書處，亦不需紀錄，只需一個議長來主持議程；英國式議會的技術性安排是束縛代表反映民意的繁文縟節，統統排除在外。

於是三級會議尚未議事，首先在議事程序上陷於僵持。第三等級等待另外兩個等級的代表來合廳議事，遭到拒絕。五個星期的等待、調停皆無結果。西耶士建議第三等級宣佈，最後一次邀請對方合作，並於六月十二日單方面開始對三個等級的代表委任狀審查。六月十七日，經過審查獲得通過的第三等級代表宣告，他們已是法蘭西民族的代表；另外兩個等級的代表未受審查前，不予承認；第三等級代表單獨組建國民議會。在既成事實脅迫下，兩天之後，第一等級內部經過激烈辯論，終於決定加入第三等級，即加入國民議會。貴族等級除了反抗，以及隨後的大流亡，已別無出路。第三等級堅持「合廳議事」，堅持「公共意志」不可分割，初戰勝利。盧梭的教導，幫助他們打贏了第一個回合。

值得注意的還有下一個動作。合廳議事的國民議會，通過首項決議就宣佈：「立法權不可分」。在當時階級衝突氛圍中，此決議有現實考慮：把特權階級限制於第三等級的意志之下，不得分裂。若從法國近代憲政發育的角度看，此舉則可認作盧梭政治哲學的深入一步：主權不可分割，維持公共意志的一致同意，各階級、階層利益不得分殊；因而，也就堵死了利益分殊在憲政制度層面上的安排：英國式的上、下兩院制。

自此以後，從一七八九年六月二十日網球場誓約「不制定憲法，決不解散」，至一七九一年九月三十日法國近代第一部憲法終告誕生，國民議會始終處在盧梭政治思潮與孟德斯鳩、伏爾泰政治思潮的左右牽制下，左顧右盼，前後徘徊。兩年零三個月內，制憲過程風雨飄搖，險象環生。

制憲第一個辯論焦點是「國王否決權」。

正是在這一辯論中，大革命完成了它在塑造法蘭西風格政治文化過程中的一個世界性創舉。他們不同意按階層利益的分殊，劃議院為二元橫向對待——上、下兩院，而是堅持合廳議事；與此同時，則同意按政治觀點的激進與否，把一元性的合廳議事縱向地劃分為內戰式的對峙局面——反對國王擁有否決權者坐在議長左邊，贊成否決權者坐在議長右邊，左、右分列。這就是後來世界各國政治生活中慣用的「左派」、「右派」分類法的起源。這種合廳議事下的內戰格局，暗含著盧梭哲學中這一道德政治的概念：政治營壘的分列表現著道德判斷上的分列，一方代表「正義」，另一方代表「邪惡」，兩者間的關係是摩尼教式的光明與黑暗的關係，你死我活，不能兼容。不是東風壓倒西風，就是西風壓倒東風，只能是一元性的縱向「壓倒」，不能是二元性的橫向「並立」。這種道德化的政治劃分，塑造了後來法蘭西政治文化的基本性格，並超越法國一國界限，蔓延至近代各國，對後來近、現代各國政治生活甚至國際政治生活，產生了深遠的影響。

所謂國王否決權，牽涉到主權結構的問題，在當時的英國，王權與立法權是橫向排列：王權代表行政權，設在立法機構之外，與立法權對峙，互相制約平衡。但在法國，由於分權學說始終受到盧梭思潮、冉森教義、西耶士理論的抵制，王權不可能安置於立法權外，只能歸屬於統一的行政、立法一院制內安排。一七八九年八月十四日，議員凱斯努瓦首先提出了這一問題：王權在立法方面是否擁有否決權？是有限否決，還是無限否決？如此提出問題，說明法國人的憲政建設，一開始就走歪了路，以後只能越走越窄。

九月四日，議員穆尼埃代表憲法委員會提出報告，聲稱：「爲了保證行政權力不受任何立法權力的任何侵犯」，「最好的辦法是使其成爲立法機構的一個組成部分。」因此，「應規定議員們的決議在成爲法律以前，必須經國王批准。」這一立場，比六月十七日國民議會宣佈國王不得否決議會通過和將要通過的一切決議，是一大倒退，至少是向著起點以前的一次徘徊：議會是爲了限制王權專横才召集起來，爲的是制定憲法，然而憲法尚未制定，怎麼又辯論起如何維護王權對立法權的最高地位呢？

但是，這一倒退要求卻暗含盧梭在《社會契約論》中的理論構想，或者說能夠與盧梭式的激進抗英政治思想主張建立一種奇異的支援關係：英國式的分權制是割裂主權的横向排列，王權代表行政權，議會代表立法權；但在道德理想國內，主權不能分割成横向分列，應該呈縱向疊加，議院代表立法權，但在立法權上，還要凌駕一個不露聲色的最高主宰，擁有在議會幕後的最後一手：否決權。用這一派議員的話來說，國王不能創議，但是國王能夠否議！

西耶士當時顯然還未醒悟到對方的立場中也有盧梭意識。九月七日，西耶士起來痛斥這一主張：「任何否決權，延緩的也好，絕對的也罷，在我看來只能是一道專横的命令，一封對付民族意志和整個民族的密札。」

然而在九月十一日的表決中，議會仍以六百七十三票對三百二十五票的多數議案，通過了「這一封密札」，繼以七百二十八票對二百二十四票的多數，否定了國王否決權只有一屆議會有效期（兩年）的議案，通過了兩屆議會有效期（至少四年）的決定。

與國王否決權有關的另一個辯論焦點，是「一院制」還是「兩院制」問題。九月四日，同一個穆尼埃在提出國王否決權的同時，也提出了一個美國式的兩院制方案：「眼下這個議會，肩負著確定權力組織和建設自由大廈的使命，應當是一個單一的機構，為的是更有力量一些，辦事更快一些。但這種力量，若是在制定了憲法之後仍保持下去，最終會把一切都給毀了的……而分別議事的兩院呢，則可以保證各自作出理智的決定，並能使立法機構按其必要的凝重而莊嚴的步調行事」。[12]

但是這一次穆尼埃遭到了失敗。儘管他當時想繞著矛盾走，提出一個富於平民色彩的美國兩院制以代替富於貴族色彩的英國兩院制，避免刺激法國議員普遍存在的「抗英情結」，但是他的美國式方案還是洗刷不了舶來色彩，避免不了法國文化自我中心主義的反對。在九月十日的表決中，他的兩院制方案經激烈辯論，仍以八百四十九票對八十九票（一百二十二票缺席）的壓倒多數，慘遭否決。結果，一七九五年的憲法還是保持了一院制的議會結構。

穆尼埃議案一勝一敗，從表面上看，似乎無一致邏輯可循。但究其內裏，不難發現，成也盧梭，敗也盧梭，勝敗皆可從盧梭思想的兩方面影響找到某種統一性解釋：國王否決權得以通過，反映了盧梭在公共意志之上需有半神半人最高主宰之主張；兩院制方案被否決，則反映了盧梭對主權不可分割的執拗立場。

從一七八九年至一七九二年，革命初期各種思想錯綜複雜，交相呈現，但是盧梭影響則在多種思潮中越來越占上風。它不僅能在左派議員的聲音中高唱主旋律，甚至能從對立的另一方也得到回應。這種歷史現象，在後面發生的各種事件衝突中，我們將會不斷看到。

四、代議制度——「劇場」裏的風雨飄搖

不少穩健派議員當時是既贊成國王否決權，又否定兩院制方案。他們暗中可能懷有這種期望，把法國的立權機構安排成一院制加國王否決權，上可防國王與參議院聯手，下可防盧梭鼓動的直接民主制與眾院聯手，這樣上、下無虞，方能保證一院制的工作效率。西耶士素以足智多謀著稱。革命從宣傳鼓動進入立法實踐，他的務實精神逐漸清醒。這一務實精神在他與佩蒂翁的辯論中，開始流露。

一七八九年九月，佩蒂翁在議會內發言指出，國王的否決權一旦確立，民族的許可權如何確定？讓我們仔細推敲佩蒂翁的這段論述：

為什麼各國人民要選舉代表？這是因為讓人民自己行動幾乎總有無法克服的困難；因為如果人民的大會能夠以便於行動的和有規則的方式建立的話，代表就毫無用處甚至

是危險的了。

我再重複一遍：只存在一種不可能性，那就是當一個人口眾多的民族為討論自身幸福所繫的重大政治問題而組成議會的時候，便絕對不可能准許全民族對它掌握審查權。

如果這一事實是清楚的並被挑明了，由此必然會產生這一問題，即必須證明在法律的某一條款由於各派勢力無法妥協而遭到反對懸而未決的時候，民族不可能在對立的各種意圖中作出抉擇。而我是看不出有這種不可能性的。

這是一段繞口令式的發言。但是，佩蒂翁顯然發現了——國王否決權與前不久通過的立法議會是民族最高代表的決議，這兩者之間在形式上有一個破綻。一個直接民主制的要求通過佩蒂翁的發言，正在這個破裂之處悄悄抬頭：有必要重新伸張民權，賦予人民直接就議會與國王僵持不下的某些問題表達意願的權力。佩蒂翁的這一發言，實際上是補足盧梭邏輯的兩極：上有最高主宰，下有民眾直接干預。這樣，盧梭政治哲學的最高一極與最下一極分別能得到體現。然而，這又是一個惡性循環的預兆；在憲法權威之上，加國王否決的權威，在國王權威之上，再加人民干預的權威，如此循環，才是真正的「架床疊屋」。麵多了摻水，水多了摻麵，這一政治麵團只能是越和越稀，越和越爛。

西耶士警覺到這一危險。如果他能從孟德斯鳩的英國思路全盤檢討這一困境，尋找出防止上、下兩極交相脅迫的出路，他本來是能夠找到這一出路的：壯大中間體——充實代議制各項制度性安排，以法理型代議制度上抗來自國王的傳統型否決勢力，下抗來自民間的奇理斯瑪型非理性衝擊，法國近代憲政制試驗或許能衝破早期困境，盡早走上健康發展的正軌。

讓我們來看兩天之後西耶士的反駁：

我知道，一方面由於概念的混同，有人開始這樣來看待民族意願的問題了，似乎它可以是並非民族代表的意願的某種東西，似乎民族可以用不同於其代表的調子說話。一些錯誤的原則在這裏顯得極其危險，它們完全有可能把法國切割、肢解、撕碎，使之變成無限多個小民主國家，這些國家將來只能結成一個鬆散的聯邦……

很顯然，西耶士所說「一些顯得極其危險的錯誤的原則」，是暗指佩蒂翁發言中盧梭式直接民主制的成份。他是以盧梭哲學的這一部分——「主權不可分割」，來平衡盧梭哲學的另一部分——「直接民主制」。在一篇未曾發表的筆記中，他私下寫道：「有人在做著白日夢，以爲人類是普遍善良的。其實人類總是分成兩個部分的，教育和勞動的差異造就了他們的基本區別。」此時的西耶士，顯然對盧梭哲學中的人性本善論和由此出發的平等觀、直接民主觀有了警覺。

然而，這恰恰是他自己在《第三等級是什麼？》一書中大聲疾呼的內容。他不可能公開反對不久前自己尚在宣傳而目前又形成極大勢頭的這一政治哲學。事實上，他思想的這一部分與盧梭哲學決裂，思想的另一部分又可能維持著與它的千絲萬縷聯繫。他只能設想如何小心翼翼地避免這一哲學在實踐中產生的過於直接、過於激烈的後果。

面對佩蒂翁發言中支撐民族意願的「公意說」，他只能接過這一說法，然後強調「公意」與代議制並不矛盾，甚至「公意」只能通過，也可以通過代議制獲得表述：「委託人的意願並不是通過一份份陳情書體現出來的。這裏的關鍵並不在於民主投票的結果，而在於對委託人的意願進行表達、傾聽、協調、修改，最終大家在一起形成一種共同的意志」。[13]

這是一種相當軟弱、相當被動的辯護，最後落腳點，還是落在盧梭的「公共意志」上。西耶士爲代議制所作的這一辯護，不可能對盧梭或直接民主制思潮形成一次真正有力的抵抗。

一七九一年憲法的公佈，表明西耶士的影響暫時超過了佩蒂翁。但是，這一微弱勝利是以對盧梭政治哲學另一部分的讓步爲代價換來的。我們且看經兩年辯論最後沉澱在這部憲法中的盧梭思想的成份。

憲法第三編第一款聲稱：「主權是統一的，不可分割的，不可讓渡的和不受時效約束的；它只屬於民族；人民中的任何一部分，任何個人都不得擅自行使之」。

很明顯，盧梭的根本原則——主權不可分割在這裏得到了確認。與此同時，爲防備王權自上而下的侵權和民眾直接民主制自下而上的衝擊，又作出了「人民中的任何一部分，任何個人不得擅自行使權力」的限制。然而，這一微弱限制還是被同一部憲法的另一規定抵消了：

憲法第一條恭恭敬敬地承認，「立法機構不得制定任何會給……憲法保證的各種自然的和公民的權利的行使帶來損害和設置障礙的法律。」

一七九一年的憲法的這一矛盾說明，最高立法權威究竟是立法機構還是民眾的「自然狀態」，直至憲法公佈之日，法國人還未爭論清楚。西耶士最終還會壓不住佩蒂翁，代議制也壓不住直接民主制，雙方都在這部憲法上打下了自己的烙印，而後者的影響顯然將更爲有力。如果說，憲法的公佈畢竟是一種勝利，那麼這種勝利很難避免這樣的評價：盧梭政治哲學分別通過矛盾的兩個方面交替得到表述，最終形成了一個完整的表述：公共意志論和主權不可分割論同時得到了承認。

這樣的代議制是不堪風雨侵蝕的代議制，而風雨首先來自代議制內部。法國著名大革命史學家奧拉爾曾揭示過議員們當時普遍存在的不結社不聯盟的孤立心態：「他們厭惡拉幫結派，並且，由於事先保證過要在一起表決，因而擔心會把他們的自由轉讓出去，尤其是違背選民給他們的委託書」[14]。

這種君子不黨的心態，反映了法國革命中革命人士對政治透明、政治公開的追求，同時也是對盧梭政治哲學反對結社組黨觀點的身體力行。但是，它由此暴露了法國議會政治受盧梭影響所形成的早期幼稚病：議會內「反黨派政治」的群體價值取向。在這種價值取向制約下，議員聚散無常，拒絕結成議會黨團板塊，處於不斷流動的「政治液化狀態」——近代政黨政治的難產階段。

早在一七八九年年底議會討論納稅額議案時，由於不存在一定組織的黨團，不存在可以強制約束議員投票的黨派紀律，因而始終產生不出一個穩定的多數派。多數派一時形成，也是臨時拼湊起來的鬆散聯盟，朝聚暮散。一七九〇年討論教士法時，這種社會政治早期幼稚病表現得十分明顯。當年十一月二十七日，議決教士必須宣誓效忠法令。之後，則逐步液化、軟化，通過一系列妥協性法令，最終在一七九一年五月七日頒佈「寬容法」，徹底推翻了原議。

這種有議會無黨派的現象，曾引起過少數有識者的不安。對照英美政治模式，穆尼埃和米拉波等人或曲折或直接表達過建立黨派政治的願望。終因曲高和寡，很快就被淹沒。到雅各賓執政時期，這種無黨派或超黨派的價值取向仍然以某種形式繼續發展（後文將述），甚至在法國革命結束後，還延續整整一個世紀。議會政治的早期幼稚病，遲遲不能克服，不能不說是盧梭政治哲學沉積爲法國政治文化的基因，持久發散出負面影響的結果。用法國人自己的話說，「盧梭的著作構成了我們民族文化的主要一環」[15]。

如此軟弱渙散之議會，哪能抵擋來自外部的風雨衝擊？

九一年憲法規定，不對個人請願作任何限制，立法機關的大門必須永遠敞開，以歡迎民眾隨時進入旁聽。最早提出此一動議的議員勒沙貝利埃九月五日說：「這是一種立法創議權，公民可以由此參與社會的管理。」可見此議之初衷，確有革除舊式貴族政治之弊的高尚動機。但是，由於拒絕對這一措施施以任何必要的制度性限制，出自高尚動機的政治設計很快出現令人啼笑皆非的局面。羅伯斯比爾甚至更進一步，曾提議設議會旁聽席一萬人，後又增至一萬二千人。可是，此時的正式議員人數才多少呢？總共一千一百四十五人。

這就只能造成這樣的後果：議會的議事環境充滿隨時衝入的無套褲漢、底層婦女的情緒性叫喊，走廊內的地板踩得震天動地，旁聽席上不時響起足以壓倒議員發言的歡呼或唾罵。到了九月二十六日，同一個勒沙貝利埃終於不能忍受，提議說：「憲法既定，一切都必須講究秩序」。但是，憲法既定的是公民直接請願權不受任何限制，在這樣的憲法規定下，議會的議事廳內不可能恢復秩序。到了一七九二年六月，連雅各賓成員戴爾福也不能忍受這種狀況，驚呼那些臨時聚合的民眾請願團體「即使還沒有成爲國家中的另一個政府，至少也已成了一個要把國家引向絕路的行會」。結果適得其反，他欲取締者並未取締，自己卻在發言的當天就被開除出了雅各賓俱樂部。

一百多年後，馬迪厄總結當年革命初期議會政治的無秩序狀態，也不得不作如此痛切之言：「在美國，民主政治已是不成問題。其人民已有參政能力，且能掌握自己的命運。在法國，大部分人民對於這些新制度一無所知，且亦不願有所知。他們用他們所得到的自由來破壞自由。他們仍要求束縛。」[16]

五、主權在民——「廣場」上的山呼海嘯

在議會戰戰兢兢的大門外，就是廣場政治的山呼海嘯。

二十世紀政治發展理論的研究成果告訴人們：「政黨組織政治參與，政治制度影響政治參與擴大的速度。一個政黨或一個政黨制度的穩定與力量取決於其制度化和

參與水平。低水平的政黨制度化與高水平的政治參與相融合，會產生混亂的政治和暴亂。」這一理論還根據世界近現代歷史大量統計資料，在政治參與、政治制度化和政治不穩定這三者之間找到了三方互動的數學模式[17]：

政治參與／政治制度化＝政治不穩定

法國革命當然不能等同於簡單的政治暴亂。但是，用上述理論的研究方法觀照法國革命政治不穩定這一特定側面，人們確實可以發現它與英、美革命的重大區別：它是取政治參與最大值，政治制度化最小值，結果造成長期的、激烈的政治不穩定。法國革命最壯觀的場景是，政治公開加道德鼓動，街頭嘯傲，聚散無常。美國人形容爲：那全是帆，沒有一根錨；而法國人自己的現象描述則更爲生動：「國民公會裏有一個向人民敞開的窗戶，這就是那些公眾旁聽席，等到這扇窗戶不夠用的時候，人民就打開大門，街上的人就湧進來了。這種群眾走進議會的景象是歷史上最令人驚奇的景象之一」[18]。

群眾走進議會，政治走向廣場，是法國革命政治文化的重大特色，也是盧梭政治哲學在排斥英美政治學的過程中，一家獨大的必然產物。它既反映著法國革命的真誠，也反映著法國革命的偏執，更預示著法國革命進程的種種困境。

廣場，是議會外的又一個「議會」，而且是一個容積更大、流動性更強的液態「議會」。它決定著那個「洞穴議會」的命運，玩議會領袖於波峰浪谷之中。它也是民粹主義的政治動員方式，是民粹領袖與民眾直接對話，吸取民粹資源，動員民粹激情的最佳場所。一旦民粹領袖在「議會洞穴」內受到制肘，首先想到的就是「到廣場上去」，直接訴諸民眾的參與爆炸，引發一場「廣場短路」，產生瞬間超負荷電流，以脹破狹窄的議會通道。這種繞過制度規範，一杆子插到底的廣場政治，用作家雨果的話來說，「就是街頭巷尾的人群和居高位者的親昵」[19]。在這種情況下，政治走出議會，走向廣場，就只能走向奇理斯瑪型統治，而不是法理型統治。

一七八九年六月十七日，法國國民議會剛剛誕生，廣場政治已初見端倪。當時在場的一個英國人，目睹議員們在四千名群眾的圍觀喝采聲中宣誓就職，曾驚詫不已。這個名叫阿瑟·揚的著名觀察家寫道：

> 旁聽席上的群眾被允許以鼓掌和其他表示贊許的聲響來干預辯論，這樣做太欠雅觀，也很危險，因為他們既然可以表示贊許，也就可以表示反對，既然可以鼓掌，也就

可以發出噓聲。他們這樣是會壓制辯論，影響議事的。[20]

阿瑟·揚作爲英國人不能理解之處，恰恰就是法國革命的獨創之處，也是法國革命努力超越英國革命，「樹立雄心壯志把自己變成各國榜樣」的超凡之處。

廣場政治是「陽光下的政治」，它的第一特徵，就是政治生活的高調姿態——無黨無派。

大革命有這樣一個奇觀，一方面政治派別如過江之鯽，層出不窮，另一方面卻沒有一個派別敢於對外承認自己是一個派別，有明確的黨性、派性，敢於對內建立一套作爲嚴格意義上的約束性紀律和組織機構。革命充斥著黨派傾軋或一「黨」專政，然而無論是黨派傾軋還是一「黨」專政，卻無不以全民利益反黨派政治的姿態出現。

能夠說明這一現象最典型的例證，莫過於雅各賓派。這一派別曾建立過全國性的聯繫網路，在九三年革命中客觀上起過類似政黨的作用。但是，該派領導人卻始終不具建黨意識，甚至自覺抵制建黨意識。由於拒絕建立組織制度和穩定的領導機構，這個政治派別始終停留於亨廷頓所言政黨發育的原始階段——派系活動期，即「俱樂部」狀態，並未發展成真正意義上的近代政黨。雅各賓派兩位最孚眾望的領袖曾這樣反對政黨政治：

聖鞠斯特在一七九三年三月十三日《關於外國亂黨的報告》中宣稱：「所有黨派都是罪惡的，因為它游離於人民和民眾社團之外，並和政府鬧獨立。所有亂黨都是罪惡的，因為它企圖分裂公民。」[21]

羅伯斯比爾甚至更進一步，他連當時已得到普遍公認的「雅各賓派」這一稱號都感到忌諱，如芒刺在背，不除不快。一七九二年二月二十六日，他在雅各賓俱樂部發言，要求該派成員放棄「雅各賓派」這一簡明稱呼，而應堅持使用「設於雅各賓修道院的憲法之友社」這個全稱。理由很簡單：「雅各賓派」這一稱呼，「由於敵人不斷加予我們的種種誹謗，很容易使人聯想到行會，甚至亂黨。」[22]

同年五月，《巴黎革命報》就此評論說：在「雅各賓派」稱號的背後，「有某種既滑稽又不祥的東西。它帶有亂黨的味道。……但是，事情已經發展到了這種地步，以至於憲法之友們也許已經無法擺脫『雅各賓派』這個名字了，他們已經以『雅各賓派』著稱於世，即使羅伯斯比爾本人反對這個名字也無濟於事了。他們的唯一辦法就是，努力以公民責任心，審慎、善行和智慧來為這個名字贏得尊敬。」[23]

後來的雅各賓派活動，也確實是按著這「唯一的辦法」辦：以大量的道德理想詞語換算具體的派別利益，並隨著這一派掌權，法蘭西全民族都進入了不言功利只言德化的理想階段。

瀰漫於全社會氛圍的反政黨政治空氣，是前文所述議會內部反結社聯盟價值取向的社會心理根源，產生這一心理的原因，除了當時革命環境的險惡，陰謀層出不窮，危機連續不斷，觀念方面的根源顯然是盧梭式的直接民主制理想。

直接民主制是古代小國寡民政治活動的簡樸形式。從古代小國寡民到近代大國眾民，民主制的組織形式本來就不可避免地要發生一種「二次組合」：在政治領袖和民眾之間，必須安排一個正當層面，以利益集團爲單位，集中表述過去以個人爲單位直接表述的政治意願。這就是支撐英、美憲政體制長期穩定的近代政黨制度。

但是，正如亨廷頓所言，「法國人民信奉的是民粹式的、盧梭式的直接民主」，「民粹反對派否認在人民與其政治領袖之間還有建立調解結構的必要。他們所期望的是，無政黨的民主。」[24]這種「無政黨的民主」表現在議會內外兩個方面，「洞穴」內聚散無常，「廣場」上浪擊有常，只見舊制度崩壞塌陷，不見新制度樹立權威，只見政治參與擴大、爆炸，不見政治制度化給予約束、整合。

在這種情況下，全民族政治活躍，如一片流動的沙漠，沙子不能黏集爲沙團、沙堆，成團粒結構，板塊碰撞，只能朝聚暮散，隨風飄移。儘管廣場上警鐘長鳴，市政廳起義不斷，法蘭西人給舊大陸各國樹立新型道德政治的高尚榜樣，他們本身不得不承當長期不得社會穩定的沉重代價。

廣場政治作爲「陽光下的政治」，它的又一個特徵，就是政治的公開姿態——透明無隱。

這是盧梭反異化理論以全民動員的形式所進行的一次大規模政治實踐。所謂「透明」，淺層含義是政治過程的全曝光，消滅舊式政治在「洞穴」內的種種「暗室形態」；深層含義則是政治的道德理想化，政治過程放射道德理想的光明。所謂「無隱」，也有兩個層面。淺層含義是消滅政治上的異己之物，不容反對派存在；深層含義則是撲滅政治上的種種疏離、間隔，裹挾一切政治上的不活躍分子，撲滅更大範圍內市民社會中各種遠離政治的「暗室形態」，如個人情趣、家庭空間、私人氛圍，乃至各種不含政治成分的消費生活……

這種大同和一的政治一體化要求，首先從「稱呼革命」開始。一夜之間，行政命令各色人等統統放棄舊式稱呼，一律以「公民」相稱。然後向各個方向展開，放射出威懾性的強制力量，「廣場」上出現前文所述盧梭之獨創的「劇場暴力」，如：

三色徽崇拜——

據考證，初起的革命標誌是綠色緞帶製作的。但是不久人們即發現綠色是阿爾圖瓦公爵（路易十六之弟，後來復辟王朝的查理十世）家僕人服裝的顏色，於是便創造了一種由紅、白、藍三色組成的圓形標誌取而代之。紅、藍是巴黎徽記，白為波旁王朝徽記。

一七八九年七月十三日，攻打巴士底前夜，三色徽被民眾採用為集合的標誌。從此，它成為不可侵犯的革命象徵物，迅速風行全國。十月五日，巴黎婦女進逼凡爾賽，將王室脅迫回巴黎市區，這一重大事件的起因就是因為風聞凡爾賽宮晚宴上，有軍官將三色徽踩在地上踐踏。在這一階段，巴黎民眾對三色徽視若聖物，無可厚非。此後當行政當局以法令形式強制人民佩戴，三色徽迅速成為法國式自由的象徵，即如盧梭所言：「任何人拒不服從公意的，全體就要約使他服從公意，這恰好是說，人們要迫使他自由」。[25]

一七九二年七月十五日立法議會規定，全國所有男子必須佩戴三色徽，後來國民公會又把這一規定擴大實行到所有婦女頭上。上有所好，下必其焉。三色徽逐漸氾濫，在政府公文、教堂鐘樓、公共建築及自由樹上，都出現了這一花飾。一七九三年的一張由半文盲的人寫的告示中，終於把不佩戴三色徽者一律斥之為居心險惡的「溫和派、斐揚派和貴族派」！

小紅帽和紅色崇拜——

小紅帽，一種無套褲漢常戴的紅色無邊尖頂軟帽。紅色，初為法國苦役犯的號衣顏色，原來並不吉利，但是隨著小紅帽上升爲革命圖騰的地位，紅色迅速上升爲壓倒一切的顏色。

一七九二年春，對外戰爭迫在眉睫。吉倫特派開始對民眾進行心理動員，大力提倡以長矛爲標誌的武裝權的平等和以小紅帽爲標誌的服裝平等。同年四月，吉倫特派赦免不久前判罰苦役的一批瑞士籍士兵。由於獲赦的苦役犯當時大都頭戴小紅帽，前來慶賀狂歡的巴黎群眾也都模仿著戴上了小紅帽，整個會場成爲一片紅色的海洋。從此，小紅帽的鮮豔色彩染遍法國革命的方方面面、角角落落，成爲一個紅彤彤的世界。政府公文、印章硬幣、節日慶典、房頂牆壁、船桅石碑上，到處都是小紅帽的標誌。激進的婦女在菜市、路口巡視，強迫其他婦女一律穿長褲、戴紅帽，一度引起眾多糾紛。

像法國這樣將整個革命戴上一種帽子，染成一種顏色的壯舉，在英國革命、美國革命中都是看不到的。歷史學家米什萊針對紅色現象評論道：「人們採納最貧窮的農民戴的小紅帽。大家覺得紅色比任何顏色都好看，是最豔麗、最爲大眾喜愛的顏色，但當時誰也沒有想到紅色也是血的顏色！」[26]

廣場狂歡——

我們還記得盧梭那句名言：「在廣場的中央，樹立起一個鮮花環繞的長矛，把人們集合在那兒，你們就擁有了一個節日，至善不過如此。」大革命一開始，一些重大的革命事件就出現了廣場狂歡的濃烈色彩。

巴士底獄攻克後，民眾把守備部隊司令德洛內的腦袋挑在矛尖上遊行，並把城堡夷平，闢爲廣場，廣場上樹起一塊木牌，上書「大家來跳舞！」

第二年馬賽也出現同樣的情況。民眾在那兒攻取了被稱作馬賽「巴士底獄」之一的聖尼古拉堡，然後跳著法蘭多拉舞在全城遊行。民眾挑著被殺死的要塞司令博塞的肚腸，嘴裏吆喝著：「貨色新鮮啊，誰要？」

第二年，即一七九一年，在阿維尼翁市也出現類似情況。在街頭殺死貴族的儒爾當等激進人士獲赦時，當地人民也舉行了狂歡遊行。傳統的酒神彩車濃妝過市，年輕人在車上開懷暢飲，市民夾道歡呼，一派狂歡節氣氛。革命最初三年裏，群眾已自發形成種種節慶：五月植樹節、賽馬、牲畜獻祭、反宗教化裝舞會等，既延續基督教的傳統節日，又在這些節日裏充塞大量世俗性的革命狂歡內容。在奧維涅地區，人們在宗教節日期間玩九柱戲或骰子戲，在漂亮女人和社會名流的窗前起鬨；在普羅旺斯，青年們熱中於一種所謂「假充好漢」的鬧劇：著戎裝，佩刀槍，簇擁著載有異教神靈的彩車，隨同一列列滑稽可笑的遊行隊伍行進，同時燃放煙火。

在巴黎，攻佔巴士底獄一周年時，馬爾斯校場上舉行全國性的聯盟節。儘管尚有主教主持彌撒這種基督教內容，但是已出現數萬人共同宣誓效忠祖國的盛大世俗內容。

盧梭生前的另一遺願：改造上流社會劇場生活的異化現象，此時也已實現。革命來臨，劇場的觀眾成份發生了本質性變化。大量無套褲漢在政府贊助下，大搖大擺地進入了劇場。劇場上、下間隔的疏離現象也得到了克服，觀眾與演員開始融爲一體：一聽到正面角色的愛國唱段，觀眾會跟著大吼大唱；一聽到反面人物的台詞，觀眾席上會站起激動的人群，攘臂叫罵；一待全劇結束，觀眾會湧上舞台，與演員們一起歡歌起舞。

革命到了這種時候，是劇場，也是廣場，是一個廣大無邊的狂歡廣場。革命座無虛席，所有的觀眾都湧上了政治舞台，成爲每一個人對每一個人的表演，每一個人對每一個人的良心監督。革命中的法蘭西，沒有一個觀眾，到處都是演員，所有人都生活在別處，生活在革命舞台上——

「人們不可能長久擠在窗台上，於是紛紛走下來，出現了擁抱、歡笑、暢飲祝福和相互撫愛……所有人的臉上都充滿了醉意，比美酒還要甜蜜，廣場上持續了長時間的歡聲笑語……它如此令我感動，我已看不見其他事物了……」

註釋：

1雷吉娜・佩爾努：《法國資產階級史》，下卷，第五十一、第四十九頁。

2沃爾金：《十八世紀法國社會思想的發展》，商務印書館一九八三年版，第二十三至二十四頁，第三十五頁。

3參見高毅：《法蘭西風格：大革命政治文化》，第五十一頁。

4轉引自張芝聯為《第三等級是什麼？》一書所作序言，見該書中譯本，第七頁。

5馮棠譯、張芝聯校：《第三等級是什麼？》，商務印書館一九九一年版，第五十三至五十四頁。

6同上，第五十七頁、第五十八頁。

7同上，第七十八至七十九頁。

8同上，第六十一頁。

9「情境邏輯」，——Situational Logic，波普科學實證主義用語，原意為反對黑格爾主義的歷史哲學，堅持將歷史問題置於具體的歷史情境，深化問題本身，不把問題拔出具體情境，演繹為某種體系中的一環。

10同3，第五十五頁。

11托克維爾：《舊制度與大革命》，第一七九頁。

12以上議院辯論發言轉引自3，第五十六至六〇頁。

13同上，第七十二至七十四頁。

14貝克主編：《法國革命與近代政治文化的創造》，培格曼出版社一九八八年版，第二卷，第八十二至八十三頁。

15 語出一九五四年勒塞克爾評注《論人類不平等的起源和基礎》所作序言，見該書中譯本一九八二年商務版，第二十五頁。

16 馬迪厄：《法國革命史》上冊，第一一四頁。

17 塞繆爾．亨廷頓：《變革社會中的政治秩序》，華夏出版社一九八八年版，第三十九、第四十五頁。

18 雨果：《九三年》，人民文學出版社一九五七年版，第一九三至一九四頁。

19 同上，第一九四頁。

20 貝克主編：《法國革命與近代政治文化的創造》，第一卷，第四一二頁。

21 同3，第二六二頁。

22 《羅伯斯比爾全集》，巴黎一九五四年版，第八卷，第二〇六至二〇七頁。

23 王養沖編：《索布爾法國大革命史論》，華東師大出版社一九八四年版，第三十八頁。

24 同17，第三九二頁。

25 盧梭：《社會契約論》，第二十九頁。

26 同3，第二〇二頁。

第七章 從雅各賓派到雅各賓專政：道德理想國的實踐歷程

◆什麼是支持和推動這個政府的主要動力呢？是美德。我指的是公共美德，這種美德曾在希臘和羅馬創造過許多奇蹟，它將會在共和主義的法國創造出更加驚人的奇蹟。1

——羅伯斯比爾

一七九三年六月，雅各賓派正式執政。

這是前期革命的延續，又是前期革命的斷裂。所謂延續，即謂在此之前，盧梭思想的影響已滲透法國的政治生活和社會生活，瀰散於四方的盧梭幽靈正在向一個焦點輻輳；所謂斷裂，即指雅各賓派執政後，突出實踐盧梭的道德理想，盡可能排除先前與之共存的其他革命成份、革命要求，一七九三年至一七九四年的法國革命逐漸出現道德革命的一元獨斷面貌。

一、道德法庭——統治合法性的轉移

革命被兩種衝突的成份撕裂。用法國史學家貝爾納．克羅蒂桑的話來說：

一個傾向於整體主義，一個傾向於個人權力。一個追求按照人權宣言捍衛個人的不可侵犯性，另一個追求建立一個超個人的國家，成為公民的至高無上的實體。後一種追求，就來源於盧梭的著作2。

後一種革命追求，要求建立新的統治合法性——道德合法性，用以取代先前所追求的法理合法性。這就意味著波旁王朝傳統型統治崩潰以後，取而代之的統治將暫時不是法理型統治，而是奇理斯瑪型統治。

這一合法性轉移在雅各賓執政前即已悄悄開始。初見端倪者，是一七九二年的九月屠殺事件。

一七九二年九月二日至五日，巴黎市民在前線告急、後方空虛的恐慌氣氛中，害怕監獄在押犯及嫌疑犯暴動，自發組成私刑隊伍，衝進各監獄殺人。在未有任何司法程序審判的情況下，處死一千一百多名囚犯，包括許多教士。這一事件是否合法？議會辯論時，議員普遍承認，這一行動難以循證司法合法性。然而，群眾的「直接干預」又不能不得到批准，哪怕是事後批准。在這種情況下，來自布列坦尼的一個議員說：

不，我不憐憫他們，那些狂熱的教士。他們對祖國做的壞事太多了。我重複一遍：少數人總是有罪的。儘管從權力上說，他們有法律保護[3]。

這就提供了一種新的邏輯：少數人總是有罪，居於人類中的少數這一事實本身，就是邪惡的證據，邪惡者不受法律保護。內政大臣羅蘭於事變當天寫信給議會，顯然接受了這一邏輯。他用道德正義來爲屠殺行爲辯護：「我知道人民報復雖屬可怕，但仍有相當的正義」[4]。羅伯斯比爾十一月五日在議會中發言，打斷議會中有關司法合法性的辯論：「讓我們爲更令人激動的災難掉些眼淚吧！幾乎僅僅爲自由的敵人歎息，我認爲這種情感是可疑的」。[5]

這種高調邏輯，即爲羅伯斯比爾的「語言魔力」，以後曾反覆出現。高調邏輯的作用在於，每當政治進程遭遇制度安排的技術性困難，它總能從高處奔瀉而下，以道德激情衝破障礙，以政治上的道德判斷轉換政治上的技術討論。高調邏輯作用頻繁，則意味著法律權威岌岌可危。一種新的合法性理論遲早要在法理權威之旁抬頭，並取而代之。

如果說九月屠殺案的道德合法性，尚屬事後批准，那麼在兩個月後的國王審判案中，則可以看到道德合法性與法理合法性的當場辯論。到這個時候，道德合法性已不是事後批准，而是從後台走上前台，公開論證非程序化、非理性化的「正義」行動了。

一七九二年十一月十三日，議會進入辯論，國王是否能夠受審？這一問題又遭遇司法障礙。按照一七九一年憲法規定，國王不受審判，但是，革命若須深入，則國王又不能不審判。這種兩難局面使議會陷於膠著狀態。一個議員叫道：「難道讓我們到旁的行星上去找裁判官嗎？」[6]

十二月二十七日，聖鞠斯特發言，突發驚人之語，把這一問題從司法範圍一下子轉移到道德範圍來討論：

> 純潔是人民的基本天性，罪惡是人民之敵不可避免的汙跡。
>
> 國王的辯護士們，你們要為他做什麼？如果他是純潔的，那麼人民就是罪惡的[7]！

這樣尖銳、逼仄的善惡對立，使得議會只能在善、惡兩元中選擇「善」，而不是在合法、非法中選擇「合法」。法律陷於尷尬，新的合法資源——道德，在法理尷尬中堂皇升起。如同他所崇拜的盧梭一樣，聖鞠斯特在這場司法困窘中，是以語言轉換來擺脫危機，把司法邏輯換算爲道德邏輯，一衝而過，衝破了這場折磨眾多議員的合法性危機。

羅伯斯比爾的立場更徹底，他要求的不僅僅是道德審判。他回溯道德原點，而不是面對司法程序來考慮問題，甚至回復到國王和人民在締結社會契約前的自然狀態來考慮問題，以道德法庭來處死國王，而不是審判國王。因此，他的理論向著先驗原理昇華了一大步，他的要求則向著激進主張大大跨進了一步。盧梭之論辯風格在他的下述發言中發揮得淋漓盡致：

> 公民們，大會不知不覺地**離開了問題的本質**。在這裏沒有什麼提出訴訟的理由。……**你們的任務**不是對某人作出有罪或無罪的判決，而是採取拯救社會的措施，**起到國民先知的作用**……
>
> 在**自然法庭裏**所進行的這一巨大訴訟案，犯罪和善行之間、自由與暴政之間的訴訟案，最終的裁決將有利於犯罪和暴政。
>
> **人民的審判不同於法庭的審判**，他們不作判決，他們像閃電一樣地予以打擊；**他們不裁判國王**，**他們把國王化爲烏有**。

路易應該死，因為人民需要生。（著重號為本書作者所加）

據陳崇武先生考證，「羅伯斯比爾的這次演說非常成功。大廳裏的聽眾像被魔法纏住了一樣，寂靜無聲。當他的演說結束時，突然掌聲雷動」。羅伯斯比爾的演說通常都具有這種效果。這是一種什麼樣的「魔法」？科班在《法國革命面面觀》中評論此事，對這一「魔法」的後果說得很準確：「國王受審並處死一案，開啓了一個先例：從此，出現了一系列政治性的審判和指控，在這些審判和指控中，所有司法公正的觀念統統廢黜了」。[9]

問題並不在於國王是否應該受審或處死。極而言之，誠如羅伯斯比爾所言——「路易應該死，因爲人民需要生」，能否既讓路易死，又讓法理權威活呢？換言之，當法律程序發生障礙時，能否通過修改具體法律程序的手段，既適應情境邏輯的需要，又維護整個法理系統的尊嚴，而不是「不作判決，像閃電一樣地予以打擊」？法國人似乎不習慣這樣的思路。

與此相對，美國人則擅長於修憲的補充手段，一部成文憲法不變，卻後綴有二百多次補充條款；英國人則連成文憲法也沒有，卻通過尊重前案慣例之習慣，有效維護了法理之尊嚴。按照法國革命的邏輯，美國人既有二百多次補充條款，即應有二百多次憲法危機；英國人連憲法都沒有，則更應該不斷起義。這樣「閃電式打擊」的政治思維實在是太危險了，無怪法國著名史學家勒費弗爾悲歎：「司法權的次要地位和立法權的純代表性，這是法國公法中兩項永不變更的原則。」[10]

如此辯論之結果，羅伯斯比爾獲勝，一方面是「國王化為烏有」，另一方面則是「法理化為烏有」。自然狀態戰勝了司法程序，道德法庭戰勝了理性法庭，啓蒙運動積三代人努力築起的反對宗教法庭的理性堤壩，在道德良知的滔滔雄辯中化為烏有。國王審判及國王之死，再好不過地說明法國革命前期追求理性統治的努力歸於失敗。道德動員取代理性權威，奇理斯瑪式的道德統治升出了地平線。

二、道德救贖——重組市民社會

奇理斯瑪升出了地平線。這是一次輝煌的日出嗎？在它化為日落之前，確實是。法國社會學家杜爾凱姆說：「在法國革命最初的幾年裏，社會固有的那種自我神話或創造神明的傾向空前顯著地表現了出來。這種宗教有自己的殉道者和傳道者，深深感化了廣大群眾，最終還產生了一些偉大的事物」。[11]

道德救贖之擴張，當務之急是觀念先行，倒果為因，把塑造道德新人的教育革命放在首位。一七九三年六月二十三日，雅各賓執政的第一個月，即公佈教育體制改革的法令。

圍繞著塑造新人和教改方案，國民公會展開了激烈辯論。雅各賓黨人俾約．瓦倫出版了一本《共和主義基礎知識》的小冊子，提出革命者必須承擔起「提高人民道德」的責任，國家必須代替父權，抓起年輕一代的教育。否則，「你們必將失去年輕的一代」。他盛讚斯巴達教育「是轉向道德的一個明顯例證，這一例證說明，從腐敗道德向簡樸道德的轉化能夠進行，而且要比敗壞一顆正常心靈更容易、更迅速。人們如何能夠懷疑，人生來就有一種不可抗拒的天性，傾向於追求並崇尚美德？」

孔多塞，傑出的數學家，百科全書派當時僅存的一個活著的成員，也提出了一個教改計畫，卻遭到雅各賓派議員迪朗．馬來納的諷刺。後者說孔多塞的這一計畫是推行百科全書派的唯物主義、非道德主義和無神論，而不是追隨盧梭的教誨。

迪朗．馬來納的發言又遭到百科全書派的崇拜者雅科．杜邦的反駁：「迪朗．馬來納竟敢在八月十日以後重複那位日內瓦哲學家的懷疑和謬論。那位哲學家說什麼科學與藝術敗壞了道德。我請問迪朗．馬來納先生，所謂道德的敗壞，說得如此誇張，以致人們如果按照我們的批評家的看法，是否要考慮一下，應該把道德和誠實馬上從這塊自由的土地上驅逐出境？迪朗．馬來納主張限制人的理性，甚至追隨專制者的榜樣，限定人的思想和能力，而不是讓人的思想和能力在共和制度下，進入所有方面，探索所有可能的方式，以擴展人的領域，這種主張實在是太荒謬了」[12]。

杜邦攻擊盧梭，當然不爲雅各賓派所容。國民公會拒絕了杜邦意見，將雅各賓一派的佩蒂翁所提出的教改方案提上了議事日程。佩蒂翁的方案充滿道德理想：「所有的孩子都從父親身邊領走，交由國家教育：教育免費；男孩從五歲到十一歲，女孩從五歲到十二歲，穿同樣的衣服，受同樣的教育；飲食菜譜有嚴格規定，禁絕酒和肉類；他們必須割掉與家庭的聯繫，形成新的人種，愛勞動，有規範，守紀律；他們形成一道不可逾越的屏障，與我們已經腐爛的那一部分人類隔離開來。」[13]

有人指責上述方案是「烏托邦」，佩蒂翁的兄弟費里克斯大聲爭辯說：「烏托邦？他們如此貶低柏拉圖和托馬斯·莫爾的高尚思想？」

與此同時，聖鞠斯特提出了一份更爲徹底的方案，勾畫了一幅完美的民粹主義社會藍圖。

佩蒂翁的方案僅僅規劃了孩子從五歲到十一歲或十二歲的教育。接下來的歲月怎麼辦呢？或者說，共和國如何規劃成年人的道德生活呢？聖鞠斯特寫有《共和主義制度》一書，回答了這一問題。在這本小冊子裏，最重要的是這三大方面：教育，道德監護官和撫養與繼承，至於經濟和政治則從屬於道德問題。他比佩蒂翁更爲徹底之處在於：

母親撫養孩子，五歲而止。在此之後，孩子交給共和國，直至老死；那種從未哺育過孩子的母親，在祖國看來，已不能作為母親而存在；孩子五歲後進學校，只能穿布衣，吃蔬菜、水果，只能飲水，不能喝酒；每晚在地席上睡八小時；他們得學習閱讀，寫作和游泳，最重要的是他們必須學會堅強；他們將被教育成熱愛沉默，厭棄聒絮，他們只學一些簡約的詞彙；

從十歲到十六歲，孩子的教育是軍事和農藝；逢收穫季節則要下鄉支援農業；

從十六歲到二十歲，孩子們必須學會一門精湛的工業技術或農藝技術。二十歲至二十五歲，他們必須去服兵役，為祖國而戰……。[14]

以上所說都是男孩。至於女孩，聖鞠斯特只用兩句話就打發了：女孩歸母方家庭撫養；一過十歲，她們沒有父母或其他監護人的陪同，則不能在公開場合露面。「每一個人到了二十五歲，就必須到神廟裏去，向眾人宣佈他的朋友是哪些人。這一宣佈必須在每年的風月裏更新一次。（如果一個人與朋友斷交，他必須向眾人說明理由，否則當受懲罰！）」

盧梭生前所設想的透明社會，也就不過如此？還有甚者：「如果一個人犯了罪，他的朋友也應受懲。因爲他朋友不知情，等於說這個朋友在友誼中不受信任，也就是說，這個人沒有朋友了，因此，他必須受懲」[15]。

這豈不是一種連坐法？但聖鞠斯特之初衷卻是，當著瓦解家庭聯繫的時候，應該代之以公民之間緊密的道德聯繫，以此奠定新型道德國家的社會基礎。爲了維持民族的道德聯繫，還必須對外國人保持警惕：「正是外來者，一代又一代地引導我們走向他們的目標；外國影響造成了叛國者，使得邪惡受到尊崇，美德受到蔑視；他們使我們不得安寧」！[16]

最後，在這個民粹主義道德理想國中，還要選舉道德模範，設立道德監護：

在每一場革命中，都需要有獨裁者來拯救國家，監護者來拯救道德；[17]監護者從年滿六十歲的男性公民中選出。他們在每年的老人節那天去神廟朝拜，讓眾人評議。如無非議，他就可以佩上白色值星帶，標誌他已當選，從此履行對美德的監護職責；

這些佩戴白色值星帶的監護者要維護神廟裏的燭火長明不滅，重點監督對象是那些官員、軍官和議員代表的道德行為。這些人一旦被發現腐敗行為，立刻從高位上撤換下來。監護者要使人敬畏，在公共場合，他們通常是緘默不語，這是一條禁令，任何人不得違反。[18]

熱月政變後，在聖鞠斯特的文件堆裏發現有一個法令提綱，宣佈建立監護者階級。聖鞠斯特寫道：「救國委員會責成我來宣佈下列法令：在法蘭西生活的每一個方面都建立監護人……監護制作用於政府，決不能作用於不可腐蝕的人民……」[19]該法令幾乎逐字不漏地抄錄了他在《共和主義制度》中的那些狂熱設想。至此，似應承認，雅各賓派並不僅僅崇信行政權力改造市民社會的威力。他們不也有權力制約意識？只是他們所設計的權力制約，原來是以道德監督權力，而不是以權力制約權力。

在這場教改大辯倫——實際上也是再造新人重組市民社會的大辯論中，羅伯斯比爾態度如何？

一七九三年七月十三日，也就是與聖鞠斯特寫作上述小冊子的日期同時，羅伯斯比爾從費里克斯那兒接過佩蒂翁的方案，略加修改後，作爲他的提議，向國民公會提出。他的演說詞是這樣開頭的：

國民公會給歷史將留下三項足堪紀念的偉業：憲法、市民法典和公共教育。征服和勝利的榮耀只不過是過眼雲煙。只有美好的制度能夠長存，並且德化所有的民族。

> 我承認，直到目前為止，人們所議論的東西並不符合我長久以來的一個理想：要建立一個完整的教育計畫。我**已經領受了一套龐大的思想體系**，**並且考慮過**究竟是在哪一關鍵點上，**人類被我們舊的社會制度的罪惡所腐蝕**。我確信，**必須來一次全盤更新**。如果讓我以這種方式來表達我的意見，那就是：**創造一種全新的人**！

羅伯斯比爾把制度和教育作了區分，教育作爲觀念先行，優先於制度建設：

> 教育聯繫每一個人，並且澤被天下。然而，現在卻被人們忽視了。就我而言，我堅信，我們在**確立一種制度以前，必須確立這種制度的基礎**。制度只能播益於少數人，教育卻能播益於所有人。[20]（著重號為本書作者所加。）

很顯然，那套龐大的教育體系領受於盧梭。人類被社會罪惡所腐蝕，必須全盤更新社會制度等，也非盧梭莫屬。更重要的是，盧梭「倒果爲因，觀點先行」的危險觀點，在這裏開始進入了實踐層面。

這場曠日持久的教育改革重塑新人的辯論，幸虧被戰爭危機所打斷。但是，雅各賓派執意貫徹盧梭教化新人哲學主張的熱忱，卻未中斷。在危機年代裏，他們抓緊了另一方面的教化——對於既成年人的教化。

一七九三年，國民公會成立「國民教育委員會」，面向社會成人，以新的教化手段推進法蘭西社會再生的偉大工程。新人教化全面鋪開，是一幅極其宏偉的社會改造圖景：

1、共和曆

與民更始，啓新正朔，歷來是各國歷史上改朝換代的必然現象。但是，雅各賓派超越了一般統治者在這種時候的狹隘眼界。他們以全民族甚至全人類的代表面目出現，從最原始的時間概念開始，啓發人類自然狀態，從中吸取道德能源。一七九三年十月五日出台的共和新曆，就打上了這一鮮明的自然與美德的烙印。

新曆完全順應自然秩序，每三個月爲一個自然季節。十二個月的月名廢棄羅馬諸神的名字，而是隨當月的自然物候命名：葡月、霧月、霜月、雪月、風月、芽月、花月、牧月、獲月、熱月、果月。每月三十天，每年多餘五天最初被定名爲「無套褲日」，後來又分別定爲「才智節」、「勞動節」、「美德節」、「輿論節」和「報酬節」。

饒有趣味的是，共和曆比共和憲法還要持久。法國革命全過程共有五部憲法，每部憲法都很短命。而共和曆一經啓用，則延續十二年之久，而且在革命後還常被人們重新採納。如一八四八年革命中，志士仁人稱他們的鬥爭爲「共和五十六年革命」；一八七一年巴黎公社起義，社員們使用的是「共和七十九年」的年號，甚至進入二十世紀後，一九六八年的「五月風暴」，還曾激起人們對共和曆的懷舊情緒。法蘭西政治文化於大革命時期形成的戰鬥風格，在法國歷史上源遠流長，在此可略見一斑。

2、文藝和演出

一七九四年五月十六日，救國委員會曾專門頒佈法令，號召文學家大寫革命的主旋律。據統計，十年革命中所產生的革命歌曲多達三千多首。流傳較廣的有《馬賽曲》、《出征歌》、《就這麼辦》等。

戲劇方面，巴黎劇院從盧梭時代的三座，一度激增至近五十座。一七九三年八月二日，國民公會下令，在巴黎市府指定的一些劇院，必須每週上演三次描寫布魯圖斯、威廉・泰爾的悲劇，或其他表現革命題材的劇目；其中可由國家負擔一次演出費用，戲票免費發放，時間規定在下午五時半至九時之間，以方便勞動者。當時有議員認爲只要看過《布魯圖斯》一劇，人人心脈賁張，都會成爲刺殺暴君的壯士。

據統計，革命時期共創作和上演的戲劇達二千餘部。政府還曾試圖創造一種類似於中國街頭話報劇那樣的政治性鼓動劇，每逢節日慶典，就在廣場上演出，以此烘托和強化革命氣氛。

與此同時，不破不立。在雅各賓派最終禁絕戲劇以前，一七九三年八月二日的法令已規定，不得上演敗壞道德和宣揚王權迷信的舊戲、壞戲。政府成立的專門審查劇目的委員會多達十二個，它們在兩個月內就查禁了一百五十部戲劇，其中三十三部被禁演，二十五部被勒令修改。一七九四年五月，拉辛和高乃依的古典風格作品被查禁。其他如謝尼埃這樣最著名的革命劇作家，他創作的《蒂投萊昂》等作品，也因一兩句台詞被認爲有反革命意味而被撤銷。

3、圖書和文物

雅各賓派真誠地希望圖書和文物能爲全民所用。一七九三年六月曾投入大量資金發展圖書、檔案、博物館事業。一七九三年十月法令曾規定，「有價值、可運送的文物古跡，若帶有違禁內容，清除起來可能造成損害者，得送交鄰近的博物館，以便作爲國民教育的材料而妥加保存。」國民公會規定一切博物館向人民免費開放，從而使各種藝術遺產第一次成爲人民的財富。名聞遐邇的羅浮宮，就是在雅各賓執政的一七九三年六月，第一次向平民大眾開放的。

與此同時，革命者的道德審視也未放過對圖書、文物和藝術品的檢查。一七九三年六月，讓・邦・安德列就這樣說過：「給人類帶來幸福的並非科學，而是道德。如果我們真想成爲共和主義者，我們就必須至少忘卻一半我們所知道的東西。」當時，民間已出現焚書運動，在國民公會引起激烈辯論。國民公會一度通過一些關於保護圖書的法令。但是一部分激進人士還是要求從嚴審查書目，以免漏過「毒草」。國家書志署署長多梅格打報告給國民公會，要求「用革命的解剖刀審查龐大書庫，割去圖書軀體中發生壞疽的部分」。

4、國民節日和人民大遊行

盧梭生前曾在給科西嘉、波蘭的立法建議中，多次提出執政者應有意識地創造大眾節日文化，以凝聚民族向心力，激揚道德理想。對此，雅各賓派的創造能力，可能已臻世界歷史中同類活動的巔峰程度。一七九三年十二月關於組織國民教育的法令中，全國和地方性的節日與公民會議、劇場、軍事演習等一起讓列入「國民教育第一階段」的內容。當時全國性的重大節日有：一七八九年七月十四日攻佔巴士底、一七九〇年聯盟節、一七九二年八月十日推翻王權、一七九三年一月二十一日處死國王、一七九三年五月三十一日推翻吉倫特派等周年紀念慶典。此外還有三十六個每隔十天舉行一次的全國性節日聚會，反覆激發人民的理想精神，幾乎達到十天一大慶、五天一小慶的頻繁密度。

節慶的主題設計羅伯斯比爾都親自過問，具體實施由大衛安排，頌歌多由謝尼埃作詞、戈塞克譜曲。節慶活動通常都設計成人民大遊行，人人都必須參加，並必須按照行業、性別、年齡排成行列，井然有序地通過廣場。一七九四年六月八日羅伯斯比爾主持的「最高主宰教」開教大典，是所有這類活動中最盛大的一次。廣場上堆起巨大的假山，假山下五十萬人盛裝遊行，五彩繽紛的儀仗，狂歡忘情的呼喊，使任何一個參加者、目擊者終身難忘。

5、日常生活的革命化

一七九三年，進入巴黎任何一個普通市民家庭，你會發現革命如強大電流已經擊穿各個家庭壁壘，使人們的世俗生活發生了奇蹟般的變化。

首先起來迎客的一個孩子，可能已不叫讓·皮埃爾、瑪麗這類取自法國傳統的宗教名字，而是叫著「馬拉、布魯圖斯、盧梭、自由、平等、山嶽」這類革命化的名字。在父親的鼻煙壺上你可能會看到一句口號：「爲國家而死，無上光榮」，在母親的梳妝鏡上，你會發現另一句口號：「我們情同手足，祖國永存」。一家人再窮，牆上總有大幅革命宣傳畫，神龕裏也會擺上一尊廉價的革命先烈石膏像。一家人全戴小紅帽，忙進忙出，奔走革命。偶爾坐下來玩一圈棋牌樂，那上面也充滿了激動人心的革命符號：「國王」改成必須「將」之的暴君，「王后」改成女公民特魯瓦涅，「王子」改成無套褲漢，四張老「K」畫的是布魯圖斯、卡通、梭倫和盧梭四大古今賢人，四張「Q」牌則是審慎、聯盟、正義和力量這四大道德符號[21]……

形形色色的新生事物，還可以再舉出一些。早在中國文化革命開始前一百七十三年，一七九三年的法蘭西人已經嘗試過一次文化革命。法國當代史學家比昂奇論述一七九三年歷史的專著，即以《共和二年的文化革命》命名。[22]誰也不能懷疑，共和二年的文化革命——法蘭西社會道德重建的偉大工程，在雅各賓派不遺餘力推廣下，在盧梭思想指引下，確曾得到廣大市民的熱烈回應，取得了暫時的然而確實是輝煌的成功。雨果回顧一七九三年的巴黎街景，曾有一段極其生動的紀實描述，也許比歷史學家的筆觸更精彩，更傳神：

人們過著露天的生活；婦女們坐在教堂的石階上一邊製造紗布一邊唱著「馬賽曲」。所有的十字路口都有正在緊張開工的兵器工廠，路人都鼓掌歡呼，到處只聽見人人在說：「忍耐些，我們是在革命時期。」人們英勇地微笑；巴黎彷彿到處在搬家，骨董店裏堆滿了王冠、法冠、王杖、百合花徽。這就是被推翻了的專制政體的殘餘；

這個在攤子上補襪子的是一位伯爵夫人，那個女裁縫是一位侯爵夫人，布佛萊夫人住在一間頂樓裏，她在頂樓裏可以望見她以前的大廈；還有吳朗，他自己取名為「八月十日」，每逢斷頭台殺人他從未錯過，他跟在死囚的車子後面走，他說這是去參加「紅色的彌撒」……

到處都是報紙，各區的旗幟你來我往，所有的牆上都貼滿了標語。旗子上寫著「只有心靈的高尚，沒有高貴的階級」，標語上寫著共和國萬歲，小孩子咬音不準地唱著「沙依拉！」[23]

盧梭盜火，法蘭西人傳薪；盧梭點火，法蘭西人引爆。一七九三至一七九四的短暫歲月裏，法蘭西人對世俗文明的救贖熱情，如石破天驚，沖天而起。這是不是一次輝煌的日出？黑格爾說，是。康德說，是。歌德還說，是！迄今爲止，它在人文世界造成的震盪，只有另一次普羅米修士式的盜火行爲才能匹配：二十世紀的熱核爆炸。一七九三年那攝人心魄的沖天火焰，使後世所有的理想主義在全球各個角落唏噓不已，心魂激蕩；它所造成的輻射、污染亦如漫天塵埃，至今未能落定。一七九三年的法蘭西人，她是歷史學家、哲學家，經久不息的爭論話題！

三、語言磁化——革命之道德魔力

法蘭西人凌空蹈虛，高路入雲，進入了盧梭式的道德境界。他們進入了道德境界，道德則磁化了他們的符號世界。政治鬥爭成爲一場道德語言的競技場，政治話語成爲道德磁化的首選對象。當政治詞彙的中立性被道德磁波擊穿，政治生活的殘酷性距離宗教生活的排它性也就不遠了。

早在那場國王審判案中，聖鞠斯特就曾使用話語轉換戰術成功地打破了當時的司法障礙。羅伯斯比爾的發言也特別具有「魔力」，使得在場的贊同者與反對者一起進入「著魔」狀態，同時鼓起掌來。這一「魔力」，就是道德語言的催眠「魔力」。入「魔力」者又何止那些投票的議員？國王的法律辯護人德塞茲，甚至國王本人，竟也使用起盧梭式的道德語言！請看當時德塞茲在現場的這段陳詞：

職責所在，我讀過讓・雅各・盧梭的這些論述：「無論是公佈的法律，還是宣讀的判決，都不可能代表公意，因為公意之所以為公意，就是因為它從不針對某一具體個人或某一具體行動」。這就是路易剛才在欄杆前所說的話，這也是盧梭所說的話。24

由此可見，國王受審及處死一案，既是道德合法性取代法理合法性的開始，也是鬥爭的雙方同時接受道德語言的開始。

一七九三年十月三十一日，國民公會公佈法令，強制通過在全國範圍內廢止帶有貴族色彩的「您」這一稱呼，代之以富有民粹平等氣息的「你」。同年十二月十二日《導報》載文呼籲：「每一件事物，即使語言，也必須按照共和制度來重新塑造。」從此，強制與自發並舉，在全國範圍內開始了法蘭西語言符號的道德改造運動：

1、人名道德化：在一七九三年九月或在此以前，取革命名字的新生兒在數量上不超過總數百分之三。然而到了一七九四年，這一百分比在大眾參與高漲地區驟然上升，最高達百分之六十，最低亦達百分之二十五。從家長社會成份看，也同樣能感受到底層社會對於新生兒命名革命化、道德化的濃烈興趣。在科爾貝依地區，這些家長的三分之一是農業工人，而在凡爾賽地區則大多是鞋匠、鎖匠、小商販和自由職業者。

地名革命化：一七九三年夏秋時分，改地名活動進入高潮。爲數三千以上的市鎮一夜易名，如凡爾賽改爲「自由搖籃」，沙多—梯也里改爲「馬恩河畔的平等」。有些市鎮雖沿用舊名，但加之以「人民」一詞。還有一些市鎮，在自己名稱中加入「山嶽」等字眼，以表示對山嶽派的擁護。其它如長矛—沙波、自由—小紅帽、阿恩—無套褲漢、無套褲漢港，不一而足。不曾改名的市鎮仍占絕大多數，約三萬七千個，但以同樣方式修改了屬下的街區名稱。

2、語言全國統一化：革命初期，全國二千六百萬人口中有一千二百萬人不懂或不能正確使用法語，方言達三十多種。有議員說：「我們在語言方面如置身於巴比倫之塔」，語言障礙了巴黎的革命向全國擴展。一七九四年一月二十七日，救國委員會發言人巴雷爾宣佈廢除一切方言。他把語言統一提高到如此高度：「在民主國度，聽任公民不懂民族語言從而不能監督政府，無異於賣國。曾光榮地表達過《人權宣言》的法語，理應成爲全體法國人的語言。共同的語言是溝通思想的工具，是最有效的革命因素，我們必須把它交給人民。」

3、語言風格平民化：就在法語挾革命之勢從巴黎向全國城鄉統一化推廣的同時，法語在巴黎卻在迅速地粗俗化、平民化。大眾政治參與的爆炸，不可避免地產生大眾語言的參與爆炸。自路易十四以來，法語逐漸成爲歐洲的上層用語，以優雅典麗著稱。但在這一急風暴雨的時代顯然不敷眾用。大批村野俚語以語言風暴之勢，猛烈衝擊舊法語「雅致的鐵箍」。報紙上粗話滿篇，如《杜歇爾老爹報》上形容王后的這段用語：

這隻奧地利母大蟲到處被人們看作法國最無恥的婊子。人們公開指責她在爛泥中和僕人滾在一起，很難指明創造了那些出自她那皺褶重重的肚子的畸形、駝背、患壞疽病的早產兒的是哪一位粗漢。[25]

在這場語言風暴中，最有貢獻者，是這些街頭道德的語言噴泉——民辦報紙。我們以當時銷路最好的《鐵嘴報》爲例。

《鐵嘴報》創始人修道院院長福什和邦內微爾，受盧梭《社會契約論》第四卷第七章啓發，他們認爲，公共輿論的作用能保持道德。兩人突發奇想，在巴黎通往法蘭西大劇院的街道上樹起了一個裝有鐵嘴的信箱，承接民眾來信、建議、檢舉、揭發，綜合爲一張報紙，名曰《鐵嘴》。他們寫道：「在長期沉思盧梭和馬布利的著作之後，人民確實需要一張『鐵嘴』來表達他們的觀點，我們決定在全國每一個地區都建立一張『鐵嘴』」(《鐵嘴報》一七九〇年十月號)。

《鐵嘴報》一度十分興旺。他們時常在報頭上刊登盧梭語錄，發表民眾學習盧梭教義的心得體會，或按照盧梭教義抨擊時政的文章。一七九〇年十月號那一期的另外兩篇文章，一封是一個猶太人來信抗議人頭稅，說人頭稅人人都得交納，太不合理，「只有耶穌和盧梭除外」；另一封是一個母親的來信，敘述她如何按照《愛彌兒》

教育孩子，說她和兒子整天玩在一起，從不操心一點財產問題，她兒子極其簡樸，「白天的衣服就是夜晚的被褥，到現在也不會猜疑任何一件事情」，云云。

盧梭思想普及到這一地步，以致革命與反革命雙方都在援引盧梭語言，頗似中國文革時期的語錄仗。當時法國人麥克東納寫有一本《盧梭與貴族》的小冊子，即注意到這一語言現象：

> 革命與貴族都援引盧梭的權威作為頭條理由，這不是因為盧梭的政治著作，而是因為盧梭神話已經成為受教育階層共同思想背景中的一個組成部分。一方面，新統治者與盧梭崇拜之間有著官方的合法聯繫，另一方面，許多人則分別援用盧梭的權威或支持或反對統治者。比如，羅伯斯比爾所接受的盧梭影響顯然超過其他革命領袖。他和聖鞠斯特都是盧梭的崇拜者，救國委員會裏的其他成員也經常引用盧梭的名字[26]。

盧梭成了人民的「鐵嘴」，「鐵嘴」則成爲語言暴力的絕好象徵。道德邏輯的獨斷性，之所以能夠取代政治邏輯的相容性，首先在於它獲得了語言暴力。雨果長歎：「從人嘴這個火山口發射出來的一切熔岩，最爲凶猛地吞食掉人類的一切幸福。」

二十世紀語言哲學揭示，語言具有軟性暴力的作用，它在表述人類思維的同時悄悄扼殺人類思維，故而出現這一語言悖論：「不是我們說語言，而是語言說我們。」歷史學家可以作證，早在這句警言被發現前二百年，法國革命已經出現了這樣的語言環境：「不是我們說盧梭，而是盧梭說我們。」人們走不出盧梭語言之幕，猶如走不出自己的皮膚。人們即使以援引盧梭來扼殺論敵，本身的語言——思維主體已在援引中被扼殺了一次。更多的政治異議者，在走上斷頭台以前，已經被語言暴力殺死了。

四、道德越位——羅伯斯比爾悲劇之發生

政治語言的道德磁化，勢必進一步要求政治規則的道德轉換。摩尼教式的原教旨主義熱情藉此進入政治生活：光明與黑暗不能並存，正義與邪惡不能相容。政治鬥爭在教瀆熱情中轉化爲殘酷的宗教鬥爭，道德理想流露出道德嗜血的肅殺之氣。

一七九二年以後，馬拉出現「奇理斯瑪」特徵。他生前狂熱崇拜盧梭，聲稱自己「可能是盧梭之後唯一的作家」。他的兩部小說——《青年伯爵巴洛夫斯基歷險記》和《波蘭信札》——都是《新愛洛琦絲》的模仿之作。[27]他說，他樂意被人稱爲「一個脾氣暴躁的瘋子」，因爲這一稱號正是「那群百科全書派的江湖騙子贈予《社會契約

論》作者的惡諡」。[28]他是「廣場短路」的天才，在街頭政治中如魚得水。他的道德語言在無套褲漢、編織婦[29]中具有呼風喚雨的巫術功能。

在國王審判案中，聖鞠斯特冷靜，羅伯斯比爾能辯，馬拉則如雄獅般狂吼。他曾數度打斷潘恩的發言，跳到走廊上攘臂怒號，並威脅潘恩的譯員，不許他朗讀潘恩的講演辭。[30]

他比羅伯斯比爾更大膽、更熾熱，因而生前也更得底層群眾之崇拜。他要求模仿當年古羅馬演說家每天說一句「必須消滅迦太基」，在雅各賓俱樂部也派專人每天到講壇上說一句：「必須消滅陰謀家！」他的語言充滿道德自信：「嗯！誰能反對我們？真理、正義、貧窮、道德是在我們這一邊的。有了這些武器，雅各賓派不久就可以這樣說：我們一到，他們就不存在了」。[31]

一七九二年二月，馬拉在《人民之友報》上一再宣傳搶劫某些商人作為示範行動。後來果然發生搶劫，國民公會決定控訴馬拉。但是激辯之後，馬拉勝訴，道德威望更加高漲。從國民公會回來的路上，無套褲漢和編織婦們把他舉過頭頂，一路歡呼。

一七九三年五月三十日推翻吉倫特派統治，起義初獲勝利時，包圍議會的群眾聽到要求已經滿足，自動散去。六月二日，馬拉來到巴黎市政廳，要求進一步控告吉倫特派議員以及議會中其他「賣國賊和政治家，把起義再推一步，從針對吉倫特派統治激化至針對吉倫特派個人」，爲此，他又一次發動「廣場短路」，親自走上鐘樓敲起警鐘，喚來八萬民眾，一百六十三門大炮。國民公會——法國憲政體制名存實亡，雅各賓派執政，即法國革命的「最高階段」，就是在馬拉親自發動的「廣場短路」，馬拉親手敲響的廣場鐘聲中開始的。

兩個月後，即七月十四日攻佔巴士底獄兩周年紀念日前夜，馬拉被少女科黛刺死。這一事件促使雙方都表現出更加強烈的道德邏輯和道德情緒。

夏洛特·科黛首先被稱頌爲道德英雄，聖女貞德式的人物。科黛在法庭上慷慨陳詞，被人廣爲傳誦：「我是爲了拯救十萬人而殺了一個人，我是爲了拯救無辜者而殺了大惡人，爲了使我的國家安寧而殺了一頭野獸」。[32]安德列·舍尼埃爲她作了一首頌歌：

啊，美德！
你是一把短劍，
你神聖的尖刃
是大地唯一的希望。[33]

與此同時在另一方，也掀起了道德狂潮。馬拉生前活躍於廣場，臨終被刺於浴缸，死後心臟懸掛於雅各賓俱樂部大堂，成爲聖物——「美德的象徵」，國民公會也樹起了他的半身胸像。在眾多公共場合，民眾聚會，發出報仇的呼喊。忿激派起而競爭馬拉人民之友繼承者的稱號。雅克．魯三天後即發行刊物——《人民之友馬拉蔭庇下的法蘭西共和國政論家》。七月二十日，勒克雷克起而仿效，刊行《人民之友》，直接繼承馬拉所辦刊物的名稱。同一天，艾貝爾在雅各賓俱樂部嚷道：「倘使要有人繼承馬拉，倘使要再有一個犧牲者，這個犧牲者已準備一切及接受一切，這個人便是我！」[34]

這個人不會是艾貝爾，也不會是雅克．魯。在道德狂潮中推舉出來的領袖，只能是一個道德英雄——羅伯斯比爾。七月二十六日，羅伯斯比爾選入救國委員會；八月十二日，羅伯斯比爾當選爲雅各賓俱樂部主席；八月二十二日，羅伯斯比爾又被推選爲國民公會主席。短短一個月不到的時間內，羅伯斯比爾連任三職，他跨過了政治生涯中的一個根本性轉折，跨過了一個道德理想主義者只能論政，不能執政的邊際界限，而且進入了一個直接執政、最高執政的危險狀態。

在馬拉遇刺激起的道德狂潮中當選，是一次危險的機會，不幸的機會。羅伯斯比爾的內在危險，就在於他始終保留有盧梭式的道德潔癖：道德純度越提越高，道德選民越劃越少。這就意味著隨著他一旦上台執政，統治基礎將日益萎縮，日益縮小，並最終走向垮台崩潰。

羅伯斯比爾的道德邏輯是，首先把社會的全體成員劃分爲人民與反人民的兩極：「一個民族總是劃分爲這樣兩個部分：保皇黨人和人民事業的捍衛者」。然後再把人民一分爲二：「所謂的愛國者又劃分爲兩部分：邪惡公民和有正義信仰的人」。[35]

甚至在「有正義信仰的人」中，他還要繼續劃分。一七九三年五月十日，吉倫特黨人微尼奧在議會發言中區別雙方的道德定義，聲斥雅各賓派的道德追求已墮落爲斯巴達式的暴力道德，「你們追逐道德的完善，一種虛幻的道德，你們的行爲與野獸無異！」與此相對，吉倫特派推出的「道德選手」則是「美德羅蘭」，溫文爾雅，一塵不染。羅伯斯比爾對這種道德信仰不屑一顧，斥之爲：「這種所謂羅馬式的道德，決不是那種燃燒在真正愛國者胸膛的迅猛激情」！[36]

持有這種道德邏輯的人，是不能執政的，也不應該執政的。他可以以政論家的方式存在，以道德理想之高調要求，中和平衡政治家行政過程中必不可免的現實主義低調因素。先驗理想主義在野，經驗現實主義在朝，兩者方能出現健康的配置，健康的關係。法國革命及其所形成的政治傳統則恰恰相反：先驗理想主義在朝，經驗現實主義在野，在朝者不會或不願從事制度性建設，在野者則從右翼發動復辟或守舊運動，又使在朝者有理由居高不下，把道德理想主義的觀念邏輯越拉越高。這種在朝在野的背反配置，在受法國政治傳統的影響的地區、國度，後來曾反覆出現，造成深重災難。

一七九三年七月二十六日之前，羅伯斯比爾可能還有這點自覺，尚守得住道德理想主義只能論政不能執政的邊際界限。這樣的邊際界限，是限制，也是保護，是道德理想主義者最好的存在方式。據陳崇武先生考證，羅伯斯比爾在七月二十六日前始終避免擔任行政職務，數度辭去已當選的官職。馬拉因此還批評他「仍然缺少政治家的眼光和勇氣」。[37]

馬拉一死，舞台上的道德追光燈轉移到他這裏，既給他打上道德光環，又籠罩住他的個人選擇，羅伯斯比爾身不由己了。七月二十六日進入救國委員會時，羅伯斯比爾憂喜參半，心情矛盾。但是一旦進入，他的道德憂患，他的道德邏輯，他以道德劃分人群的習慣則又迅速開動起來。這兩方面的心情，在他半個月後八月十一日在雅各賓俱樂部的演說中充分表現了出來：

應召進入（救國）委員會，是違背我天性的。我在那裏看到的事情，是我從來未敢懷疑過的事情。我看到，一方面，愛國分子正在追求他們祖國的利益，勞而無獲；另一方面，賣國賊卻正在這一國民公會的心臟部位策劃陰謀，反對國家的各項利益。

我不會泡在一個委員會裏做個無所事事的人……

假定我所預料的事情真的發生了，我會宣佈退出委員會，那時沒有任何人能阻止我向國民公會說明全部事實真相，指出人民面臨的危險的措施。38

這是一個不祥的預兆，聽眾中即有救國委員會成員，當時一片沉默。羅伯斯比爾是個真誠的人，惟其真誠，他才會坦露進入執政狀態時的胸襟，後人才得以從這裏看到他夜半臨池卻又不知不覺的危險；惟其真誠，他在這裏所預兆的一些後來失誤，才分外令人同情：

——他的角色身分發生了變化，他的道德邏輯卻沒有發生變化。他帶著他的道德邏輯跨過了邊界。盧梭當年越界築路，曾露出天才的馬腳。羅伯斯比爾本人可以選擇不同的政治角色，但是，他的道德邏輯卻必須有一個合理邊界。他個人可以跨過邊界，但是他不能帶著道德二分法的邏輯跨過邊界。一旦他這樣跨過來，作為社會批判、良心監督的道德理想主義與邊界這邊的巨大權力相結合，則很難避免不走向危險的方向，不走向政治烏托邦的設計，不走向道德嗜血的客觀趨勢。他本人也就難免以實踐的形式，重演他先師當年以理論形式出現過的悲劇。

發表這篇演說的第二天，他當選爲雅各賓俱樂部主席；又過了十天，他被推選爲國民公會主席。當時眾人都明白這一身三職的含義，但眾人都默不作聲。

羅伯斯比爾進入救國委員會簽署的第一道法令，就是逮捕令。羅伯斯比爾在救國委員會總共簽署五百四十二項法令，其中最多的也是逮捕令。[39]

羅伯斯比爾遇難後，人們發現了他在這一時期的一份私人筆記，即所謂「九月筆記」。這份筆記中有哪些至關重要的內容？從瓦爾特《羅伯斯比爾》和饒勒斯《法國革命社會史》中，人們分別讀到這兩段文字：

> 這次起義（指六月二日馬拉發動的起義——本書作者）必須繼續下去，必須逐步全面展開……內患來自資產階級……[40]
>
> 誰將是我們的敵人？邪惡者與富人。我們必須處死或放逐那些引誘人民誤入歧途唯利是圖的文人作家。[41]

在這裏，人們可以釋讀出羅伯斯比爾悲劇的邏輯根源：在一場資產階級革命中，視資產階級本身為「內患」；要求這場革命成為「反」革命，革「革命」的命——反對資產階級的資產階級革命；革命把「富人」與「邪惡者」並列，不僅打擊財富對象，而且打擊道德對象，打擊精神對象，以道德革命深化社會革命，以道德革命禁錮文化領域內一切異己現象。

羅伯斯比爾以己度人，以己度世界，把自身道德律令外化為革命的客觀進程。他「帶球越位」，他的道德理想主義在這裏大大越位。它不僅越出了自我律令的個人之位，也越出了這場革命所屬時代這一更大的歷史之位。

他是大難臨頭了。

五、內外禁錮——輿論劃一與道德對抗

羅伯斯比爾上台之時，正是巴黎經受革命道德清洗之際。

在革命上層，人們推舉出比馬拉更具道德熱忱的羅伯斯比爾；在革命下層，人們點火焚燒一切不合道德標準的文化「奢侈品」：燒書，燒畫，燒錦旗，燒舊制度文獻，燒所有從私人住宅抄檢出來的帶有貴族氣息的文化作品。據《導報》記載，從一七九三年至一七九四年，不斷有愛國者結隊衝進國民公會底樓，自發地進行焚書活動。濃煙時常從國民公會的各個窗戶內飄逸而出，法國議會就在這種騰騰烈焰之

上，大聲辯論他們的革命進程。

一七九三年十月二十三日，一位革命前的精神貴族——主教蒂博實在心疼這些文化精品毀於一炬，詢問議會：

愛國者有什麼權力燒毀這些從鄰居家裏抄檢來的東西，即使這些東西證明是保皇主義或封建主義的標誌？

雅各賓黨人約瑟夫·德·謝尼埃平靜地回答說：

不是還存在一些被公認是偉大的共和主義者的書籍嗎？比如說，他們之中有西尼和讓·雅克·盧梭。[42]

盧梭的著作和思想到了這種時候，就不限於一種無形的語言暴力了。它已與強大的群眾暴力、行政暴力相結合，形成一種公開的政教合一的政治暴力。一七九三年六月十九日，《世界信使報》公然載文說：「人，僅僅是政府塑造的模樣。在一個民主政體下，在一種如此純潔的空氣裏，在一個如此美好的政府下，母親毫無生產痛苦就生下了她的孩子」。

這正是盧梭改造新人思想，從哲學推行到政治實踐的關鍵點。盧梭當年曾抱恨沒有一個優秀的政府來塑造他所設計的至善人性，現在輕而易舉地由一家革命報紙堂皇說出，而且正在一個革命政府的行政推動下，輕而易舉地進入了社會實踐。

羅伯斯比爾當然信奉這一主張。但是，他考慮得更爲深遠。報紙雖有宣傳盧梭思想的這一作用，但是報紙七嘴八舌，有時可能爭奪政府對塑造人性的社會影響。一七八九年八月二十四日，他在三級議會上的發言曾反對限制出版自由。但是到了一七九三年他顯然改變了這一看法。他更相信由政府來直接塑造人，也就是說，直接鉗制輿論，在此之後，掃蕩一切政府之外的文化媒體、知識分子。六月二十四日先發出警報，他指出：

> 有一種最簡單最有力的力量，能把公共輿論引入各種主張和各色人等的混亂，這就是報紙為何在革命中總是扮演一種重要角色的原因。敵人在出錢收買一些作者。43

一個月後，羅伯斯比爾進入救國委員會。八月八日，國民公會公佈法令：「查禁所有陽奉陰違的學院、學術機構、醫學機構、藝術團體、法律機構。」八月十日起，逮捕所有「反革命」的作家、記者。《巴黎新聞報》的迪羅蘇瓦於八月二十五日被推上斷頭台，這是革命法庭處死的第一個新聞記者。[44]根據這個月公佈的監護者法令：民間街頭報紙要麼被封閉，要麼成爲雅各賓派的喉舌。九月五日，在忿激派武裝示威要求下，國民公會決定把恐怖正式提上議事日程。救國委員會命令：關閉法蘭西劇院，逮捕所有演員。

下一步清洗的，是司法系統。這年耶誕節，羅伯斯比爾簽署文件，由救國委員會發至各省，僅剩無幾的法理程序、科層制過程都被廢止。「加強革命，只能在一個自由的空間進行，這就是立法者之所以要清除阻礙道路的所有事物的原因。……到目前爲止，我們清洗了不少人，但是還存在著很多有待清洗的任務。……革命法律的智慧只有在毫無阻礙的高空飛翔，如果增加它周圍的限制，它就會逐漸停頓下來」。[45]

進入一七九四年春，恐怖主義呼聲更加高漲。馬賽軍事委員會宣稱：「法律的刀刃每天都應切下一些罪惡的頭顱，斷頭台工作得越繁忙，共和國就越鞏固。」（三月二十六日）處死丹東派當日，奧布省來的議員說：「如果我們清洗了自己，我們就有權力去清洗法蘭西。我們不能讓異質團體再留在共和國軀體之內。」處死丹東派後，聖鞠斯特也催促國民公會：「消滅所有幫派，只有這樣，共和國內才能只剩下人民和你們自己」。[46]

當時的國民公會形同虛設，大權已經集中在救國委員會少數人手中。羅伯斯比爾等人進一步實踐盧梭政治哲學之真諦：讓人民的一盤散沙與最高寡頭的集權直接對位，中間削平一切社會團體。

一七九四年四月至五月，雅各賓派開始清洗巴黎各區的民眾團體。三十九個區的民眾團體被迫解散。除限定每十天集會兩次的區會議以外，只有雅各賓俱樂部一個組織可以自由集會。雅各賓派俱樂部經多次清洗、分裂，此時亦成了官辦機關，成爲政府之工具。即使如此，每逢集會，講壇上下亦派人嚴密監視。

在這一清洗民間團體的過程中，最具典型意義、亦具諷刺意義的是婦女參政命運的起落。

一七八九年三級會議所收到的民間陳情書中，有三十三份要求改進婦女的命運。有一份稱爲「法蘭西婦女的陳情書」寫道：「三級會議的組成，就概念來說，它既然能代表整個民族，也就應該代表我們。可是，民族一半以上的人口卻被排斥在外。先生們，這是一個問題，而這一問題傷害的是我們這個性別。」專門研究盧梭婦女觀與婦女運動關係的西方史學家保羅．費里茲和理查．莫頓整理總結這批陳情書說：

婦女的陳情書雖不登大雅之堂，但正是這些陳情書提醒人們注意，婦女是被排斥三級會議之外的。一七八九年的法蘭西，危機四伏，也正是婦女們提出了一個治療藥方：盧梭的道德或倫理更新。47

婦女對盧梭的呼喚，在革命前夕和初期的盧梭熱中起了很大推動作用。革命前半階段的民眾運動中，婦女參政權確實大大推進了一步。包括雅各賓俱樂部在內的許多政治性俱樂部都吸收了女性。《鐵嘴報》上也不斷鼓吹女權。但是，盧梭道德理想普及之時，恰恰正是婦女重回廚房之日。

法國大革命中，輕視婦女的封建傳統始終沒有全部消退。《人權宣言》中的「人」，指的是「男性」，而不是「女性」。一七九一年憲法中，亦將婦女劃入消極公民，這種觀念到了雅各賓專政時期，不僅沒有克服，反而由於盧梭幽閉婦女的理論影響，大大增加。一七九三年一月二十五日，雅各賓黨人普律多姆反對里昂婦女組建政治俱樂部，首先發難：「里昂婦女俱樂部當她們這麼做時，是怎麼考慮讓・雅各・盧梭在《社會契約論》裏教育年輕女公民的那些完整章節呢？（原文如此，這些章節在該書中沒有，只出現在《致達朗貝爾——論觀賞》中）……婦女俱樂部將是家政的苦難淵源……。我們懇求里昂的那些好公民，留在家裏吧，好好照看你們的子女吧，而不是妄稱什麼懂得《社會契約論》！」

有婦女代表用孟德斯鳩觀點反駁他：「在亞洲，從最古老的年代起，我們就被束縛在家務勞動中，用以配合專制統治！」

普律多姆用盧梭回敬孟德斯鳩：「有一個聖人曾經不斷重申，最好的婦女是說得最少的婦女，當他聽到這番高論時，恐怕會愁眉苦臉，頓生不快。盧梭斷斷不會喜歡一個婦女有如此高超的才智。如果婦女們也加入一個俱樂部，我們可就要把我們曾說要遵循自然、遵循理性、遵循盧梭所說的一切統統收回了」。[48]

一七九三年十月，雅各賓專政出現反婦女參政高潮。十月一日，王后受審，審訊中出現污穢不堪的性侮辱和性歧視。[49]十月二十四日，羅蘭夫人受審，三十一日處死。十月二十九日，國民公會前出現請願者，要求「關閉所有的婦女社團」，「因爲正是這些娘們才讓法蘭西受苦遭罪。」次日，阿馬爾以救國委員會名義在國民公會發言，提出三個問題，然後一一加以否定：

1、是否應允許婦女在那種特殊的社團裏集會？

2、婦女們能否掌握政治權力，在政府中任要職？

3、婦女們在政治生活或公共集會中能否保持頭腦冷靜，深思熟慮？他的否定理由是，「公共輿論拒絕承認」，以及盧梭的理論如此規定——「男人們創造道德統治，女人們使得美德受人愛戴」。

經過一番辯論，接下來通過的法令是：「以任何名義建立的婦女俱樂部、婦女公眾團體，一律禁止。」十二月三十一日，又發佈補充法令：「婦女們只有在丈夫和孩子一起出席的情況下，才能參加社會活動。」

從此，曾熱烈呼喚過盧梭道德救國主張的法蘭西婦女，在雅各賓專政時期銷聲匿跡。

如此清洗，制鎮住國內輿論後，還有最後一筆，就是閉鎖國門，強化與外界的道德對抗。

法國大革命初期以世界主義面貌著稱。它曾以寬廣博大的胸懷，接納過歐洲各國的傾慕者和參加者。國民公會曾授予華盛頓、潘恩、克勞茨等外國革命家以「法蘭西榮譽公民」稱號，選舉潘恩爲法國議會的正式議員。以世界主義爲號召，法國革命甚至一度出現向外輸出革命的衝動。

但是，這種世界主義和輸出革命，本身就存在著道德優越和道德泛化的底色，一旦形勢逆轉，同樣的底色很快變幻爲緊閉國門，排斥外人，關起門來實行「道德淨化」的另一面目。

一七九三至一七九四年冬天，英國作出和平試探。接受或拒絕這一和平機會，一度成爲丹東與羅伯斯比爾的爭辯焦點。羅伯斯比爾宣稱：「有必要注意英國的罪惡」。科洛·德布瓦說，在英法兩國政府間沒有共同的基礎，「他不想拿英國的政府與法國的政府作比較，那就導致在所有美德的清單旁邊羅列一長串邪惡的清單。」巴雷爾宣稱和平是腐敗的根本動力，「君主制需要和平，共和國需要戰爭精神；奴隸們需要和平，共和主義者則需要自由的酵母。」

在牧月法令通過前幾個星期，羅伯斯比爾簽署了一個報復英國的法令：獄中的英格蘭人和漢諾威人一律處死。英國隨之通過了一個對應法令。這樣，雙方都廢止了舊時代戰爭規則中不虐殺戰俘的人道規定。約克公爵呼籲對雙方戰俘都施仁政，羅伯斯比爾以道德邏輯拒斥說——

自由與專制之間有什麼共同點？美德與罪惡之間有什麼共同點？……那些與專制主義作戰的士兵應該得到救援，讓他們重回醫院，這是可以理解的；奴隸寬待奴隸，暴君寬待暴君，這是可以想像的。然而，一個自由人與一個暴君或暴君的僕從相妥協，勇敢與怯懦相妥協，美德與罪惡相妥協，這是不可想像的，也是決不可能的！50

這就把聖鞠斯特在國王審判案中的道德邏輯，延伸到外交事務中來了。盧梭抗英情結發展至此，雅各賓專政道德理想國實踐歷程行進於此，道德邏輯不僅磁化了國內事務，而且也磁化了國際事務。整個世界劃分爲道德與非道德的兩個國際陣營，意識形態紛爭壓倒了民族利益，法蘭西政治文化的內戰風格延續到外部世界，不僅給法國人民造成長期的戰爭苦難，而且給近現代國際政治生活留下了深刻的歷史影響。

註釋：

1王養沖、陳崇武選編：《羅伯斯比爾選集》，第二三一頁。
2貝爾納・貝羅蒂桑：《法國革命的哲學》，巴黎一九五六年版，第二五三頁。
3轉引自布羅姆：《盧梭和道德共和國》，第一七一頁。
4馬迪厄：《法國革命史》，上卷，第二一九頁。
5陳崇武：《羅伯斯比爾評傳》，第一二四頁。
6同4，第三〇五頁。
7《聖鞠斯特全集》，巴黎一九〇八年版，第一卷，第三九六頁。
8同5第一三〇至一三二頁。
9科班：《法國革命面面觀》，紐約一九六八年版，第一七一頁。
10勒費弗爾：《法國革命史》，商務印書館一九八九年版，第一三六頁。
11轉引自高毅：《法蘭西風格——大革命政治文化》，第一九一頁。
12饒勒斯：《法國革命社會史》，第八卷，第十至十二頁。
13同上，第二十五頁。
14《聖鞠斯特全集》，第二卷，第五一六至五一七頁。
15同上，第五一九頁。
16同上，第五〇九頁。
17同上，第五三〇頁。
18同上，第五三一頁。

19同上，第五三八頁。

20《羅伯斯比爾全集》第十卷，法蘭西大學出版社一九六七年版，第三十一頁。

21以上大部分材料引用11，第一八八、一八〇至一八一、一八二、一八三、二一七頁。

22比昂奇：《共和二年的文化革命》，巴黎一九二八年版。

23雨果：《九三年》。第一一八至一二五頁。「沙依拉」：Caira，即革命歌曲《就這辦！》。

24轉引自饒勒斯：《法國革命社會史》，第四卷。第二八四頁。查盧梭論公意的各處論述，不見以上原文。但是，德塞茲所言並未違背盧梭論公意之要旨。盧梭此意可參見《社會契約論》第三卷第四章。

25轉引自11，第二一五至二一六頁，第二二〇頁。

26轉引自巴奈：《法國革命中的盧梭》，第六〇二九頁。

27路易．高特謝克：《讓．保羅．馬拉》，紐約一九六六年版，第一九二七頁。

28《馬拉全集》，巴黎一八九六年版，第四十四頁。轉引自布羅姆：《盧梭和道德共和國》，第二三一頁。

29編織婦：國民公會中的平民婦女，她們一邊旁聽議會辯論，一邊編織手中活計。

30F．方納：《托馬斯．潘恩全集》，紐約一九四五年版，第二卷，第五五六至五五八頁。

31米涅：《法國革命史》，第一七九頁。

32同上，第二〇三頁。

33安德列．舍尼埃，大革命時期保皇黨詩人。詠科黛詩見《舍尼埃全集》，巴黎一九五八年版。第一八〇頁。

34馬迪厄：《法國革命史》，第四一六頁。

35《羅伯斯比爾全集》，第五卷，第十七頁。

36饒勒斯：《法國革命社會史》，第八卷，第二五八頁。

37陳崇武：《羅伯斯比爾評傳》，第一五一頁。

38《羅伯斯比爾全集》第十卷，第六十五頁。

39第一道逮捕令是七月二十九日發出的，逮捕令總數是七十五項。數據出自陳崇武先生在《羅伯斯比爾評傳》中的考證，見該書第一五二至一五三頁。

40瓦爾特：《羅伯斯比爾》，第三七〇頁。

41饒勒斯：《法國革命社會史》，第八卷，第一二五頁。

42同3，第二三〇至二三一頁。西尼（Allgeron Sydn ey 一六二二至一六八三），英國政論家，曾參加英國革命，獨立派領袖之一，復辟時被處決，著有《論政府》。

43《羅伯斯比爾全集》第十卷，第五〇三頁。

44吉爾克里斯特、瑪瑞合著：《法國革命中的出版界》，倫敦一九七一年版，第十二頁。

45J·M·湯姆遜編：《法國革命文件集（一七八九至一七九四）》，牛津一九四八年版，第二七五至二七七頁。

46《聖鞠斯特全集》第二卷，第三七二頁。

47保羅·費里茲、理查頓·莫頓：「盧梭性觀念的革命化」，載《十八世紀的婦女及其問題論文集》，特累頓、薩拉索塔一九七六年版。

48里奧波德·拉科：《法國革命中的三個女性》，巴黎一九七一版，第十五至一五八頁。

49參見茨威格：《斷頭豔后》，第四四八至四五九頁。

50《羅伯斯比爾全集》第十卷，第四九九頁。

第八章　從霜月到熱月：道德理想國盛極而亡

◆不，蕭梅特，死亡不是長眠，……死亡是不朽的開始。1

——羅伯斯比爾

從一七九三年十二月（霜月）至一七九四年七月（熱月），羅伯斯比爾和他的雅各賓同志還有八個月的日子。斷頭台越來越繁忙，共和國越來越不安寧。「塞納河水太紅了」，輝煌的日出正在變成可疑的日落。羅伯斯比爾認爲死亡是不朽的開始。他承認，「風浪正在低沉轟響」，但是他要抓緊推行另一場革命：「在道德和政治界，一切也應當變化。世界上的革命已經搞了一半，另一半也應當完成。」2

一、霜月批判——百科全書派雪上加霜

盧梭的信徒與啓蒙遺老之間的論戰始終在進行。

革命初起時，孔多塞這樣的啓蒙運動後繼者尚在政治中心公開活動，但其他百科全書派成員年事已高，亦因外界盧梭聲望日隆，大多隱居民間，深居簡出。八十

歲高齡的修道院長雷諾爾，自一七八一年五月二十五日逃避巴黎市議會的逮捕令，一直隱匿於馬賽，閉門著述。一七九〇年八月，斐揚派傾慕其啓蒙思想家的聲名，宣佈舊時代對他的逮捕令撤銷無效，邀其進入巴黎，登上議會講壇講演。不料這位白髮老翁上台後，向著底下正仰頭瞻仰他作爲百科全書派化身之風采的眾議員輕蔑地掃了一眼，隨即就連珠炮般猛烈抨擊自一七八九年以來所發生的所有變化……

羅伯斯比爾站起發言：

你們看，（自由的）敵人是如何懦弱，他們不敢親臨前線甘冒矢石，卻在這裏舉起他們的遁詞。用心險惡者把這個有名望的老人從墳墓邊拖了回來，以利用他的弱點。他們唆使他當眾背棄了本來是構成他威望基礎的那些教義和原則。[3]

在羅伯斯比爾建議下，議會把這個「昏聵老人」轟了出去。從此，羅伯斯比爾對百科全書派的厭惡公開化，與他們結下了怨恨。

一七九二年四月，羅伯斯比爾出版了《憲法保衛者》雜誌。他攻擊的第一個靶子，就是米拉波曾在議會發言中多次提及的孔多塞與達朗貝爾的友誼。羅伯斯比爾這一次公開數落百科全書派當年排斥迫害盧梭的惡跡：

米拉波先生，他對他的那幫朋友推崇備至，提醒我們回憶孔多塞與達朗貝爾的友誼以及他的學術名望，譴責我們以輕率的語氣評論那些他稱之為愛國主義和自由主義導師的人們。可是就我而言，我從來就認為，在那些方面，我們除了自然之外，別無導師可言。我願意指出這一點，那就是革命已經砍掉了許多舊制度下大人物的腦袋。

如果說這些院士、數學家遭到攻擊和恥笑，那是因為他們曾巴結過那些大人物，並對那麼多的國王奉迎拍馬，以求飛黃騰達。誰都知道他們是多麼的不可饒恕：他們迫害過讓．雅克．盧梭的美德和自由精神！盧梭那神聖的面容我曾親眼目睹，按我的判斷，唯有他才是那個時代眾多名人中唯一的、真正的哲學家。他才應該得到公認的榮譽，而這種榮譽恰恰就被那些政治上的雇傭文人和心懷忌恨的英雄們用種種陰謀手段肆加踐踏！[4]

百科全書派當年與歐洲各王室之間的關係，確實不如盧梭的民粹主義道德實踐那麼漂亮；[5]百科全書派當年不寬容盧梭，也是事實。但是，這種哲學家內部的理論紛爭是否到了迫害程度，未必如羅伯斯比爾所言。羅伯斯比爾令人不安處，是他的這種強烈暗示：「革命已經砍掉了許多舊制度下大人物的腦袋。」羅伯斯比爾所使用的「砍掉」這一字眼——正是當時民間流傳的「斷頭台」一詞俚語。這種獨尊盧梭罷黜百家的肅殺之氣，預示著後來的「焚書、坑儒」（前文已述）一連串極端行動，已難以避免。

孔多塞試圖起來反抗。他指斥羅伯斯比爾：「當一個人在他的內心或內心情感中毫無思想可言時，當他毫無知識可以填補他智慧的空白時，當他連把單詞聯接起來的這點可憐能力都不具備的時候，儘管他盡其所能設想自己是一個偉人，還有什麼事情可以留給他做呢？通過好勇鬥狠的行爲，他只能贏得土匪、強盜的喝采。」

德穆蘭則主張在盧梭與伏爾泰之間應妥協調和。他提出，法國應該弭平它的英烈們之間曾經存在過的敵意。他說：「伏爾泰和讓．雅克的遺骸都應該被保存爲民族的財產。現在，各民族分裂爲成千個碎片，同一民族內，某種碎片被一部分人認爲是聖靈遺跡，同時又被另一種人視爲瀆神之物，可厭之物。然而，這本來是一座神殿（指先賢祠——本書作者）。人們瞻仰這一神殿和它所收納的各種遺物時，本不該爭吵。這是古羅馬的神殿，應該把所有的崇拜所有的宗教融合在一起」。[6]

德穆蘭此言未免天真。當時對盧梭和伏爾泰、百科全書派的褒貶，正反映著現實政治生活中的嚴重對立，人們怎麼會聽得進調和者的聲音？

一七九二年十二月五日，雅各賓俱樂部集會。羅伯斯比爾在這次集會中發表重要講話，公開號召打倒百科全書派，推倒雅各賓俱樂部中的愛爾維修胸像。當時雅各賓俱樂部中共有四座胸像：米拉波、布魯圖斯，盧梭和愛爾維修。羅伯斯比爾說：

我看只有兩個人值得敬仰：布魯圖斯和盧梭。愛爾維修是一個陰謀家，一個可憐的詭辯家，一個非道德行為的始作俑者，是正直的讓・雅克・盧梭的最無情的迫害者！只有盧梭才值得我們敬仰。如果愛爾維修還活著，決難想像，他會加入自由的事業。他只會加入那群所謂詭辯家的陰謀集團，那些人今天正在反對祖國！[7]

羅伯斯比爾的建議獲得一致通過。在一片歡呼鼓譟聲中，米拉波和愛爾維修的胸像被推倒，踩得稀爛。

接下來的一個月，民間開始出現反百科全書派浪潮。一個主題被反覆強調：只有投身於盧梭式美德的雅各賓派才是「人民」，而反對盧梭者，不是陰謀家，就是人民的敵人。聖鞠斯特宣稱，在人民的敵人裏，他能辨別出這樣一類人：「他們曾忌恨並陰謀迫害過讓・雅克。」連德國來的無政府主義革命家克勞茨也來湊趣，說那些百科全書派尚存者「抱著團來懲治我，就像他們懲治過讓・雅克一樣。」[8]

一七九三年春，盧梭遺孀泰勒絲來到國民公會，要求給予盧梭以置身先賢祠的榮譽。而在此之前，在斐揚派時期，一七九一年七月十一日伏爾泰遺骸已移入先賢祠。盧梭與伏爾泰能否置於一堂，成了現實政治中如何對待盧梭及其思想的敏感問題。阿馬爾出面接待泰勒絲，慨然允諾：「民族的代表們將再也不會延期償還盧梭的恩典了。」國民公會經過激烈辯論，議決把盧梭遺骸送入先賢祠。

一七九三年五月，吉倫特派垮台，啓蒙遺老進入地下狀態。孔多塞隱匿不出，格里姆逃亡哥特，波麥賽逃亡英格蘭，馬蒙特爾隱居於諾曼第，留在巴黎的人只能秘密聚會，不定期見面。專門研究這一問題的史學家卡夫克羅列了當時三十八個人的命運，得出結論：「百科全書派的合作者決不是恐怖政策的合作者。」

當時最著名的百科全書派地下活動者有三個：孔多塞、雷諾爾和修道院院長摩萊勒。這群倖存者在愛爾維修遺孀家裏，秘密活動。這些人有：都德特夫人（盧梭晚年曾與之交惡，見《懺悔錄》下卷——本書作者）、米拉波私人醫生彼埃爾．卡布尼，以及前文所述那個給科黛作詩悼亡的詩人舍尼埃。時人稱他們爲「盧梭式民主的敵人」。

摩萊勒回憶說：一七九三年底的一個夜晚，他在杜伊勒里宮附近一家餐館裏就餐，正好旁聽到鄰桌上的一場談話，談的是各區正在散發「愛國公民證書」，以甄別「正義者」與「邪惡者」。一個人對另一個人說：「他們給了一個著名貴族一張愛國公民證！」此人越說越憤怒：「那個貴族就是埃貝爾．摩萊勒！他寫過一本反對盧梭的書，我把他們從杜伊勒里區剛剛驅逐出來！」摩萊勒一聽此言，趕緊拉下帽緣，悄悄溜走。[9]

一七九三年十一月二十一日，即霜月一日，羅伯斯比爾在雅各賓俱樂部正式發動了反無神論運動。演說一開始，他就以黑白對分法，把「貴族式」的無神論和人民所廣泛接受的「偉大的主宰關心受壓迫的無辜者」的觀點對立起來，頓時激起旁聽席上一陣掌聲。羅伯斯比爾迅速把掌聲變爲他的論據：「給我鼓掌的是人民，是不幸者。如果有人指責我的話，那一定是富人，是罪犯。」他暗示：國民公眾將採取恢復宗教信仰的重大步驟，並打擊那些瀆神者、非道德者。這就是著名的九三年霜月演說[10]。

「霜月演說」無異於發佈對百科全書派的討伐令。百科全書派雪上加霜，更難生存。繼此之後，羅伯斯比爾又發表「花月演說」，對百科全書派施以最後一擊。

一七九二年以來共和國境內的非基督教化運動，始終刺激羅伯斯比爾的道德憂患與宗教情懷。在他看來，瀆神者是瀆德者，百科全書派的無神論抽空了共和國的道德基礎。一七九四春丹東事件更使他把這筆帳記在百科全書派宣揚的世俗功利主義上。處死丹東的當天，巴雷爾曾宣佈羅伯斯比爾正在起草一項道德救國的宏偉計畫。一七九四年五月七日，羅伯斯比爾代表救國委員會向國民公會提出了這一計畫，其中最富道德義憤的那一部分，就是對百科全書派排炮般的攻擊：

這一派人在政治方面，一直輕視人民權利；在道德方面，遠遠不滿足於摧毀宗教偏見；……這一派人們以極大的熱情傳播唯物主義思想……。實用哲學的很大一部分就淵源於此，它把利己主義化成體系，把人類社會看作詭計的一場戰鬥，把成功看作正義和非正義的尺度，把正直看作一種出於愛好或者出於禮貌的事情，把世界看作靈巧的騙子的家產。……人們已經注意到，他們中的好些人同奧爾良家族有密切的聯繫，而英國憲法在他們看來，是政治的傑作和社會幸福的**最高點**。

在我講到的那個時期裏，……有一個人（指盧梭——本書作者）以其高尚的心靈和莊嚴的品格，顯得無愧於是克盡職責的人類導師。……他的學說的純正性來自自然和對邪惡的深刻的憎恨，同樣也來自他對那些盜用哲學家的名義搞陰謀的詭辯家的無法抑制的蔑視，而這，引起了他的敵人和假朋友對他的仇恨和迫害。啊！如果他曾是這場革命的見證人……，誰能懷疑他的高貴的心靈充滿激情地關注著正義和平等的事業呢！然而，他的卑怯的對手們為革命幹了些什麼呢？他們……與革命為敵，……腐蝕公共輿論，……把自己出賣給一些叛亂集團，尤其出賣給奧爾良派！[11]

這是法國革命期間，對百科全書派所作的一次最猛烈最全面的討伐。盧梭和啓蒙思想家的理論是非，已經上升到革命與反革命的高度，百科全書派再也生存不下去了。愛爾維修遺孀的地下沙龍被迫解散，啓蒙遺老非逃即亡，他們中的大多數人後來還是走上了斷頭台。啓蒙主流哲學留給法國大革命的最後一絲影響，只有花月廣場上那尊無神論模擬像，等著羅伯斯比爾付之一炬了。

二、風月肅殺——雅各賓內部的道德災變

逐殺啓蒙遺老，尙屬道德共和國的外部事件——消滅外在於道德革命的歷史對立面。道德共和國更爲嚴重的危機，是來自於內部的道德災變，——一七九四年三月（風月）的丹東案件。

前一年七月，馬拉死；同年七月，羅伯斯比爾進入救國委員會；次年三月，丹東被捕，隨即爲羅伯斯比爾所殺。法國革命三巨頭不到九個月即分崩離析，只剩下羅伯斯比爾一人呈寡頭狀，勉力支撐剩下三個月的道德專政。如果說，馬拉之死是「他殺」，死於革命派外部的謀害；那麼丹東之死，則是不折不扣的「自殺」，死於雅各賓派內部的同室相殘。因此，要分析道德理想國何以走上自殺邏輯，無如分

析這場來自內部的自殺事件，可能要比羅列雅各賓派種種自取滅亡的社會政策更爲有力。

丹東，酒色財氣之徒，若從道德立論，與羅伯斯比爾不可同日而語。故而他在政壇上雖有雄獅之吼，在民間卻無奇理斯瑪之道德光環。然而，也許正因爲如此，他不追求奇理斯瑪狀態，反而能感受資產階級革命的世俗走向，能感受近代社會世俗化趨向的時代脈搏。歷史之弔詭，在丹東的道德狀態與政治視野之間，以另一種形式出現。羅伯斯比爾倘若清醒，他或許能從如此弔詭反覆出現中，捕捉到一個至關重要的歷史訊息：雅各賓俱樂部出現的這個丹東，是歷史安排的一個對位，一個負像，[12]既是對他的平衡，亦是對他的提醒。

丹東與羅伯斯比爾的恩恩怨怨，源遠流長。以往史學家重「流」不重「源」，多注意雙方在恐怖政策上的具體分歧，卻很少注意分歧的源頭，就在於雙方對當時那場革命的基本性質，有根本不同的判斷。

羅伯斯比爾的判斷與要求，已見前述之「九月筆記」，顯然有一種不斷革命、無限革命之傾向。如果說，雅各賓專政反資產階級的平民方式——革「革命」的命，有一部分原因應歸之於法國革命後期異常險惡的客觀環境，非如此越出邊界，不足以保存邊界之內已經取得的革命成果；那麼，羅伯斯比爾本人在主觀上應該承擔的責任，就在於他把歷史召喚的一時之需，誤認爲是歷史的長遠之計，在於他用超歷史的方法強求現實滿足他的反歷史要求，在於他越出邊界以後，始終不肯退回邊界，相反，還要在邊界之外用恐怖手段推行繼續革命、無限制革命。

丹東是當時僅見的具有革命邊界意識的清醒者。

丹東明確提出「革命範圍」之說。他所意識到的「革命範圍」，在政治上，滿足「人道」、「自由」等資產階級的要求，在經濟上，體現財產自由、財權保護的原則，反對統制經濟。由此出發，他堅決反對那些「企圖引導人民超出革命範圍的人」。[13]在這一前提下，他才不能忍受羅伯斯比爾的越界恐怖，在恐怖政策上與之發生了直接對抗。

一七九三年十一月以後，丹東公開提出重建「司法與人道」的尊嚴，「釋放二十萬嫌疑犯」，「人民迫切需要的是寬容」，「抑制救國委員會的暴政，拯救共和國。」他呼籲「珍惜人類的鮮血」：「看，那麼多的血！塞納河在流血！唉！流的血太多了！」

一七九四年三月十九日，在雙方共同朋友的安排下，兩人共進最後一次晚餐。丹東哭諫羅伯斯比爾：「假如你不是個暴君，那麼爲什麼你用己所不欲的方式對待人民呢？如此狂暴的情況是不會持久的，它與法國人的脾性格格不入。」[14]

晚餐不歡而散。

次日，羅伯斯比爾出現於國民公會講台。講演斬釘截鐵，冷酷無情，強烈暗示要「擊倒另一個亂黨」。

第三天，羅伯斯比爾出現於雅各賓俱樂部，以更爲肯定的口氣宣佈：「是有那麼一個亂黨，它被揭露的時刻總會來到的，這時候已經不遠了。」

人們只等了十天。三月三十一日深夜，丹東及其同黨被捕。四月五日，在羅伯斯比爾嚴禁申訴之後，丹東以「亂黨」、「叛國」的罪名被送上了斷頭台。

羅伯斯比爾爲什麼要殺丹東？

西方右翼史學家的觀點是「道德化的批判」，失之偏頗：羅伯斯比爾生性嗜權多疑，忘恩負義，是以「惡」殺「善」。左翼史學家的觀點則是「批判化的道德」，同樣不能服人：丹東腐敗墮落，不殺不足以純潔革命的權威，是以「善」殺「惡」。這一種觀點等於羅伯斯比爾當年道德邏輯的延續。

讓我們從上述「道德化的批判」與「批判化的道德」之間切入，看看能否切出一個道德災變的病理切片，從中辨認奇理斯瑪自我中毒，道德理想走向道德嗜血的邏輯紋路，從中映證歷史上凡以道德立國始，多以道德殺人終的沉痛教訓。

當盧梭改造宗教救贖遺產時，原罪的載體從個人轉移到社會，這一認識過程本來是一個「祛魅過程」——祛除神正論的宗教巫魅成分。這一轉換，在理論上產生了盧梭一連串驚世駭俗之創見。然而在實踐中，這一原罪轉換，卻可能出現一個十分弔詭的負面作用：道德理想主義者在遭遇世俗社會強大抵抗時，他們因此而拒絕反躬自省，調整己方政策，而是把困境歸咎於外在的社會「邪惡」，越益固守自己的「天縱英明」、「潔白無瑕」，強化以「正」克「邪」的力度。這一主觀強化過程，我們可稱「入巫」——進入自我入巫過程。

從「祛魅」到「入巫」，僅僅是一種抽象的邏輯可能。而抽象的邏輯可能，實現爲具體的政治現實，必須有一個必要充分條件：奇理斯瑪的道德真誠。只有遭逢這樣的奇理斯瑪，這一邏輯可能才會實現：他的道德鼓動不僅僅是對群眾的宣傳，而是本身自我實踐；他的道德理想不是對外界的政客式欺騙，而是本身與外界融爲透明一體，全身心無隱私地投入。**羅伯斯比爾的道德狀態，恰恰滿足了這一必要充分條件，成爲一種悲劇性的條件滿足**。

在這種情況下，從「祛魅」到「入巫」，是奇理斯瑪創造一種世俗化的道德語言巫術的過程，也是奇理斯瑪自己被這種語言巫術遮蔽，喪失對外界形勢客觀判斷能力的自我中毒過程。這種「祛魅」、「入巫」之背反，我們在分析盧梭晚年與啓蒙哲學分裂時，已看到一次。現在，當我們分析羅伯斯比爾執政後，如何鎮壓丹東寬大派時，終於看到它又一次出現在羅伯斯比爾活動中。

不可否認，馬拉去世以後，羅伯斯比爾也進入了「奇理斯瑪狀態」。「不可腐蝕者」的稱號使他的形象產生了道德光環。在光環效應下，他進入了半神半人的超凡心態。他溶一己於世界，亦溶世界於一己道德之情懷。前文已述，羅伯斯比爾曾真誠呼喊：「我就是人民！」這一呼喊即是這種道德情懷的真誠坦露。但是，這一語式與路易十四那一著名語式何其相似乃爾？「我即人民」不遠處，就有一個「朕即國家」。羅伯斯比爾人肯定不會自覺，但是，越不經意處，越能體現出權力與個人意志相連之後的客觀邏輯，哪怕這一個人意志是純粹的道德理想，不是貪婪的權勢之欲。

羅伯斯比爾以己度人，以己爲人民之化身，則必然要把自我道德律令外化爲人民的普遍要求，外化爲革命的必然進程。他的「世界上的革命已經完成了一半，另一半也必須完成」的宏偉設想，也就從這裏找到了堅實的邏輯根據。而當這一進程遭遇世俗阻力時，他不會認爲這是社會的反彈，這是必須改弦更張的信號。相反，他會認爲這一信號只不過更爲映證了「德被天下」的必要，還須加強道德救贖的力度。

丹東被捕後，國民公會曾有意讓丹東發言，自我辯護。這一同情信號，已在提醒羅伯斯比爾，不可過度。羅伯斯比爾拒絕這一信號，大聲咆哮：「危險對於我有什麼關係？我的生命是祖國的，我心中無所謂畏懼。假如我要死，便死得光明磊落。」[15]

後人讀此，不能不灑同情之淚。無恥政客尙無資格犯下這樣高尙的錯誤，因爲他們善爲己謀，有僥倖能避免這種錯誤。唯有真誠的奇理斯瑪，才會發生這樣真誠的自我中毒：全然不顧或者顛倒判斷外界形勢所發生的異己變化。

爲了強化「德被天下」的力度，羅伯斯比爾不是內斂收縮，而是外向進攻，強行遏制社會之反彈。他左衝右突，左支右絀，或遲或早會在道德與恐怖之間，最終找到那個邏輯互動的中介——

> 沒有美德的恐怖是邪惡的，
> 沒有恐怖的美德是軟弱的。[16]

恐怖一旦踩穩道德的基石，那就導致腳下一場道德災變，恐怖手段百無禁忌，可以爲所欲爲了。道德嗜血，而且嗜之不愧，端賴於此；恐怖本身不恐怖，不引起恐怖者內心的心理崩潰，端趨於此。

這是殺丹東前一個月，即一七九四年二月五日，羅伯斯比爾所尋找到的理論依據。上述依據，以救國委員會名義向國民公會提出，題爲《關於在共和國內政方面指導國民公會的政治道德的各項原則》。請注意，它是原則，不僅僅是應急措施。因此，確實有理由說，「它是羅伯斯比爾共和國的一張草圖」。[17]殺丹東，只不過是這張宏偉草圖上稍帶血腥氣的小小一筆。有這樣的原則作依據，聖鞠斯特一七九四年三月三十一日以「道德罪」控告丹東，要比以其他罪名控告丹東更爲有力：

丹東，這個可惡的人同情所有邪惡的人，他生活在驕奢淫逸之中。丹東，你從山嶽黨中撤離出來，你孤立了你自己。你試圖腐蝕公共道德，你是腐敗者的代理人。邪惡的人，你把公共輿論比作娼妓！[18]

在道德共和國內，再也沒有比道德問題更觸犯公怒的了。早在一七九二年九月三十日，羅蘭以盧梭式的語言攻擊丹東，選中的口實也是丹東的道德問題：「我深信倘使沒有道德，便不能有真正的愛國熱情」[19]。聖鞠斯特揭發丹東把公共輿論比作娼妓，那更是致命一擊。

羅伯斯比爾並不殘忍。他曾念及與丹東的多年情誼，一再猶豫。但是，壓斷駱駝背脊骨的最後一根稻草，就是丹東對「公共意志」的輕蔑。

一七九二年秋季，在羅蘭煽動下，巴黎內外出現反羅伯斯比爾的輿論。羅伯斯比爾請丹東幫助。丹東卻說：「公眾輿論是個婊子，而她的後代則是一群傻瓜！」丹東儘管蔑視對羅伯斯比爾不利的輿論，但他對公共輿論的這種態度，顯然流露出一種個人化的非道德傾向（非道德不一定是反道德——本書作者），引起羅伯斯比爾不安。丹東此論使他想起丹東另一天對道德所下的定義：「沒有任何道德比每天夜間我和我老婆的情誼更牢靠的了。」羅伯斯比爾憤怒地認爲：「一個毫無道德的人怎麼可能是自由事業的捍衛者？」[20]

從此，他對丹東產生道德上的嫌惡：丹東的手和他的心一樣骯髒。處決這樣骯髒的人，只不過是推倒一尊「早已腐朽的偶像」。所以，儘管他在聖鞠斯特逮捕丹東的罪行報告中，多處批上了「刪去」、「糾正」、「解釋」等字樣，最終還是簽發了逮捕令，並在國民公會內暴跳如雷，阻止丹東申辯，迅速作出了對丹東的死刑判決。

決定逮捕丹東的同一天，巴雷爾在國民公會宣佈：「救國委員會正在從事一項巨大的改革計畫，結果將是摒棄共和國裏的不道德和偏見、迷信、無神論」。[21]這個計畫就是羅伯斯比爾著名的花月十八日報告《關於宗教道德觀念與共和國準則之間的關係》，主題是：呼籲道德立國，道德救國。兩件事同一天發生，再好不過地說明：殺丹東，與道德憂患緊密相聯；殺丹東，是共和國道德工程的一個有機組成部分。

惡亦殺人，善亦殺人。從道德救人，到道德殺人，道德理想主義就是在這裏爬上了它的陡坡，轉過了它邏輯逆反的彎子，最終扣上了這場道德災變的邏輯終點——道德嗜血。

然而丹東之死，畢竟是道德理想國內部最爲重大的自殺性事件。雅各賓專政的統治基礎就此分裂，羅伯斯比爾失去了回歸道德邊界的最後一次機會。

丹東一去巴黎空。議會內噤若寒蟬，廣場上響起了民眾另一種聲音：

丹東，這位被打入地獄的壯漢，
卻被戴上了可怕的面具，
這是連魔鬼也不敢戴的喲！
他是唯一值得讚揚的英雄，
卻被人們無辜葬送！[22]

三、花月法令——最高主宰開設道德宗教

一七九四年四月五日，隨丹東上斷頭台的還有佩蒂翁、德塞舍等人。可悲的

是，在德塞舍的遺物裏，人們竟發現了他所珍藏的盧梭《愛彌兒》、《新愛洛琦絲》手稿，還有一幀華倫夫人的秀美畫像。

也就在這樣的時候，羅伯斯比爾認為這是「我們勝利的捷報響徹世界的時刻，也正是法蘭西共和國的立法家們應該再次關心他們的祖國和他們自己、應該鞏固共和國賴以存在的穩定和幸福的各項原則的時刻」，[23]五月七日，即花月十八日，羅伯斯比爾以救國委員會名義向國民公會提出「關於宗教、道德思想與共和國各項原則的關係，關於國家節日」的報告，並附「關於最高主宰崇拜和國家節日法令」的草案。歷史學家將其總稱為「花月法令」。

「花月法令」，是羅伯斯比爾一生的代表作品，是道德共和國撲滅內外異己力量，大規模推行社會道德改造工程的宏偉綱領，也是盧梭遺留給這個世界的最後一項遺願——以行政力量，開設此岸宗教，以政治神學取代神學政治，填補上帝撤離之後在此岸世界形成的道德真空。

盧梭晚年寫道：「我生活在我怎麼也弄不懂的一代人中間。對我而言，他們是一群月亮上的居民。我失去了對他們道德狀態的最後一點注意。」[24]盧梭生前的渴望、絕望，是羅伯斯比爾深入革命的起點。盧梭的遺囑就是羅伯斯比爾的道德律令。時隔十七年之後，盧梭撒手而去時留下的宏圖悲願，在羅伯斯比爾的花月報告中響起了遙遠而又宏亮的回音：

1、從人心中的先驗應然起點發出，否定歷史已然狀態：「人的權利寫在他的心上，而人的屈辱卻寫在歷史上。……罪惡和暴政分享世紀和大地，……斯巴達像一盞明燈那樣在漫長的黑暗……中閃閃發光。……你們是不是應當做和你們之前已做過的完全相反的事呢？」

2、以道德劃分世界，把人間紛爭抽象爲善惡兩元之爭：「公民社會的唯一基礎是道德，所有向我們作戰的社團（或組織）都是建立在罪惡上面的」。「罪惡和美德製造大地的命運，這是兩個對立的、彼此爭吵的有決定影響的東西，它們的根源都存在於人的情感之中」。

3、以政治哲學取代政治學，以行政手段建立道德統治：「歸根結蒂，這種神秘的政治科學和立法科學又是什麼呢？把哲學家著作中被擱置起來的道德真理在法律中和行政上肯定下來，……也就是說，盡可能巧妙地用來使公正占支配地位……」

4、蔑視英國憲政制度，抵制英國憲政觀念：「在英國，才把這種馬基雅維里主義的王權學說推到了高度完善的地步……」「他們中的好些人同奧爾良家族有密切聯繫，而英國憲法在他們看來，是政治傑作和社會幸福的最高點」。

5、民粹至上，以民粹觀念改造國民：「問題不在於培養先生們（老爺們），而在於培養公民們……」。

6、以宗教精神薰陶民族，政、教合一：「我們要啓導人對有利於人的宗教的這種崇敬……那是社會幸福的唯一保證；我們要用我們的一切體制來培育它；公共教育尤其應當向這個目標去努力。無疑，你們將會給這個宗教打上一種巨大特性的烙印，這是一種同我們政府的性質和我們共和國的卓絕命運相似的特性」。

7、設立國家節日，定期集合人民，把廣場政治、廣場文化以法律手段鞏固下來：「應該有整個共和國的普遍的和最盛大的節日；你們集合一些人，你們將使這些人更好；請你們向他們的集會提出一種道德和政治的巨大主題」。

8、法國革命的最終境界是道德革命，道德革命將解放全人類：「在物質界，一切都已經發生變化；在道德和政治界，一切也應當變化。世界上的革命已經搞了一半，另一半也應當完成。

同人類的其餘部分相比，法國人民好像領先了二千年；人們會試圖把法國人民看作人類中的一個不同的種族。歐洲就匍匐在我們現在正予以懲罰的那些暴君的陰影面前」。[25]

花月法令共十五條，規定每一個法國人必須確認對最高主宰的崇拜，規定全法蘭西每十天有一道德節日，每逢七月十四日、八月十日、一月二十一日和五月三十一日有一大慶。最高主宰教的開教大典，擇定牧月二十日，即一七九四年六月八日。法令頒佈後，庫東要求：把該法令製成大標語、大幅宣傳畫，覆蓋所有街巷；翻譯爲所有語種，散發到全世界。

拿破崙有一次曾經稱讚這一花月演說，是羅伯斯比爾一生中最好的演說。拿破崙也許從中看出與他一八〇二年教務專約恢復法國天主教這一拿手傑作之間的聯繫？拿破崙的一八〇二年教務專約與羅伯斯比爾的一七九四年花月法令，不可同日而語。前者是對宗教的利用，故而才會有一八〇四年稱帝時從教皇手中奪下皇冠，親手給自己加冕的清醒行爲；後者是對道德的投入，自稱「這是我的全部生命的供品」，故而才會有熱月事變中以身殉德的可悲之舉！

羅伯斯比爾的最高主宰教，並無宗教之外形，卻得宗教之精髓。它是一種在俗而又離俗的道德宗教，體現了盧梭哲學的核心要求。它不可能與羅馬教廷言和，卻只能與行政權力握手。它反對非基督教運動，卻禁止教民向十字架宣誓。它有它的十字架，它信奉地上行走的神，人間行走的神。最高主宰就是奇理斯瑪，它披著人間美德的袈裟。它是此岸之神，由人而神，它必須管理人的靈魂。

奇理斯瑪的邏輯是真誠的，奇理斯瑪的實踐卻是弔詭的。他努力把宗教形態還原爲此岸道德形態，無意中卻在把此岸現實導演爲彼岸神巫態狀。從門口扔出去的東西又從窗口飛回來了，「宗教大還俗」換來了「社會大入巫」。這場「宗教大還俗」與「社會大入巫」的錯位互換，最終出現的，是始作俑者始料不及的第三狀態——後神學時代，即以國家暴力推行的意識形態統治。而這一點，恰恰是與盧梭政治哲學起步時所指向的最終邏輯後果，吻合在一起。

四、牧月嗜血——最後一次道德狂歡

羅伯斯比爾有預感：「這一主張（指花月法令——本書作者）肯定難以實行。因爲它激起大批低能者，腐敗者的恐懼。但我相信，如果不貫徹這一法令，我們必將背叛盧梭著作中的真理。」[26]

羅伯斯比爾堅持在雅各賓俱樂部裏投票表決這一法令。即使在那裏，也有人投出反對票。羅伯斯比爾曾準備在局部問題上作出讓步：「有些真理在提出的時候必須留有餘地，盧梭宣揚的必須把所有不信神的人從共和國裏驅逐出去的真理就是這樣。」[27]

但是，剛入牧月，在牧月四日晨昏，不到二十四小時之內，接連發生兩起謀刺羅伯斯比爾案。發生於五月二十三日的這兩起陰謀，雖未刺死羅伯斯比爾的肉體，卻大大刺激了他那摩尼教式的道德神經：「只要這一邪惡的種類存在一天，共和國就不能不生活在痛苦和危險之中。」[28]

牧月二十日（一七九四年六月八日），在四方隱隱不安聲中，法蘭西共和國舉行最高主宰教開教大典。前一天斷頭台處死二十人，後一天處死了二十三人。只有這一天停止工作，以示節慶。斷頭台雖推走，斷頭台下的鮮血已把廣場染紅。

開教大典盛況空前，廣場上出現最後一次道德狂歡。羅伯斯比爾說：「人類當中最令人感興趣的一部分人，都到這裏來了，宇宙今天在這裏集合。」[29]

大校場上堆起了一座象徵性的假山，上面站著十位老人、十位佩三色授帶的母親、十位佩軍刀的青年、十位頭戴鮮花的姑娘，還有十個兒童。這是山嶽黨人刻意經營的寓言象徵——

象徵著民粹理想，盧梭說過：「只有山上的鄉野曠夫，才是有道德的居民」；

象徵著道德理想超拔於世俗之上的空間高度，羅伯斯比爾說過：「她飛躍到城市的上空，飛躍到群山之顛，她的思想隨地平線的擴展而擴展。」[30]

羅伯斯比爾親手點燃無神論模擬像。羅伯斯比爾率眾五十萬遊行，鮮花拋撒，大炮轟鳴，群眾高呼：「羅伯斯比爾萬歲！」羅伯斯比爾一定體驗到道德理想國走向巔峰狀態的高峰快感。但是，羅伯斯比爾本人卻出現了兩個不祥之兆：

他的衣著刻意模仿盧梭小說《新愛洛琦絲》中那個道德新人的衣著，然而卻也是那位主人翁自殺前的衣著；[31]

他的步子走得太快，一人走在整個隊伍的前面。國民公會的議員隊伍有意無意與他拉開距離，喃喃譏刺他爲「獨裁者」、「暴君」：「請看看他吧，僅僅說他是我們的主人，還顯得不夠，我們應該說他是我們的神！」

饒勒斯評論：「羅伯斯比爾創造的宗教一旦被人作爲國家力量加以利用，變成人們思想與道德的準則，一旦被利用來干預國家政治生活，就會使過去的宗教面目與習慣做法很快地重新出現，把法國重新拉回到古代不容異端的狀態中去」。[32]

不出三天，就出現了「把法國重新拉回到古代不容異端的狀態」。這就是羅伯斯比爾與庫東以救國委員會名義，向國民公會提出的牧月二十二日法令。

庫東提出：「沒有證據或書面材料，指控不能成立？這是舊專制統治創造的真理！」證據充足律和被告辯護權，本來是啓蒙運動與封建專制長期鬥爭中確立起來的人權屏障。現在，卻被當作舊制度的惡瘤加以剷除了。庫東的邏輯是，「爲了淨化司法程序，必須讓共和國之手掌握司法程序」，也就是說，必須取消司法權的最後一點獨立地位，將其納入行政權力的完全控制。

可悲的是，羅伯斯比爾祛魅入巫，也沉溺於這種邏輯，而且陷得更深，因爲他有更熾烈的道德情感在下面牽引：

適應於革命法庭已掌握的罪行的懲罰，就是死亡。審判所需要的證據，無論是物質的、道德的、口頭上的、書面上的，只要能夠得到所有正義和有責任心的精神上的自然確證即可。審判規則就是陪審員那顆經過愛國主義啟蒙的良心。如果物質上的或是道德上的證據，能夠獨立於明顯的直覺，那麼，任何直覺都將沉默下去。法律只給予那些被誣衊的愛國者以愛國主義的陪審員為他辯護；法律對所有那些陰謀家不給予任何辯護人。[33]

這一邏輯是否一定來自盧梭，不能武斷。但是它與盧梭生前的下列認識卻有驚人的同構呼應，如出一轍：「那些有汙跡的邪惡人最關心的是，從司法證據得到保護。把這樣一些人帶到法庭上去，毫無益處。只要內心確信，就可以確定另一種證據。那種確信只服從於一個正義者的感覺」。[34]

根據「內心確信」的原則，牧月法令一方面簡化了審判程序，取消了預審，取消了被告辯護人制；如果擁有物質的或道德方面的證據，也不須傳訊證人，另一方面，則大大收縮司法獨立許可權：任何被告在沒有經過救國委員會和公安委員會行政部門審查的情況，不得免於審判，不得釋放。經此兩項改革，司法權力抽空，成爲執行行政權力意志的盲目工具，而且因爲盲目，執行得更爲凶猛；與此同時，則大大擴展審判對象：——「人民之敵」的適用範圍，它包括：

準備復辟王國、奴役和解散國民公會的人；
軍事上出賣祖國利益的人；
幫助法國的敵人的人；
欺騙人民的人；
敗壞國民士氣的人；
傳播虛假新聞的人；
不誠實的商人；
亂用公職權力的人；
通過叛亂性文字迷惑公眾輿論的人；
削弱革命原則與共和原則並阻止這些原則發展的人；
傷風敗俗腐蝕公眾良心的人；
——所有這些罪人，一旦被「內心確信法」（如有物質證據則更好）坐實，只適用於一種刑罰：死刑。

這是良心律令吞食司法程序，道德法庭吞食理性法庭的最後一步。斷頭台解除最後一絲法理程式的束縛，更加瘋狂地運作起來。

五、熱月顛覆——顛覆者被顛覆

從牧月法令通過，到熱月政變，不到五十天的時間，僅巴黎一地就處死一千三百七十六人，平均每週達一百九十六人，殺人最多時每天達五十人。[35]塞納河水，實在是太紅了。

美德越位，恐怖越位，斷頭台在瘋狂起落。盧梭的革命，開始大量吞食盧梭之子：處死者中屬於原特權等級者逐步減少，六月只占百分之十六點五，七月更降到百分之五，其餘均爲資產階級、下層群眾、軍人、官員，其中下層群眾則高達百分之四十以上！[36]

「廣場」上一片沉寂，「洞穴」內「暗室」四起。雅各賓派失盡人心，國民公會內種種反對派陰謀四處蔓延。有些議員自牧月法令公佈之日起，即不敢回家睡覺，害怕被捕。牧月二十四日（六月十二日），布爾東和梅蘭在議會發言，要求澄清牧月法令是否廢止了議員不受逮捕的豁免權。羅伯斯比爾認爲，這兩個議員的發言是「企圖把救國委員會從山嶽黨人分離出來」。

他說：「允許一些陰謀家分裂山嶽黨人，並且自封為黨派領袖，就是對人民的殘忍，對人民的謀殺。」

布爾東要求出示證據：「我決不想自封為一黨領袖，我要求你拿出剛才那番指控的證據，我已經被說成一個邪惡者了！」

羅伯斯比爾：「我決不是指布爾東。誰要是對號入座，算他活該。我的職責迫使我描繪這樣一幅肖像，如果他認出這便是他，我沒有權力阻止他。是的，山嶽黨人是純潔的。它是高尚的，而陰謀家絕不是山嶽黨成員。」

一個聲音高叫著：「指出他的名字！」

羅伯斯比爾：「到應該指出來的時候，我會指出他的名字！」[37]

辯論表明，羅伯斯比爾已再現盧梭晚年的這一心態：既然我是道德的，那麼反對者只可能是站在反道德立場上反對我；而反道德者不是有錯，只可能是有罪；唯我有美德，他人在犯罪……羅伯斯比爾已經進入內心確信狀態，不需要證據，他就可以憑直覺指控任何一個反對者。這樣一個直覺敏銳者、「激情迅猛者」，又是大權在握！議院內人人自危，如湯澆蟻穴，一片慌亂。

牧月二十七日（六月十五日），瓦迪埃向國民公會報告卡特琳・泰奧事件。被告泰奧是個民間巫婆，逮捕時在她的草墊下發現了一封給羅伯斯比爾的信，信中把羅伯斯比爾稱爲「神人」、「救世主」。泰奧於五月二十八日被捕，是在花月法令前，拖到此時來公佈，顯然是有反對派暗中活動，以此敗壞羅伯斯比爾花月法令、牧月法令的道德聲譽。羅伯斯比爾閉門起草反擊報告。他悲憤地寫道：

「這是爲什麼，我們總是要提及我們自己？……

「我們爲什麼不爲自己辯護，就不能爲共和國辯護？

「他們爲什麼總是要把我們和公共利益綁在一起，以致我們如果不爲自己辯解，就不能爲政府，爲國民公會的各項原則辯解？」[38]

羅伯斯比爾已無可挽回地進入了盧梭晚年的悲劇處境，控訴者被控訴，連語言都極其相似。當他仰天悲問，「他們爲什麼總是要把我們和公共利益綁在一起——pourquoi nous a-t-on liés al' intérêt général?」他已預設了一個前提：他爲自己辯護，就是爲人民辯護。「我就是人民」，在這裏又一次出現。奇理斯瑪的外傾語式是「無限上綱」：不同政見者必是道德邪惡者，道德邪惡者必是道德罪惡者。奇理斯瑪的內傾語式是「無限聯繫」：把自己和人民、共和國聯成一體，攻擊他，就是攻擊人民，攻擊共和國。前者爲矛，後者爲盾。「我——道德——人民」，成了奇理斯瑪袪魅入巫所陷入的語言巫區。

七月九日，羅伯斯比爾出現於雅各賓俱樂部演講，他再一次強調花月法令的意義：

所有拯救過共和國的法令中，最崇高的法令唯有這一項法令：它把共和國從腐敗者的手中奪了回來，它使所有的人民從暴君手中釋放了出來，這就是使得美德和誠實成為生活秩序的法令。然而，那些只願戴著自由面具的人，卻在美德法則的貫徹過程中投下了巨大的障礙。[39]

又過了一星期，離事變只有十天，他再次把自己的困境歸結爲花月法令激起的抵抗，他們中的大多數人對美德這一詞語的信念，僅限於家政和私人義務，決不願將其理解爲公共道德，理解爲對人民事業的全部奉獻，而後一點正是美德的英雄主義、共和國的唯一支柱、人類幸福的唯一保證。[40]

羅伯斯比爾似乎朦朧意識到，所有的問題就出在這個道德邊界的認定？道德通常被人理解爲私人事務，而他則堅持道德必須成爲強制性的公共狀態，心須成爲國家、政治、乃至文明歷史的唯一基礎。

七月二十六日，臨事變前夜，他在國民公會演說，也是他生平最後一次演說。

歷史學家將其稱爲他的「政治遺囑」。冥冥之中，他似乎預感到什麼，急不可待地向歷史交代，他此生信仰與這一場革命，統一於美德這一基點：

我只知道有兩種人：正直的公民與邪惡的公民。愛國主義不是一個政治黨派問題，而是心靈問題。誰能作出這種區別？良知和正義。

我說的是什麼？美德！沒有美德，一場偉大的革命只不過是一種亂哄，是一種罪惡摧毀另一種罪惡。拿走我的良知，我就成了一個可憐的人。[41]

七月二十七日晚，熱月事件發生。羅伯斯比爾在國民公會議員們的叫罵聲中被捕，他留給這個嘈雜大廳的最後一句話是：「強盜們得勝，共和國完了。」當晚八點半至十一點，他曾被短暫地營救出三個小時。但在這三個小時內，他無所作爲，只是用手槍打碎了自己的下巴。在被人推上斷頭台前，他先打碎了自己的鐵嘴——語言器官。七月二十八日下午六點，羅伯斯比爾一行二十二人被送到停放斷頭台的廣場。七點半，他被推上斷頭台。

他臨刑前沉默不語，亦不能語，只是在沉默中最後一次聆聽廣場上的群眾歡呼：「國民公會萬歲！」

六、尾聲

熱月政變後一個月，國民教育委員會終於完成了它拖延已久的報告，論證盧梭應該進入先賢祠。起草人是約瑟夫·拉卡納爾。盧梭在這份報告中，被塑造成一個否定繼承權的先鋒和婦女道德的改良者。盧梭的政治哲學被悄悄抹去，盧梭對大革命山呼海嘯般的影響壓縮爲一部《愛彌兒》的溫良影響。至於《愛彌兒》之精義，拉卡納爾的解釋是：「通向美德的道路，就和通向知識的道路一樣」。

一七九四年十月十五日，盧梭遺棺從落葬地起柩。次日，國民公會的一個代表前去接受盧梭遺骸，儀式進行時，伴奏的是《鄉村牧師》的音樂。十月十七日，盧梭落葬於先賢祠。具有諷刺意味的是，他的旁邊就是伏爾泰的靈位。這就意味著「通向美德的道路，就和通向知識的道路一樣」。國民公會主席坎巴塞累斯，也是一個名叫讓·雅克的人，宣讀葬詞：

> 我們向盧梭致敬，我們的再生——我們的道德、風俗、法律、觀念、習俗所發生的一切幸運變化，都歸功於他。……他使民族重回當初迷途的地方。在盧梭的召喚下，母親的乳汁緩緩流入嬰兒的嘴唇。公民們！這樣一個道德的英雄應該進入道德殉教者的祠

堂！他的生命將標誌一個道德光榮的新時代，而今天，這一祭封神靈的行為，這一全體人民的和聲，這一輝煌的慶典，只是一種勉力償還，償還自然的哲學家，既是償還法蘭西的驕傲，也是償還人類的驕傲！[42]

葬禮以《盧梭頌》伴奏。作曲者卻是一個斷頭台亡命詩人的兄弟。

盧梭終於進入了先賢祠，他生前夙願如願以償；

盧梭被掏空了靈魂，他冥府有知，死亦不能瞑目。

註釋：

1王養沖、陳崇武編譯：《羅伯斯比爾選集》，第二六九頁。

2同上，第二四九頁。

3此事可參見布羅姆：《盧梭和道德共和國》，第二三〇頁。

4《羅伯斯比爾全集》，第四卷，第三十五至三十七頁。

5啟蒙哲學家與舊王朝、諸王室的關係，可參見索布爾一九八一年暑假來華東師大演講稿。尤其是《哲學家與革命》一章，材料更為翔實。

6同3，第二二七頁。

7《羅伯斯比爾全集》，第九卷，第一四三至一四四頁。

8饒勒斯：《法國革命社會史》，第八卷，第七十四頁。

9參見卡夫克：「恐怖與百科全書派」，載法國《近現代史》雜誌一九六七年第十四期，第二八四至二九五頁。

10瓦爾特：《羅伯斯比爾》，第三九一至三九二頁。

11參見1，第二五八至二五九頁。

12負像：negative image：貢布里希用語。大意為對位而立之映象，見《理想與偶像——價值在歷史和藝術中的作用》，上海人民美術出版社一九九一年版，第一七三頁。

13轉引自劉宗緒：「雅各賓專政在法國大革命中的歷史地位」，載《法國史論文集》，三聯書店一九八四年版，第九十七頁。

14轉引自瓦爾特：《羅伯斯比爾》，第三八八頁。

15轉引自陳崇武：《羅伯斯比爾評傳》，第一六八頁。
16王養沖、陳崇武編譯：《羅伯斯比爾選集》，第二三五頁。
17語出王養沖先生為此篇演說中文譯文所加的題注。見王養沖、陳崇武編譯：《羅伯斯比爾》，第二二八頁。
18《聖鞠斯特全集》，第二卷，第三七二頁。
19馬迪厄：《法國革命史》，第二九一頁。
20瓦爾特：《羅伯斯比爾》，第三八六頁。
21同上，第三九〇頁。
22丹東處死後，群眾中流傳出頌揚他的歌謠。這是其中一首歌謠的最後疊句。轉引自中國法國史學會編：《法國史通訊集》第八期樓均信：「論丹東的歷史作用」。
23同16，第二四八頁。
24《盧梭通信集》，牛津一九六七年版，第三十九卷，第九十八頁。
25同16，第二四八至二六四頁。
26同3，第二四七頁。
27同15，第二五六頁。
28《羅伯斯比爾全集》，第十卷，第四七七頁。
29同15，第二五六頁。
30《羅伯斯比爾全集》，第十卷，第四七七頁。
31藍色外套，黃色長褲。盧梭之後，歌德在《少年維特之煩惱》中有安排維特，著此服式而死，一時流行歐洲，人稱「維特服」。

32 沙爾．拉波波爾：《饒勒斯傳》，三聯書店一九八二年版，第二一三頁。

33 同3，第二五五至二五六頁。

34 同24，第三〇卷，第二十九頁。

35 G．迪金遜：《近代法國的革命與反動》，倫敦一九二七年版，第三十三頁。

36 轉引自張芝聯主編：《法國通史》，北京大學出版社，一九八九年版，第一九〇頁。

37 《羅伯斯比爾全集》，第十卷，第四九二至四九四頁。

38 同上，第五〇七頁。

39 同上，第五一九頁。

40 同上，第五三一頁。

41 同上，第五五四至五五六頁。

42 同3，第二十八頁。

第九章　後論

◆山懷孕了，宙斯很吃驚。但山生了個老鼠。你把我看作老鼠？總有一天，你會把我看作獅子的。

——阿泰納奧斯：《學者們的宴會》

巴黎有日出，噴薄欲破曉。不消多時，塞納河邊的輝煌日出，卻沉淪爲悲壯的日落，沉落新利維坦的巨口。「道」高一尺，魔高一丈，巨大的理論創見，導致巨大的理論流產，「共和二年的文化革命」幾乎成爲一個血污交匯的流產病房。然而，這不僅僅是盧梭、羅伯斯比爾的個人失敗，而是人類藉法蘭西之手第一次挽救此岸、在此岸創造彼岸的失敗。從一七九三年以來，盧梭之巨掌仍然提拎著近代文明的痛處；羅伯斯比爾之遺體，仍然壓迫著世俗社會的脈動。這是兩個失敗的英雄，失敗的英雄卻比成功者留下了更爲豐厚的精神遺產。

正如當年盧梭從教會死手中接過救贖論遺產，我們今天是否也應該掰開盧梭的死手，從中救活他道德理想主義的遺產？正如羅伯斯比爾對中世紀道德生活有不忍之情，我們今天是否也應該對法國大革命的執著追求有一份不忍之情，建立起一種在學理上飽含同情的批判？

讓我們試試看。

一、先驗與經驗共創歷史

盧梭從先驗邏輯進入歷史，反對伏爾泰對既往歷史的樂觀估價，斷然否定人類的已然狀態。他從先驗原理抽象出幾條不證自明的邏輯起點，喝令江河改道，放棄已然，進入應然。這種先驗主義政治理想一度成爲法國大革命追求的目標、羅伯斯比爾的政治實踐。法國大革命失敗，啓蒙運動灰飛煙滅，盧梭哲學又成爲西方人在十九世紀甚至二十世紀津津樂道的百年笑柄。德國歷史主義學派曾譏諷盧梭的社會契約論沒有考古學根據，英國分析主義學派亦曾把法西斯主義出現歸咎於盧梭哲學，數典罵祖，振振有詞。他們把二百年來舊大陸所有的起義、革命都歸咎於盧梭，尤其歸咎於盧梭以先驗反對經驗，以邏輯指控歷史那一份哲學遺產。

這就把嬰孩連洗澡水一起倒掉了。

後人批判盧梭之越位，批判盧梭無邊界意識，目的之一，是幫助自己建立一種有邊界意識的批判態度，不能以無邊界的批判對待無邊界意識的批判者。否則，在倒掉嬰孩的同時，後人自己也有跳到那盆洗澡水裏去的危險。

人類切不斷歷史，也離不開邏輯。對前者的尊重，構成經驗主義的歷史態度，對後者的探索，構成先驗主義的理想追求。前者是長度，累計人類歷史之淵源，後者是寬幅，測量人類自由意志之極限，前者是縱向的積累，後者是橫向的擴展。沒有前者，即沒有時間，沒有後者，即失落空間。人類若要向第三維——高度飛躍，進入三維空間，必須經驗歷史與先驗邏輯的共同扶持：前者作輪，提供足夠的滑行速度，後者作翼，提供應有的起飛升力。

盧梭之出現，從某種意義上說，即意味著先驗邏輯從笛卡兒式的學者書齋，走向社會生活的自由重建。它意味著自由意志的第一次抬頭。人類以盧梭爲目，才第一次睜開了眼睛，方能打量既往歷史，審視既往歷史。盧梭是人類的驕子，因爲他首先是人類的巨眼。人類藉此巨眼，才能擺脫睜眼瞎的困境，回過頭來審視周身上下，才能看見在歷史現實的地平線後方，還有一個邏輯重建的廣闊天地。盧梭之出現，是人類自身發展史中的重大事件。

這一事件一開始，是以突然打斷人類歷史經驗積累的莽撞形式出現的，是以無套褲漢的性格特徵出現的。打斷者被打斷，顛覆者被顛覆，法國革命失敗，才教會這個自由意志的無套褲漢必須尊重歷史，尊重經驗主義的紳士風度。反過來也是這樣。經驗主義驚魂沉定之後，也開始尊重先驗主義的開闊視野，與之握手言和，共同創造歷史。

法國革命以來的二百年，如果說，它的進步幅度遠遠超過人類以往歷史任何一個等長階段，二百年超過二千年，這就是經驗與先驗、自由與必然、邏輯與歷史共同創造的結果。法國大革命在《人權宣言》中頒佈的那些原則，已經成爲二百年後人類共同生活必須遵循的文明準則，它已經從先驗變成了經驗，沉澱爲人類歷史積累層中最可寶貴的一個層面。如果要從人類最近二百年的文明積累中抽去這一層面，那麼整個近代文明的大廈必然傾塌，成爲經驗積累的一堆殘片。在這種時候人們就會發現，先驗已經溶入經驗，經驗已經容納先驗，雙方已經共同創造了近代文明的歷史。

這一部歷史可以爲兩種相反立場所用。一部分人們可以以此認爲法國革命已經失敗，另一部分人們可以以此論證法國革命已經勝利，而且永生；但是，不能設想，當第三部分人們一定要從經驗積累層面中剝離出原來是從先驗源頭流動過來的那一部分，還經驗於先驗，欲置死地而後快，他們還能夠與自詡的經驗主義立場相統一？他們可以這樣做，但是當他們這樣做時，首先就違背了經驗主義的要旨：承認並尊重以往歷史的不可中斷。

先驗與經驗交鋒，歷史與邏輯互動，必然與自由融合，這是法國革命後人類精神生活一種最可貴的趨勢，也是啓蒙運動分裂之後留給十九世紀、二十世紀人們最可寶貴的遺產。

正是在這個意義上，我們方能理解黑格爾在啓蒙運動之後的殫精竭慮：他爲何提出人類史當是一部從必然王國向自由王國的飛躍史？他爲何留下那句睿智無比的格言：「凡是存在的，都是合理的；凡是合理的，都是存在的」？他的這句格言如今已被到處引用，引用得過濫過俗，以致模糊了黑格爾的原意。黑格爾原意有著當時具體針對性，是站在第三維高度上發言，凝結著他綜合啓蒙運動分裂、法國革命失敗的良苦用心：「凡是存在的，都是合理的」，總結的是經驗論、洛克、伏爾泰；「凡是合理的，都是存在的」，總結的是先驗論、笛卡兒、盧梭。尤其是後一句，黑格爾已天才地預見到：先驗論先與歷史對抗，繼而轉化爲經驗的形式、經驗的結果，最終也能夠進入歷史。

因此，我們可以毫無愧色地說：法國革命以來的這部二百年史，是先驗論與經驗論共同創造的歷史。法國革命二百年以後的歷史，也必然是先驗論與經驗論共同創造的歷史。

二、解構與建構平等對話

盧梭提出的另一個挑戰性問題，是文明解構與文明建構的關係問題。

盧梭之出現，使人們意識到，歷史進步是由文明的正值增長與文明的負值效應兩條對抗線交織而成。前一條線導向人類樂觀的建設性行爲，後一條線導向人類悲觀的批判性行爲甚或是破壞性行爲。前者維護既成的文明結構，只同意添磚加瓦，不同意根本改造，並堅信隨著文明的正值增長，文明內部即使存在有一開始盲目進入而造成的起點弊端，也會隨著後補改進而逐漸消失。後者則懷疑已然狀態的第一層基面出於非理性的盲目，文明一起步就意味著這些盲目因素的歷史化、擴大化過程，因此，他們拚命頂住伏爾泰進步時鐘上的指針，要求拆卸這一時鐘表面後面的機芯，而不是改變表面上的刻度。也就是說，他們要求從文明的根部而不是從文明的現狀來批判，並在這種批判中將文明解構後再來一個重新建構。

（此處出現理性與非理性的弔詭：伏爾泰哲學表面上是理性的，然而他對歷史的宿命論態度，表明他骨子裏具有懷疑論的非理性傾向；盧梭以非理性的面目出現，但他對文明起源的審視態度，證明他具有強烈的理性化傾向。故而我始終拒絕用理性與非理性的分析框架來劃分伏爾泰與盧梭，一如我始終拒絕用保守與激進的分析框架來劃分這兩者的政治主張。當然，這種拒絕並不排除在具體問題上使用理性與非理性的概念。我想，馬克斯・韋伯之所以使用價值理性與工具理性的分析框架，而不使用現成的理性與非理性的對分法，凝集著他在方法論上的良苦用心。這種良苦用心對後人的啟迪意義，就在於像韋伯這樣的思想家，當他們構思一種分析框架時，首先避開了什麼，而不是首先創造了什麼？）

盧梭出現以前，未必沒有文明解構者及其解構事件。如歷史上的奴隸起義、農民起義、早期雇傭工人起義，都有過「焚書」舉功。只不過他們是盲目的、不自覺的「文明解構者」。

盧梭出現以後，從兩個方面結束了這種狀態，或延伸了這種狀態。一是文明解構從盲目走向自覺，第一次擁有理論根據；二是文明解構從底層群眾擴及到知識分子，一部分知識分子從後院放火，參加院外解構隊伍，如一七九三年共和二年的「文化革命」，如一九六八年從法國起源然後席捲歐美大學校園的「五月風暴」。這種文明建構與文明解構的衝突貫穿於整個文明史，使人類文明進步始終處於一種兩極張力的緊張狀態，並由此獲得動力，在兩極之間搖擺前進。

歷史上絕大多數思想家都屬於文明建構的行列，只有極少數思想家在當時敢冒天下之大不韙，提出文明解構的主張。這兩種思想家對文明進步扮演著不同的功能角色，前者如蜜蜂，忙於採花釀蜜；後者如蚯蚓，拱鬆文明的根部土壤。兩者功能都不可缺少，但也不可相互取代。一般說來，前者務實，重視操作，容易流於保守；後者高遠，重視理想，容易出現凌空蹈虛的失誤。

文明解構從思想進入實踐，這樣的歷史時期並不多見。但是一旦進入，那將是整個社會逸出常規的非常運動。爲了對抗常規運動的巨大慣性，它有可能冒險打開潘朵拉的盒子，打開那個被常規禁忌封存著的危險能源——底層社會騷動不安的反叛激情，造成大眾參與的猛烈局面。

這時候，或在這之前，如果這個社會的精英文化能夠及時吸納、整合下層參與能量，政治制度能夠吸納、整合社會參與衝動，那麼，這個社會或能爭取到一段長時間的改革期，從容吸收、消解文明解構的爆炸性能量，化對抗爲對話，化危機爲機會，建立起解構與建構的文化性對話，社會性交流。文明結構本身也能度過這段危險時期，進入逐步完善的自我改進機制。反之，則一發而不可收拾，改革變成革命，文化性對話變成政治性全面對抗，最後觸發一場文明結構的全面解構，如一七九三年巴黎街頭出現的轟轟烈烈的局面，那就難免出現江河橫溢，人或爲魚鱉的重大悲劇。

在這一方面，法國啓蒙運動的吸收能力和法國政治制度的整合功能，不盡人意，都未起到應起的作用，留下了深重的教訓。在這個意義上說，法國革命之所以爆發，爆發後突破社會革命、政治革命的特定界限，進入革「革命」的命的激進化、全盤化的白熱階段，確實不能完全歸咎於盧梭思想和羅伯斯比爾個人，或歸咎於雅各賓專政單一方面。

法國革命未能建立起文明解構與文明建構的平等對話，雙方都付出了慘重的代價。革命後，經過幾代人的自然淘汰，社會分裂和情緒衝動逐漸平息，法國人開始正視大革命的起因和遺訓，並將這種研究成果用於社會對話的制度建設，才出現了長期穩定的和平局面。

當然，文明解構與文明結構的衝突依然存在，柏格森、薩特、加繆乃至今天還活著的德里達，他們對文明結構提出的當頭棒喝，兜底質問，不知要比盧梭當年深刻多少倍，強烈多少倍。但是，兩者的關係由於建立了平等對話，卻從惡性對抗進入了良性互補。

文明建構與文明解構之間的千年阻隔被打通後，前者能夠不斷聽到來自後者的呼喊，隨時修正文明增長造成的負面效應；後者獲得合法化、社會化身分，也就遵守與前者和平對話的社會法則，從武器的批判轉向批判的武器，再也用不著訴諸暴動，訴諸極端行動。到這個時候，法國人才可以鬆一口長氣，放心地說一聲：「我們終於結束了法國革命，馬拉、丹東、羅伯斯比爾即使起而復生，也是英雄無用武之地。」

從惡性對抗到良性互補，盧梭提出的問題，法國人用了將近兩個世紀的時間才找到了解決這一問題的合適途徑，終於在二者之間建立了平等對話的社會機制。這一歷史過程及其教訓，值得其他地區、其他國家的人民念之思之。

三、價值理性與工具理性相互界定

盧梭留給後人的最大問題，是如何評價他與啓蒙運動的分裂，如何評價他在那場分裂中苦心經營的那份價值理性？

盧梭的價值理性，首先是以對抗啓蒙運動主流學派的工具理性的形式出現的。這場分裂，當然是啓蒙運動當事人的不幸。然而同樣由於分裂，後代人的眼界卻大大拓寬，得到了啓蒙運動的雙份遺產。價值理性與工具理性的早期對抗，可能是近現代大陸政治思潮與英美政治思潮分道揚鑣的起點。

本書集中探討了價值理性在法國革命中過於氾濫的禍害，但是，本書限於篇幅難以申述的另一部分史實，也會說明價值理性與工具理性不可偏廢，兩者必須兼容並舉。以羅伯斯比爾的形式再現價值理性的一家獨大，或是以反盧梭的形式造成工具理性的一家獨大，都將給人類文明的健康發展造成偏殘畸形之後果。

歐陸先驗政治思潮有它的剋星，英美政治思潮也有它的剋星。由於英美政治思潮偏重工具理性，拒絕價值理性的終極關懷、目的追問及道德熱情，英美經驗政治思潮佔優勢的國家和地區，普遍發生政治冷感症，因此才發生新左派運動和法蘭克福學派對英美政治從左翼立場出發的批判運動。

兩方面的史實說明，盧梭的價值理性與啓蒙學派的工具理性，應該構成人類精神平行飛躍的雙翼，兩者之間的相互對峙，相互解毒，可能是文明社會健康發展的較佳模式。

既然是相互對峙，道德理想主義的邊際界限在哪裏？或者換一個問法，在政治生活中，價值理性相對工具理性，究應定位在哪裏？

我的看法是，價值理性應該定位於社會，而不是定位於國家，定位於政治批判，而不是政治設計，定位於政治監督，而不是政治操作。

近代化是理性祛除神學巫魅的歷史過程。近代政治理性化，當應是中世紀神學政治論的消磁過程，也應是盧梭式政治神學論的消磁的過程。與此同時，近代化還應是人的道德尊嚴高揚過程，因此，近代化的另一方面，則應是接受盧梭—羅伯斯比爾精神遺產的過程。誰來接受這一精神遺產？怎麼接受這一精神遺產？宗教神學來承擔，倫理學來承擔，政治哲學來承擔。

政治哲學應該與前二者攜手，唯獨與政治學分手，成爲「非政治的政治學」。政治哲學退還政治學之本位，糾正本身之越位、錯位，才能克服反異化理論在這裏走向本身異化之弊病，找到自己的位置。在此前提下，政治哲學從人性本善的高處進入，開闢社會、文化、政治的批判層面，從外界進入與政治學操作過程的接觸鋒面，與之交鋒、交流；政治學從人性本惡的低調進入，開闢制度約束的規範層面，承擔政治操作的行爲功能，同時承認並接受來自界外的批判層面；這兩個層面前者在上，後者在下，前者在左，後者在右，前者在野，後者在朝，方是各自的邊界劃定，各自的動態範圍。

道德理想主義的價值理性，在邊界限定以後，才能在近代化社會健康發展，也應該在近代化社會健康發展。盧梭思想作爲十八世紀的精神早產兒，在那個時代的社會實踐中，可能意味著對近代化潮流的反動。但是，它在二十世紀經過工業社會、後工業社會的污水排灌以後，又可能梅開二度，綻開它新的花朵。作爲現代社會批判運動的價值資源，而不是政治藍圖的烏托邦設計，讓·雅克·盧梭的名字，是可以也應該獲得第二次生命。

四、政治神學論的消亡

在確定價値理性邊際界定以後，本書最後一點篇幅，可以用來討論本書最先在引言中提出的那一問題了——

如何結束政治神學論？

結束政治神學論的答案，可能就在政治神學論的清理過程之中。

近代政治神學論是中世紀神學政治論的變相延伸。基督教千年王國的道德理想，在它放棄神學形式以後，第一次把握住了此岸世俗政治的具體運作。它是以犧牲形式爲代價，贏得了在歷史實踐中的實質性進展。它得了一次大便宜。神學政治論過渡爲政治神學論，撇除這一過程中具體的歷史內涵，僅從政治思維的邏輯演變而言，大致經歷有這樣三個環節：

1、視人類歷史爲一幕漫長的道德悲劇——歷史進展即意味著道德淪喪，因而要求截斷已然，重寫應然。重寫之歷史，則是道德救贖之進展，新歷史的終極目的，是道德悲劇變爲道德喜劇的——道德理想國的建成。也就是說，政治神學論首先起步於把歷史道德化；

2、重寫歷史拯救危亡的道德熱望，寄託於超凡脫俗的個人：或聖賢，或先知，或半神半人之奇理斯瑪。個人橫空出世，先對政治國家施行道德改鑄，然後藉道德國家之權威，推行「公共意志」，強行改造世俗社會。也就是說，在歷史道德化以後，緊接著的就是政治國家的道德化；

3、政治國家合法性奠基於「善」，而不是獨立於「善」，由此獲得道德霸權，因而有理由以「善」凌「惡」，凌駕於「惡」之社會。這就出現政治國家高踞於而非服務於市民社會態勢：政治國家居高不下，以道德鳥瞰的方式裁奪市民社會。這種道德裁奪，當然有斷頭台暴力作後盾——「沒有恐怖的美德是軟弱的」，然而它確有區別於歷史上其他專制暴政的另外一面：暴力有道德語言爲根據——「沒有美德的恐怖是邪惡的」。

暴力在道德語言中爲自己開闢道路，它的擴張能力遠遠超過歷史上僅有暴力沒有道德美感的專制暴政，它能夠從人的外在行爲進入人的內在心靈，使被統治者心悅誠服地與統治者合作，內外結合地改造自己，改造他人，直至改造市民社會的每一個細胞原子。這種內心統治法，即盧梭所設計羅伯斯比爾所推行的「第四種法律」——沒有成文可循，卻「鐫刻在每一個人內心深處」——特拉西和拿破崙正確地稱之爲「ideologie」，英國人正確地稱之爲「ideology」，即「意識形態」。意識形態裁奪市民社會，並爲市民社會所接受，是歷史道德化、政治國家道德化的必然結果。最終出現的，是盧梭社會化學工程的終端結果：市民社會終爲「恐怖美德」所化，形成整個民族從政治國家到社會細胞通體祛魅入巫——意識形態化。

在上述邏輯三環中，第一項邏輯不可能消亡，也不會消亡。儘管它把歷史道德化，是混同了應然判斷與實然判斷，混同了價值世界與事實世界。只要歷史存在一天，就應該允許一部分人，每一天都能對歷史進程提出道德化的要求。這一部分人通常是近代人文知識分子，他們是古代僧侶的遙遠後裔。他們對歷史已然狀態的抽底追問，他們對社會現實的道德呼籲，是人類精神財富中最值得珍惜的一部分。歷史進程應該兼顧從這一部分人中發出的道德要求，才有可能左右兼顧，不把世俗化進程推進得那樣蠻橫，那樣獨斷。本書之所以在否定盧梭政治哲學以前，盡可能充分肯定盧梭的道德關切，苦心作意，即在於此。同理，本書之所以不在一般意義上否定道德理想主義，而是著力於批判意識形態化的道德理想主義，也是屬意於此。

那麼，能夠做的文章只能從道德理想主義與政治國家的脫鉤開始，從轉變政治國家的道德理想主義的功能與方向開始。從這裏開始，結束的就不是政治，也不是神學，而是政治與神學的分離：還政治於政治，還神學於神學，政治獨立於「善」，神學或道德理想獨立於「政治國家」。一旦實現這種獨立，消亡的就不是政治，也不是神學或道德理想，而是政治神學論及其歷史性的禍害——意識形態。

要實現這一分離、消亡，當然需要政治的、社會的、乃至經濟的多方面條件。

僅從知識分子這一端而言，他們似應對傳統的政治思維首先完成某種自我轉折，自我調整。政治神學論的出現，是從追求觀念統治而來，知識分子是始作俑者，儘管他們後來身受其害。盧梭是知識分子，羅伯斯比爾是知識分子，拿破崙確有理由把知識分子稱作觀念分子、意識形態分子，（ideologues）。每一個具有精神追求的知識分子，如果對此沒有邊界意識，就是一個潛在的雅各賓黨人，潛在的法西斯分子！他的精神追求越執著，他的意識形態潛能就越強烈，他的存在方式就越危險，越富侵略性。對應前述政治神學論得以發生的三項邏輯關聯，知識分子的政治思維乃致角色定位，是否應從下列三點開始轉折？

1、對歷史的道德化要求，應從先驗目的論轉變爲經驗過程論。這一轉變不是放棄理想主義，而是改變理想主義相對世俗形態的存在方式：從居高臨下轉爲平行分殊，從空間擴張轉爲時間延伸。至善理念永遠是可近不可即的目的，目的只有相對於過程才有意義。過程不是既定目標的當下空間，而是先驗與經驗相伴相生的時間延伸。只有把道德要求從空間化爲時間，才能切斷觀念形態走向意識形態的通道，才能避免道德理想變爲一家獨大一時橫溢的道德災變。

2、對政治的道德化要求，應從誰來統治（Who govern）轉變爲如何統治（How govern），從哲學化統治，轉變爲技術性統治，以垂直上下的道德增壓轉變爲平鋪制衡的制度規範，以制度規範領袖，而不是讓領袖凌駕於制度，在制度外搞「廣場短路」。制度規範獨立於「善」，獨立於道德觀念，以不善爲大善，以非道德爲最道德。制度獨立於「善」，卻是「善」的固態凝結，是政治體系內部道德要求的集中體現。一句話，永遠放棄自柏拉圖以來的「哲學王」夢想。

3、至於道德理想主義本身，作爲一種批判立場，應從制度層面退出，在制度層面外安營紮寨，建立政治批判系統。制度操作體現實然，政治批判體現應然。制度形成過程內部已凝結有固態之「善」，制度操作過程的外部環境又處於政治批判之「善」的液態包圍之中。內受制於規範，外受制於批判，政治國家才能最終改變對市民社會的凌駕態勢。道德理想作爲批判功能而使用，並不是作爲政治國家凌奪市民社會的張本而使用；道德理想是從社會這一端向政治國家施壓，對政治國家布以道德禁忌，而不是相反，從政治國家這一端向社會施壓，對社會施以道德禁忌。

經此三項轉折，尤其是第三項中道德理想主義在角色功能上的轉換、施壓方向上的轉換，道德理想主義才能最終與政治神學論脫鉤，不爲專制所用，反爲民主所用，不爲意識形態所用，反爲消解意識形態所用。道德理想主義與政治神學論脫鉤之日，即爲意識形態消亡之時。

事實上，近代意識形態發展到晚期，已腐敗爲既無理想又無道德的赤裸裸主義，是道德與理想的雙重對立之物，與當初法國革命一七九三年的道德美感不可同日而語。它是變種，又是孽種。時勢所易，道德理想主義必然與政治神學論脫鉤，必然是以近代意識形態的對立批判者的方式，重新出現於當代社會。正是在這個意義上說，洗乾淨的孩子是孩子，而且是更值得珍惜的孩子。

讓我們套用羅伯斯比爾的盧梭語式，作爲本書的結語，作爲本書作者對這兩位十八世紀道德英雄的祭奠：

「不，羅伯斯比爾，死亡不是長眠，死亡是不朽的開始；」

「法國革命中的盧梭應該死，因爲法國革命後的盧梭需要生！」

跋

曾有驚天動地文

朱學勤

這是一個並不新鮮的課題。

從清末君子上書光緒，引薦法蘭西革命的激進範例開始，盧梭的思想、羅伯斯比爾的實踐在百年中國，已是耳熟能詳。大學歷史課堂不斷提及那個激動人心的時代，使得一代又一代的中國學生爲之神往，心魂飄蕩；每當民族危亡人心動盪的年代，馬賽曲的歌聲總是在知識分子的救亡曲中首先唱響——塞納河畔飄來的旋律既融進了國際歌，也融進了中華民族的國歌，它最好不過地證明：法蘭西風格的政治文化已經融進了中華民族的政治血液、政治性格。

然而，正因爲如此，這又是一個亟待給予新解的課題。

盧梭的思想究竟產生於什麼思想環境？除了社會經濟層面的分析——這一方面我們過去已做了很多，它與中世紀救贖傳統在思想史本身的源流關係上究竟有何關聯？上與馬丁·路德的宗教改革，中與同時代人的啓蒙哲學，下與羅伯斯比爾在法國革命中的政治實踐，盧梭與他們究竟在哪裏相會？這一片相會關聯域以後如何催長法蘭西風格的政治文化？由此，又如何發散形成歐陸一派政治哲學、政治性格，與英美一派政治學、政治性格雙峰對峙、二分天下？法蘭西風格的政治性格如何融入中國近代政治文化？這一輸入對中國近代意識形態的形成如何產生影響，產生了甚麼影響？所有這些問題，卻在以前說得太少，幾乎是個空白。

二

一九七六年以後，大陸的世界史研究突破極左思潮的長期束縛，對於上述問題已經取得了一些開創性成果。

一九八九年王養沖、陳崇武編譯了我國第一本《羅伯斯比爾選集》，給大陸學者研究思考羅伯斯比爾實踐盧梭思想的失敗悲劇，提供了第一手資料；同年出版的陳崇武著《羅伯斯比爾評傳》，考證了羅伯斯比爾與盧梭思想聯繫的關鍵性史料，提出了一些富有啓示的見解；一九九一年高毅在張芝聯指導下的博士論文《法蘭西風格：大革命政治文化》，把研究探角直接伸入上述關聯域，資料之豐富，方法之新穎，令人耳目一新。

但是，由於下列四個方面的限制，國內研究尚處於開創階段，上述問題儘管有所涉及，甚至有所突破，畢竟語焉不詳，未中肯綮，至今仍未有令人滿意的回答。

1、資料建設尚不全面。例如盧梭的兩本代表作：《致達朗貝爾——論觀賞》[1]和《讓·雅克審判盧梭》至今尚未譯出。不瞭解前者，即無法全面理解盧梭的社會觀、政治觀，以及盧梭思想的這一關節點：爲何排斥英國的政治學說和政治制度？不瞭解後者，則難以理解盧梭與啓蒙運動的分裂，分裂之後盧梭本人的思想狀況。中國人普遍以《懺悔錄》理解盧梭之生平，而盧梭本人卻早已聲明，《懺悔錄》是他的失敗之作，正是爲了彌補這一失敗，他在四年之後方寫作《讓·雅克審判盧梭》，以抵消《懺悔錄》之影響。

2、學科壁壘尚未打通。在國內學術界，盧梭思想屬哲學、政治學範疇，羅伯斯比爾實踐屬史學範疇，史學等待哲學、政治學的學理說明，哲學、政治學則等待史學的史料實證。在相互隔閡、相互等待中，這一牽連大革命史、政治學說史諸多關鍵的熱點問題只能置於冷處理階段，雙方都有所涉及，雙方都語焉不詳。

3、研究視野過於偏窄。大陸學界較多注意觀念衝突下的社會經濟因素，卻忽視當時各種觀念本身及其相互關係的梳理。這種「縱向」有餘「橫向」不足的研究視野，貌似深刻，處理失當，反而會出現一個從常識看來卻難以交代的尷尬局面：對於當事人並不知道的「深層動因」，後人似乎比當事人知道得還多，對於當事人當時已十分明確的觀念史事實，後人卻不甚了了。

4、意識形態的框架束縛尚未突破。對於大陸主流學術界而言，衝破極左思潮的束縛，目前已並不困難。但是衝破極左思潮得以滋生的意識形態框架，至今還步履維艱。如果考慮到中國近代意識形態框架中本身包含有法國革命政治文化的外來影響，這一問題的嚴重性就格外突出：研究對象內含的意識形態取向，已外化爲研究者本身的意識形態框架，兩者攀援糾結，難以鬆解。由此所產生的困難與阻抗，遠甚於其他研究領域。反過來說，這也正是研究這一課題的現實意義之所在：從學理上批判研究對象中的意識形態取向，有可能成爲研究者本身意識形態框架的清理過程。

以上四個負面環節，有內在的邏輯聯繫。其決定性的一環，當是最後一環，即意識形態的束縛。

二

相比國外研究的日新月異，包括我在內的大陸同行確有理由感到慚愧。從盧梭去世那一天起，西方學術界即出現激烈的學理辯論，綿延二百年，至今未有定論。新知歧見代有人出，一家之言層出不窮。但是，從未有一家之言，能夠定於一尊，成爲意識形態框架，強加於人。

首先，盧梭思想的基本屬性即難以定論。盧梭是啓蒙思想家嗎？盧梭剛去世，柏克即斷言盧梭是啓蒙運動的集中代表，並首次把法國革命的激烈程度與盧梭思想的影響聯繫在一起：「我相信，盧梭如果還活著，在他短暫的神志清明時刻，一旦看到他的思想引起那麼瘋狂的實踐後果，他一定會嚇昏過去」。[2]

這一論斷持續至法國革命結束，到十九世紀初開始受到法國人懷疑。埃米爾・法蓋首次發現盧梭並不是一個個人主義者，與啓蒙精神並不合拍。由此，法國革命通過盧梭與啓蒙影響掛鉤的說法開始動搖。

經過十九世紀的長期爭辯，到二十世紀三十年代，德國新康德主義大師卡西勒參加了這場辯論。卡西勒認爲，盧梭是屬於啓蒙陣營，但是，他是以分裂的形式屬於啓蒙陣營；他移動了啓蒙重心，攻擊了啓蒙的前提——理性和進步；整個十八世紀，盧梭都未得到同時代人的理解，只有一個外國讀者讀懂了他的原意，那就是康德。

卡西勒認爲，首先要承認盧梭與啓蒙運動有分歧，在此前提下，反過來才能爲盧梭辯護。卡西勒的觀點不無偏頗。但是，他的觀點大大拓寬了二十世紀人重新認識盧梭思想基本屬性的視野。[3]

其次，盧梭思想的政治取向也存在爭論。盧梭是民主主義者嗎？

如前所述，法蓋首次發現盧梭不是個人主義者，也不是民主主義者，以後應者眾多，如亨利・泰納等。泰納關於盧梭有一名言，影響甚廣：「人民主權的教義落在群眾手裏，將解釋爲並產生出一個完整的無政府狀態，然後延至一個統治者出現，落在他的手裏又將解釋爲並產生出一個完整的專制形態」。[4]

著名的批判理性主義大師卡爾・波普對此亦有評論。他稱盧梭政治取向是一種「浪漫的集體主義」，[5]由此必然產生專制導向。

至於伯特蘭・羅素在《西方哲學史》下卷中對盧梭的批評，在思想界更是流傳甚廣。對於這種論斷，貝克似乎持謹慎態度。他更願意指出盧梭思想存在有極豐富的多義解釋之可能：「無論你是屬於左派（哪怕是左翼中的左翼，還是屬於右派（哪怕是右翼中的右翼），你都能在盧梭這裏找到你的信條」。[6]

一九一五年，伏恩研讀完盧梭的全部手稿，精心爲英語世界選編了兩冊盧梭政治著作，在前言中提出了一個似乎比較公允的看法。他認爲盧梭的全部理論活動像是一場從個人主義向集體主義的漫長旅行：「他開始時是一個自由的鼓吹者。到了第二篇論文時（《論人類不平等的起源和基礎》），單一的個人尚絕對獨立於他人，而《社會契約論》則代表了一個截然不同的方向，抽象的觀念越來越少，個人主義的觀念亦隨之減弱。在這裏，自由不再是個人的獨立，而只能是在全部屈從於爲國家服務的過程中去追求。……漫長的旅行到此結束，盧梭置身於一個與起步時截然相反的座標上。」[7]

「在基本屬性、政治取向等重大問題上，之所以長期不能形成比較確定的共識，除了研究者主觀因素之外，還有一個客觀原因：盧梭的語言風格給後世研究造成巨大的障礙。

最早對盧梭語言表示不滿者，就有他的同時代人。英國懷疑論哲學家大衛·休謨說：「他的作品充塞著誇張、譫語，以致我難以置信，僅靠它們的雄辯就能支撐起它們」。[8]

盧梭生前一七五六年三月致埃皮奈夫人信中也承認：「我的詞彙中幾乎沒有共通的含義，……將來你可能會讀懂，它們並無其他人所使用時的含義」。[9]

詩人拜倫曾形容盧梭的語言風格：

自虐的智者，狂野的盧梭，
痛苦折磨著使徒，他噴射出
激情與魅惑，卻從災禍中
絞榨出勢不可擋的滔滔雄辯。[10]

這樣的語言風格對文學創作可能有利，但對史學、哲學的理論分析來說，卻是極大的障礙。正是爲了克服這一障礙，二十世紀西方研究者或主動或被迫摸向盧梭文本的背後，試圖尋找能夠闡釋盧梭思想的其他進路，這就出現了本世紀以來盧梭研究的方法論更新潮流。

卡西勒首先提出傳記閱讀法。他認爲應該把盧梭的所有理論文本讀爲他個人的傳記，這樣才能讀通、讀懂、讀連貫：「諸多觀念的歷史線索在這裏逐漸消失於個人的傳記，然後再以純粹個人病歷的形式重新浮現出來」。[11]

漢肖爾也贊同這樣的解讀：「盧梭的著作與他的生平結合得如此緊密，以致如不瞭解他那古怪而特別的經歷，就幾乎不可能理解它們」。[12]

斯特羅賓斯基既當過精神病醫生，又受過狄爾泰、海德格爾哲學薰陶，他結合心理學和闡釋學兩方面的資源，從個體語言和個體病症進入盧梭心境，一九七七年以法文著有《盧梭：透明與曖昧》一書，並專門寫有「論盧梭的病」一文。[13]他的著作於一九八八年譯成英文，在西方同行中引起廣泛重視。

饒有興味的是，法國最新哲學流派——解構主義也參加了這一行列。他們認爲，盧梭的理論文本是解構主義閱讀法的最佳文本。這一流派的經典文獻——德里達《書寫語言學》中，闢有專節解構盧梭文本：「危險的補白」。[14]

這一派人中的德．包曼遍讀盧梭著作，沒有一本盧梭的文本能逃脫他的解構手術刀。盧梭《懺悔錄》經他解構，幾乎無地自容。他認爲，盧梭企圖通過如實陳述事件真相，以真與假的認識論價值偷換善與惡的倫理判斷，以此恢復作惡多端之後的良心平衡。他還認爲，貫穿盧梭一生理論活動中，有一種語言癲癇症，週期性地飄移，週期性地發作。[15]

在這場方法論轉移中，值得注意的是西方馬克思主義者的探索。法國路易絲．阿爾圖塞以結構主義手法著重剖析盧梭的《社會契約論》，從文本中找出四個邏輯上的斷裂，闡明了盧梭從個人主義走向專制集權主義的內在走向，說理透徹，立論堅實。[16]阿爾圖塞的這一研究在西方學術界中激起重大反響，至今享譽不衰。

其他方法、其他觀點還可以再舉出一些。至於對羅伯斯比爾成敗之評價，則更是言人人殊，難以定論。

總之，在國外學術界，與上述盧梭思想有關的問題，已引起諸多學科的共同興趣。陳舊的觀點正在淘汰，新穎的方法層出不窮。在哲學家、政治學家、歷史學家甚至文化藝術史家的綜合努力下，上述大革命史的關聯地帶已經日新月異，氣象萬千。他們的研究框架值得借鑒，他們的研究成果亟待引進。

三

本世紀初，中國第一流的學者已注意法國革命政治文化的影響，以及這一影響與中國政治文化某些成份的相通之處。據吳宓日記一九一九年八月三十一日記載：

陳君寅恪謂西洋各國中，以法人與吾國人習性為最相近。其政治風俗之陳跡，亦多與我同者。美人則與吾國人相去最遠，境勢歷史使然也。[17]

這是目前僅見的中國學者發現並關注這一課題的最早紀錄。可以設想，如果沿著陳寅恪開闢的這一言路推進，只要持之有恆，大陸學術界對這一課題的研究並不難與國外學術界接軌。

一九四九年以後，大陸學術界的主流話語系統發生巨變，從蘇聯引進的世界近代史、政治學說史體系打斷了上述言路的繼續發展。大霧瀰漫之中，能夠衝破窒礙，堅持獨立思考者，從目前可見的資料看，可能只有已故思想家顧准先生一人。一九七三年四月二十九日的一則顧准筆記，透露出當時惡劣環境中個別先知先覺者令人驚歎的思想光芒：

一七八九、一九一七，這股力量所以強有力，一方面因為它抓住了時代的問題，一方面是因為它設定終極目的。而終極目的，則是基督教的傳統：基督教的宗教部分，相信耶穌基督降生後一千年，基督要復活，地上要建立千年王國——一句話，要在地上建立天國。基督教的哲學部分，設定了一個「至善」的目標。共產主義是這種「至善」的實現。要使這運動強大有力，這種終極目的是需要的，所以，當伯恩斯坦回到康德，即回到經驗主義，說「運動就是一切，終極目的是無所謂」的時候，他破壞了這面飄揚的旗幟，理所當然地要成為修正主義。可是，這些發生在「娜拉出走以前」。娜拉出走了，一九一七年革命勝利了，問題沒有完結。

……

一九一七至一九六七，整整五十年。歷史永遠在提出新問題。這五十年提出了以下這些問題：

一、革命取得勝利的途徑找到了，勝利了，可是，「娜拉走後怎樣？」

二、一七八九、一八七〇、一九一七，這一股潮流，走了它自己的路，可是還有另一股潮流，兩股潮流在交叉嗎？怎樣交叉的？它們的成果可以比較嗎？前景如何？

三、一七八九、一八七〇、一九一七，設定了一個終極目的。要不要從頭思考一下這個終極目的？[18]

這是當時被排斥在主流學術界之外，一個優秀思想家寫給抽屜而不是寫給出版社的思想手記。也許被排斥的遭遇恰恰保護了真正的思想生命，我在本書中費三十萬言所欲說明而且不一定能夠說明的內容，都已被他在二十年前點破。面對如此犀利的先知先覺，我不能不肅然起敬。如果說，在對比國外同行的研究成果時，我們曾感到慚愧；那麼面對國內二十年前的先知先覺，聯想他當時處境之險惡、研究條件之匱乏，我們更有理由感到第二次慚愧。

二十年後的今天，堅冰已經打破，原有言路已經恢復，當年顧准困居斗室獨自思考的問題，已經能夠在公開出版物中從容討論，儘管乍暖還寒，間有陰霾，但是整體環境已非顧准當年可比。在這種情勢下，如果我們還不能沿著前人點撥的言路向前多走一步，哪怕是一小步，那真是愧對先師，也愧對自己了。

四

從精神履歷上說，我屬於一九四九年以後出生的大陸第三代人。這一代人的精神覺醒，大致可以一九六八年爲界。那一年正是他們以各種紙張書寫他們對社會政治問題的思考的年代，也是他們捲入思潮辯論的年代。

這種辯論後來延續到農場，延續到集體戶。我清楚記得，當年上山下鄉的背囊中，不少人帶有一本馬迪厄《法國革命史》的漢譯本。從此他們無論走到哪裏，都難擺脫這樣一個精神特徵：以非知識分子的身分，思考知識分子的問題。用梁漱溟總結本世紀初他那一代人的話來說，一九六八年的這一代人是「問題中人」，而不是「學術中人」。儘管他們中間後來有人獲得知識分子身分，但是一九六八年產生的那些問題始終左右著他們的思考，甚至決定著他們終身的思想命運。

就我而言，一九六八年問題中最令人困惑的焦點，也就是延續至本書寫作時還在思考的這樣一個問題：爲什麼法國革命與文化革命如此相近？

歷史實在殘酷。「六八年人」中的大多數後來是被犧牲了，或者消耗了，只留下少數幾個幸運者能夠進入學術環境，以學理言路繼續思考六八年問題。也許我就是這少數人中的一個。

然而，可能也因爲這一點，我的思考顯得格外拖累：既要延續六八年的思考，又要避免對法國革命的穿鑿附會；既要盡可能客觀清理從啓蒙到革命這一段歷史的思潮源流，又要爲我下一步研究把重心移向中國留下足夠的發展脈絡；既要堅持法國革命中高昂的價值理性，又要批判這一價值理性越位逾格所造成的負面災禍。這三層拖累，尤其是最後一重思考，對於一個像我這樣的「六八年人」來說，可能需要付出更多的心理代價。在本書寫作最困苦、最動感情、又最需要克制感情的日子裏，我給友人寫信說：「我哪裏是在批判盧梭？我是在我自己和同代人的心裏剝離出一個盧梭。」

寫歷史這樣投入，恐怕是犯忌的。但是，一代人本身有怎樣的歷史，總是在影響這代人如何理解以往的歷史。蘭克和他的學派當然可以要求純客觀，但未必能夠做到純客觀。人們走不出自己的歷史，猶如走不出自己的皮膚。

在這方面，我相信克羅齊的名言——一切歷史都是當代史，一切歷史都是思想史——似乎更爲坦率，也更爲誠實一些。因爲誠實，坦誠實言自己的主觀局限，反而更顯客觀。

當然，克羅齊的觀點不能作實用主義解，以此放言無忌，任意曲解歷史。它只不過公開承認一切歷史著作的局限，以及歷史寫作者走不出自己皮膚的一份無奈。

一九八二年，我就是帶著這一份無奈，進入大學歷史系，並選擇了西方政治思想史的專業。後來才發現，我想研討的問題太大，而我所積累的學力太弱，根本啃不下這一題目。三年研究生學業，結果只做了一個邊緣性的題目：《湯瑪斯·潘恩和法國大革命》，旁敲側擊而已。然而，要做這一課題的意念卻十分頑固，並未因此而磨滅。

一九八九年秋，風捲殘雲，塵埃未定。我帶著上山讀書的心情再入學府，投師復旦金重遠先生。承先生厚愛，竟然肯定了上述問題的學術價值，並鼓勵我寫下來，以此作爲博士論文的主攻方向。

應該承認，即使到了這個時候，我也是心有餘而力不足，未必有足夠的學力能啃下這一題目。更何況這三年還有這三年的困厄，甚至橫生波折，差一點打斷我在復旦的正常學業。

如果沒有金先生在關鍵時刻的仗義執言，多方奔走，我能否把心中積壓多年的一些想法寫出來，或者寫完之後能否順利通過答辯，都是難以想像的事。

三年，如魚飲水，冷暖自知，將來總有回頭細說的時候。總之，歷盡三載，長話短說，算是把這篇論文熬出來了。論文修改成書稿時，除必要的增補改動外，章節結構未變，還是分兩部，切爲九章。

第一部分四章，爲靜態分析，梳理盧梭思想的外在資源與內在結構；第二部分四章，爲動態描述，追述盧梭思想，在大革命時期羅伯斯比爾政治實踐中的展開過程；外加一章後論。

很顯然，這樣的章節安排賦有以論帶史、以史證論的意味，也含有我努力打通從觀念到事件、從思想史到政治史這兩方面壁壘的嘗試。我不敢奢望這一嘗試已經成功，但我渴望專家和讀者——尤其是我的同代人讀者，能夠給予嚴正批評。

任何一種分析的模式摸索和建立，都有借鑒的成分。在這裏，我應坦陳說明本書分析模式主要得益於兩位馬克思的影響——卡爾·馬克思和馬克思·韋伯。在西方學術界，有時確實是將卡爾與韋伯並列爲兩位馬克思，我接受這種說法。

馬克思的《德意志意識形態》等著作對我的影響主要表現在，從政治國家與市民社會的二者關係摸索盧梭思想的悖論、法國革命高尚動機與悲劇終局的背反。政治國家與市民社會的關係，是九十年代海外學術界討論的熱點。本書亦試圖從這一特定角度作出力所能及的回應。

韋伯社會學框架體系對我的影響表現在，從傳統型、奇理斯瑪型、法理型三種統治合法性入手，剔除盧梭、羅伯斯比爾奇理斯瑪成分，揭示法國政治統治合法性從傳統型向法理型轉化過程中，在奇理斯瑪型階段遭遇的種種困境。韋伯對價值理性在批判中同情，在同情中批判的態度，更是我努力注意把握的學理分寸。在後論中，這一點反映得較爲明顯。

除此之外，當代政治學行爲主義的政治發展理論、當代哲學從認識論向語言論的轉向、當代心理學精神分析方法等，在本書分析模式中都留下了濃淡不一的痕跡。我試圖吸納上述方法論，以化合形成自己的分析方法。這一嘗試是否生硬勉強，還有待各行專家學者指正。

任何一種分析模式的摸索與建立，都是忽略不計具體細節的抽象結果。在這裏，我想說明的是：

1、本書未能涉及相關的社會、經濟因素，實爲題材所限。不涉及這些因素，不等於否認這些因素。挖掘並且描述這些因素，將是另一類專著中最爲引人入勝的精彩章節。

2、本書突出英、法政治思潮的分野，並不排斥這兩股思潮之間尚有交融相匯的一面。同理，本書突出啓蒙運動內部的分裂，也不否認分裂雙方同處一個時代確有相互貫通的一些共識。之所以刪略不計，並不是出於任意剪裁，而是基於這一考慮：讀者對這些交融相匯、相互貫通的一面，已經比較熟悉，再由本書贅述，似無必要。

3、爲集中力量補充盧梭思想從理論到實踐這一國內研究界亟須塡補的空白，本書寫作模式安排爲從盧梭到羅伯斯比爾的對位描述。但是，對位描述並不等於對應負責。一種思想不可能由一種實踐對應負責，其間一定有大量中介因素匯入。簡寫或略寫中介因素，並不等於否認這些因素的存在。同理，本書的解釋範圍亦只限於從盧梭到羅伯斯比爾的特定角度，如果從這一角度得出一些批判性的認識，這一認識亦不應被認爲是對法國大革命的全盤否定。概論法國大革命，殊非易事，非我目前學力所能承擔。

在本書寫作過程中，我曾參閱國內專家王養沖、陳崇武先生有關專著，並在論文答辯時得到陳崇武先生的當面指教；曾與日內瓦大學歷史系瑞士學者左飛先生（Nicolas Zufferey）在京面談，請教有關盧梭故地的種種問題；曾與我的同代學友北京大學歷史系高毅先生面談、通信、切磋疑難，並得到他從法國、瑞士搜集的種種資料，以及他所取得研究成果的慷慨相助，本書第六章、第七章經他同意部分引用了他的研究成果；尤其難忘的是，導師金重遠先生對我的愛護和保護，王元化先生出任答辯委員會主席，在關鍵時刻給予我關鍵性的支持——所有這些幫助，應該借此機會，一併致謝。

「可憐荒隴窮泉骨，曾有驚天動地文」。寫完這篇文，我又一次想起顧准，想起以「一九六八」命名的那一代人。歷史無情，埋沒多少先我而知者？天網有疏，間漏一二如我後知者。先知覺後知，是爲啓蒙；後知續先知，勉爲繼承。謹以我綿薄之作，敬獻顧准先生在天亡靈；同時，亦以此敬獻我同時代人中的啓蒙者、犧牲者，也算是一份遲到多年的報答。

註釋：

1 本書脫稿後，三聯書店友人寄來王子野先生據俄語轉譯的中譯本樣書，書名為《論戲劇》，其中有些譯法尚可商榷。特此補記。

2 柏克：《法國革命感言錄》見《講演與論文集》，紐約，一九〇〇年版，第五二九頁。

3 卡西勒關於盧梭研究的觀點見之於兩本專著：《讓．雅克．盧梭的問題》，耶魯大學一九八九年第二版；《盧梭、康德、歌德》，普林斯頓大學一九四七年版。

4 轉引自卡西勒：《讓．雅克．盧梭的問題》，第五十三頁。

5 波普爾：《開放的社會及其敵人》，倫敦一九四五年版，第二卷，第五〇頁。

6 貝克：《社會契約論導言》，紐約一九四八年版，第三十九頁。

7 伏漢：《盧梭政治著作選》，劍橋一九六二年版，兩卷本第一卷，第二頁。

8 休謨：《休謨通信集》，牛津一九三二年版，第二卷，第一〇三頁。

9 泰奧菲爾．迪富爾編：《盧梭通信全集》，巴黎一九二四至一九三四年版，第二卷，第二六六頁。

10 譯自拜倫長詩《恰爾德．哈洛爾德遊記》，第三章第七十七節。

11 卡西勒：《盧梭、康德、歌德》，第五十八頁。

12 漢肖爾編著：《理性時代法國偉大思想家的社會、政治觀念》，倫敦一九三〇年版，第一七二頁。

13 揚．斯特羅賓斯基：《盧梭：透明與曖昧》及附錄論文：「盧梭的病」，芝加哥大學一九八八年版。

14雅克．德里達：《書寫語言學》，霍普金斯大學一九七六年版。

15德．曼：《寓言閱讀：盧梭，尼采，李爾克和普魯斯特中的借喻語》，耶魯大學一九七九年版。

16阿爾圖塞：《政治與歷史：孟德斯鳩、盧梭、馬克思》，一九八二年英譯本第二版。

17吳學昭：《吳宓與陳寅恪》，清華大學一九九二年版，第七頁。

18顧准：《從理想主義到經驗主義》，香港三聯書店一九九二年六月版。上述論述參見該書未刊稿：「民主與『終極目的』」。未刊稿由該書整理編輯者顧准先生胞弟陳敏之先生提供，特此致謝。

參考文獻

一、基本史料

《Oeuvres Complétes de Rosseau》Volume 1-4. ed. Bernard Gagnebin and Marcel Raymond. Paris. 1959-1969.

《The Political Writings of jean-Jacques Rousseau》ed. Charles Vaughan. 2. Volumes. New York. 1962.

《Oeuvres Complétes de Robespierre》Volume 6. 8. 10. ed. M. Bouloiseau, G. Lefebvre, A. Soboul, Paris. 1950-1967.

二、外文專著、論文（以作者姓氏字母為序）

Althusser, L. :《Montesquieu, Rousseau, Marx: Politics and History》New York. 1982.

Backer, K. M. ed:《the French Revolution and the Creation of modern political culture》Volume. 3. Pergamon. 1987.

Barny, Roger. ed:《Jean-Jacques Rousseau dans La Rèvolution Francais》. Paris 1977.

Bloom, Allan. ed:《Politics and the Arts: Letter to D' -Alembert on the theatre》. Glencoe. 1960.

Bloom, Harold. ed:《Modern critical Views- Jean Jacques Rousseau》. Yale university. 1988.

Bloom, Carol. :《Rousseau and the republic of virtue》Cornell university. 1986.

Cassirer, E. :《the question of Jean-Jacques Rousseau》. Yale university. 1989.

《Rousseau, Kant, Goethe》Princeton university. 1947.

Cobban, A. :《Rousseau and the modern state》. London. 1934.

《Aspects of the French Revolution》. New York. 1968.

Croethuysen, B. :《Philosophie de La Rèvolution francaise》. Paris. 1956.

Derrida, J. :《of Grammatology》. Hopkings university, 1976.

Danton, R. :《the great cat massacre and other episodes in French culture history》. New York. 1984.

Dickinson, L. :《Revolution and Reaction in modern France》, London. 1927.

Fritz, P. and Morton, R. :《Women in the 18th century and the others essayies》. New York. 1976.

Gottschalk, L. :《Jean-Paul marat》. New York. 1966.

Gouhier, H. :《Rousseau et Voltaire》. Paris. 1983.

Gilchrist, J. and Murry, W. J. :《the press in the French Revolution》. London. 1971.

Gourevitch, V. :《J-J Rousseau: the first and second discourses together with the replies to critics and essay on the origin of languages》. New York. 1986.

Grimsley, R. :《Rousseau: the religion question》. Oxford university. 1968.

Hampson, N. :《the life and opinions of Maximilien Robespierre》. London. 1974.

Heamshaw, C. :《the social and political ideas of some great French thinkers of the Age of reason》. London. 1930.

Hume, D. :《the letters of David Hume》. Oxford. 1932.

Kalfker, F. A. :「Les Encyclopèdestes et la Terreur」《Revue d'Histoire Moderne et Contemporaine》. 1967. Volume. 14.

Jaures, J. :《Histoire Socialiste de La Rèvolution francaise》. Volume. 3、5、8. Paris. 1922-1927

Merguior, J. :《Rousseau and Weber: two study in the theory of legitimacy》. London. 1980.

Popper, K. :《the open society and its enemies》. London. 1945.

Paul de Man. :《Allegories of Reading: Figural Language in Rousseau, Nietzch, Rilke and Proust》. Yale university. 1979.

Plan, P. :《Jean-Jacques Rousseau racontè pur lesgazette de son temps》. Paris. 1912.

Rude, G. :《Robespierre: A Portrait of Rèvolutionary》. New York. 1962.

Roche, K. E. :《Rousseau: stoic and Romantic》. London. 1974.

Steinberg, J. :《Locke, Rousseau and the idea of Consent》. London. 1978.

Starobinski, J. :「La prosopopeè de Fabricius」《Revue des Sciences Humaines》, 1976 Volume 161.

「the accuser and the accused」《Journal of the American Academy of Arts and Sciences》, 1978 no. 3.

《Rousseau: transparency and obstruction》. Chicage university. 1988.

Thompson, J. :《Robospierre》.New York 1968.

《French Revolution Documents 1789-1794》. Oxford. 1948.

Viroli, M. :《Rousseau and the「well-ordered Society」》Oxford. 1988.

三、中文專著、論文（含外文中譯本）

盧梭：

《論科學與藝術》，何兆武譯，商務印書館一九五九年版。

《論人類不平等的起源和基礎》，李常山譯，商務印書館一九八二年版。

《社會契約論》，何兆武譯，商務印書館一九八二年版。

《愛彌兒》，李平漚譯，商務印書館一九八三年版。

《懺悔錄》，范希衡譯，人民文學出版社一九八〇年版。

《論戲劇》，王子野譯，三聯書店一九九二年版。

《一個孤獨的散步者的遐想》，張馳譯，湖南人民出版社一九八五年版。
羅伯斯比爾：
《羅伯斯比爾選集》，王養沖、陳崇武選編，華東師大出版社一九八九年版。
《革命法制和審判》，趙涵輿譯，商務印書館一九八六年版。
伏爾泰：
《哲學通信》，高達觀譯，上海人民出版社一九八六年版。
狄德羅：
《狄德羅哲學選集》，陳修齋、王太慶、江天驥譯，三聯書店一九五七年版。
帕斯卡：
《思想錄》，何兆武譯，商務印書館一九八二年版。
孟德斯鳩：
《論法的精神》，張雁深譯，商務印書館一九八二年版。
西耶士：
《論特權 第三等級是甚麼？》，馮棠譯，商務印書館一九九一年版。
洛克：
《政府論》，葉啟芳、瞿菊農譯，商務印書館一九八三年版。
托克維爾：
《舊制度與大革命》，馮棠譯，張芝聯校，商務印書館一九九二年版。
熱拉爾．瓦爾特：

《羅伯斯比爾》，姜靖藩等譯，商務印書館一九八三年版。

勃・姆・別爾納狄涅爾：

《盧梭的社會政治哲學》，焦樹安等譯，中國社會科學出版社一九八一年版。

卡西勒：

《啟蒙哲學》，顧偉銘等譯，山東人民出版社一九八八年版。

《國家的神話》，范進等譯，華夏出版社一九九〇年版。

霍克海默・阿爾多諾：

《啟蒙辯證法（哲學片斷）》，洪佩郁等譯，重慶出版社一九九〇年版。

雷吉娜・佩爾努：

《法國資產階級史》，康新文等譯，上海譯文出版社一九九一年版。

海耶克：

《到奴役之路》，張尚德譯，台灣桂冠圖書公司一九八七年第四版。

以賽亞・柏林：

《自由四論》，陳曉林譯，台灣聯經出版公司一九八六年版。

亨廷頓：

《變革社會中的政治秩序》，李盛平等譯，華夏出版社一九八八年版。

阿蘭・以賽克：

《政治學的範圍與方法》，朱堅章主譯，台灣幼獅文化事業公司出版一九八六年第五版。

戴維・比瑟姆：

《馬克斯．韋伯與現代政治理論》，徐鴻賓等譯，浙江人民出版社一九八九年版。
蘇國勛：
《理性化及其限制——韋伯思想引論》，上海人民出版社一九八八年版。
何汝璧：
「盧梭與羅伯斯比爾」，《法國史通訊集》第八期。
《西方政治思想簡史》，甘肅人民出版社一九八七年版。
陳崇武：
《羅伯斯比爾評傳》，華東師大出版社一九八九年版。
「論『自由、平等、博愛』」，《法國史論文集》三聯書店一九八四年版。
「關於早期羅伯斯比爾研究中的幾個問題」，《法國史通訊集》第八期。
張芝聯：
《法國通史》，北京大學出版社一九八九年版。
「開展對於丹東的研究」，《法國史通訊集》第八期。
劉宗緒：
「試論羅伯斯比爾政治思想」，《法國史通訊集》第八期。
「雅各賓專政在法國大革命中的地位」，《法國史論文集》三聯書店一九八四年版。
「試論熱月政變的性質」，《歷史研究》一九七〇年第七期。
樓均信：
「試論丹東的寬容政策」，《法國史論文集》三聯書店一九八四年版。

「論丹東的歷史作用」，《法國史通訊》第八期。

高毅：

《法蘭西風格：大革命政治文化》，浙江人民出版社一九九一版。

「丹東政治傾向矛盾性再認識」，《世界歷史》一九八七年第六期。

劉念先：

「理想與現實的矛盾——羅伯斯比爾歷史悲劇之我見」，《法國史通訊》第八期。

陳維綱：

「評盧梭人民主權論的專制主義傾向」，《讀書》一九八六年第十二期。

陳家琪：

「論盧梭的政治哲學」，《外國哲學史研究集刊》第八輯，上海人民出版社一九八七年版。

朱學勤：

「托馬斯·潘恩和雅各賓專政」，《法國史通訊》第八期。

「托馬斯·潘恩的一生」，《河南大學學報》一九八七年第一期。

「笑著的，叫著的，哭著的」，《讀書》一九九一年第九期。

「六十年代的價值爆炸與八十年代的語言破譯」，《讀書》一九九二年第一期。

「為甚麼要對比研究法國大革命和文化大革命」，《書林》一九八九年第七期。

「讓·雅克·盧梭的戀母情結——兼論某種文化現象」，《探索與爭鳴》一九八七年第六期。

「老內聖開不出新外王——評新儒家政治哲學」，香港中文大學《二十一世紀》一九九一年第九期。

「啟蒙三題話盧梭——評高毅《法蘭西風格：大革命政治文化》」，《讀書》一九九二年第六期。

道德理想國的覆滅

作者： 朱學勤
發行人：陳曉林
出版所：風雲時代出版股份有限公司
地址：10576台北市民生東路五段178號7樓之3
電話：(02) 2756-0949
傳真：(02) 2765-3799
執行主編：劉宇青
美術設計：吳宗潔
行銷企劃：林安莉
業務總監：張瑋鳳

初版日期：2018年5月
版權授權：朱學勤
ISBN ：978-986-352-539-4

風雲書網：http://www.eastbooks.com.tw
官方部落格：http://eastbooks.pixnet.net/blog
Facebook：http://www.facebook.com/h7560949
E-mail：h7560949@ms15.hinet.net
劃撥帳號：12043291
戶名：風雲時代出版股份有限公司

風雲發行所：33373桃園市龜山區公西村2鄰復興街304巷96號
電話：(03) 318-1378
傳真：(03) 318-1378
法律顧問：永然法律事務所 李永然律師
北辰著作權事務所 蕭雄淋律師

行政院新聞局局版台業字第3595號 營利事業統一編號22759935

定價 ：440元

國家圖書館出版品預行編目資料

道德理想國的覆滅 / 朱學勤 著. -- 初版. -- 臺北市：風雲時代，2018.01- 面； 公分

ISBN 978-986-352-539-4（平裝）

1.烏托邦主義

549.8 106024572